조선 중기 예학 사상과 일상 문화

-주자가례를 중심으로-

이화 한국학총서 7

조선 중기 예학 사상과 일상 문화

–주자가례를 중심으로–

이혜순 · 길진숙 · 남미혜 · 이은영
김경미 · 김남이 · 이숙인 지음

이화여자대학교출판부

조선 중기 예학 사상과 일상 문화

– 주자가례를 중심으로 –

펴낸날 1판 1쇄 2008년 7월 16일
2쇄 2011년 4월 12일

지은이 이혜순 외

펴낸이 최민숙 | **펴낸곳** 이화여자대학교출판부

주소 서울특별시 서대문구 대현동 11-1(우 120-750)

등록 1954년 7월 6일 제9-61호

전화 02) 3277-2965, 362-2966(편집)
02) 3277-3164, 362-6076(마케팅)

팩스 02) 312-4312

전자우편 press@ewha.ac.kr

인터넷서점 www.ewhapress.com

디자인 정혜진 | **찍은곳** 네오프린텍

ISBN 978-89-7300-782-0 94300
ISBN 978-89-7300-694-6(세트)

값 15,000원

발 간 사

한국학에 대한 국내외의 관심이 높아지고 있는 이 시점에서 본교 한국학 연구의 새로운 출발을 알리는 '이화 한국학총서'를 세상에 내놓게 되었다. 한국학 연구는 본교의 설립 이념을 구현하고 한국 사회에서 대학의 역할을 수행하기 위한 필수적 과제로 인식되어 왔다. 세계화의 물결에 합리적으로 대응하기 위해서는 무엇보다 먼저 자국 문화에 대한 이해가 선행되어야 한다고 믿는다. 이를 위해서 본교는 창립 이래 한국학 연구에 지대한 관심을 가지고 이를 지원하고 육성해 왔다. 외국 문화의 도입에 열중하던 1950년대에 한국학 연구를 전담할 기관으로 설립된 '한국문화연구원'은 한국의 인문 · 사회 · 자연 · 예능 전반에 걸쳐 학술적 연구를 진행하고 그 성과를 국내외에 발표하면서 한국학 발전에 기여해 왔다.

한국의 전통 문화에 대한 관심에서 출발한 한국학은 그 동안 그 대상 영역을 확장하면서 고대로부터 현대에 이르기까지 한국에 관한 다양한 분야를 탐색하는 종합적 연구로 발전하게 되었다. 이러한 과제를 효율적으로 수행하기 위해서는 한국학에 대한 새로운 인식과 효율적 연구 방법이 요구되었다. 본교는 지난 2003년에 '한국학특성화기반조성사업단'을 발족해 본교 한국학 연구의 성과를 점검하고 합리적 연구 방안을 모색하는 작업을 진행해 왔다. 본 사업단에서는 연구의 기반을 다지는 기초 작업과 함께 현대 사회에 맞는 연구 주제를 설정해 연구 활동을 벌여 왔으며, 이번에 발간되는 '이화 한국학총서'는 그 성과 가운데 일부이다.

연구의 주제를 '한국의 일상 문화'로 정한 것은 과거 지향적이고 관념적인 기존 한국학 연구의 관습에서 벗어나 현실에 뿌리를 두고 미래를 내다보는 '살아 있는 학문'으로서 한국학을 모색하기 위한 것이었다. '일상성'은 거대 담론에 밀려 소외되었던 연구 영역이었으나 1990년을 전후로 '사소하지만 중요한 것들'에 대한 관심이 증대되면서 한국의 문화적 특성을 가장 극명하게 보여 줄 수 있는 영역이기도 하다. 이러한 '일상'의 탐구는 편의상 전통 문화, 근대 문화, 비교 문화 등으로 구분해 통합적 공동 연구로 진행되었다.

이 작업에는 본교 한국학 관련 연구자들이 각자의 전공 영역을 넘어 학제적으로 참여했다. 여기에 내놓는 성과들은 한국학 연구의 새로운 방향을 모색하는 과정에서 이루어진 것이기 때문에 시론적 성격이 강하고 보완되어야 할 점도 없지 않다. 그러나 이 작업을 통해서 본교 한국학 연구의 역량과 가능성을 점검하고, 한국학 연구가 나아가야 할 바람직한 방향을 가늠해 볼 수 있었던 것은 큰 성과라 할 수 있다. 앞으로 이어질 후속 작업을 통해서 연구의 주제를 좀더 구체화하고 논의를 심화해 바람직한 성과를 창출해 나갈 수 있기를 기대한다. 어려운 여건 속에서도 연구에 참여해 주신 연구자 여러분의 노고에 감사드리며, 이 총서가 한국학의 발전에 든든한 디딤돌이 되기를 바란다.

2006년 6월

이화여자대학교

한국학특성화기반조성사업단 단장

정 하 영

총론

이 책은 주자가례의 수용이 본격화된 조선 중기에 그 정신과 형식이 이론과 실제 양 측면에서 어떻게 받아들여지고 구현되었으며 이것이 당대 일상 문화에 어떤 역할을 했는지를 고찰한 것이다. 이 연구는 다음 두 가지 관점에서 출발했다. 하나는 일상 생활에서의 주자가례의 역할이다. 과거 주자가례는 그 실천을 둘러싸고 벌어진 당파 간 치열한 논쟁과 그 수행에서 보이는 지나친 형식화 때문에 부정적인 평가를 받아 왔다. 조선 후기 사상계가 경직되고 생활과 분리된 관념화의 길을 걷게 된 것이나 일상 생활에 지장을 줄 정도의 경제적 부담을 가중시킨 책임이 많은 부분 주자가례에 귀속된 것이다. 이 점을 온전히 부인하기는 어렵지만 16 · 17세기 지도적 위치에 있었던 예학자들이 이론적으로는 모두 한결같이 주자가례대로 한다는 입장을 내세우면서도 그들이 일상 생활에서 수행한 가례를 보면 주자가례 인식이 매우 유연하고 융통성이 있었다는 것도 간과할 수 없다.

또 하나는 주자가례의 현대적 의미에 대한 관심이다. 현대의 관혼상제 사례는 시속에 따라 또는 종교적 배경에 따라 소홀히 되거나, 상술에 의해 조종됨으로써 그 의례가 함축한 정신이 실종되거나 왜곡되는 것이 많거니와, 의례가 당대 문화에 끼치는 영향을 고려할 때 이는 소홀히 할 수 없는 문제다. 주자가례가 조선조 한 시대를 이끌어간 대표적 의례였으므로 이에 대한 사대부들의 인식과 실천, 그리고 이것이 일상 문화에 미친 영향에 대한 고찰은 예의 본질과 형식과의 관계가 갖는 현대적 의미를 발견하고, 나아가서 현대의 의례를 바르게 성찰하고 이끄는 데 중요한 출발점이 될 것이다.

이 책은 조선 중기 광범위하게 이루어지기 시작한 주자가례 담론의 총체적 현황과, 이 시기 사대부들의 통례와 관 · 혼 · 상 · 제례의 이론과 실천에서 드러나는 특성과 그 의미를 고찰한 총 일곱 편의 논문으로 구성되었다. 「16세기 주자가례 담론의 전개와 특성」(이혜순)은 16세기 후반 퇴계를 비롯해서 수다한 사대부들 간 교환된 왕복 서신을 대상으로 주자가례의 실천에서 파생되는 문제들과 이에 대한 인식들을 살펴본 것이다. 이 시기 사대부들은 『주자가례』를 주로 상 · 제례 예서로서 예의 원리보다 실천 방식에 관심을 두면서 상하, 내외, 고금간 엄격한 구분과 포용을 동시에 보여 주었다. 조선은 신분 사회이지만 실제로 나타난 예의 차별화는 반상(班常)이나 적서(嫡庶)보다는 빈부에 기인되거나 서얼에 관한 것으로 나타난다. 이에 비해 내외의 차별은 은밀하면서도 확고하게 진행되었다. 이를 위해 가장 강조한 것이 가부장의 의리(義理)이지만, 의례에서 의리와 정이 갈등을 일으킬 때에는 의리에 맞으면서도 정을 훼손하지 않는 양자 간의 균형과 조화를 모색했다. 고례와 시속 간의 갈등은 조선의 주자가례 수용에서 나타난 가장 중요한 특성인데, 이 시기 예학자들은 대부분의 경우 유보적 입장을 취함으로써 가례의 절대적 권위를 강요하지 않으면서 동시에 가례의 정신과 어긋나는 시속을 어느 정도 받아들이는 모습을 보여 주었다.

「16세기 사림의 주자의례의 실천과 「분천강호가(汾川講好歌)」」(길진숙)와 「초려(草廬) 이유태(李惟泰)의 정훈(庭訓)을 통해 본 가례 의식」(남미혜)은 각각 16세기와 17세기의 두 사대부의 일상 생활에서 사용된 상례(常禮)를 다룬 것이다. 앞 글은 조선 시대에 유교적 예와 예제가 어떤 절차를 거쳐, 그리고 어떤 방식에 의해 사회적으로 저변화되고 내면화되었는지를 16세기 영남 예안의 재지사족이었던 이숙량(李叔樑, 1519~1592)의 『분천강호록』과 「분천강호가」를 대상으로 구체적으로 밝힌 것이다. 16세기 사림들은 유교적 예와 예제를 저변화하기 위해 가문을 교화하고 통합하는 전략과 전술을 구사했는데 이숙량의 '사마씨삭망의(司馬氏朔望儀)' 실행과 「분천강호가」는 그러한 고심 속에서 나온 현실적 대안의 하나였다. 이 '삭망의' 행사는 가문의 윤리를 주입하고 생활화하기 위해 강제적인 훈육과 처벌, 그리고 노래 부르기에 의한 자발적 감화의 방법을 동원한 것으로, 이를 통해 16세기 사림들이 『주자가례』의 '관혼상제' 사례를 정착시키기 위해 무엇보다 먼저 '기본례'의 원칙을 실현하려고 했음이 확인된다.

뒷 글은 17세기 사대부 가례의 실천 문제를 송시열과 함께 당대 예학을 대표하던 이유태(李惟泰, 1607~1684) 집안의 가훈인 정훈을 통해 살펴본 것이다. 정훈은 기존의 훈계 위주의 가훈류와는 다르게 현실 생활의 경제적인 면을 강조하는 내용들이 많이 기재되어 있어 실용을 추구하는 사대부의 의식을 엿볼 수 있다. 동시에 내외 · 반상의 구별과 친족과의 유대, 손님 접대의 중요성을 강조해서 주자가례를 실천하려고 노력했다. 관 · 혼 · 상 · 제례에서는 자식의 관례를 모두 주자가례대로 시행했고, 혼례에서는 가관친영례(假館親迎禮)를, 제례에서는 기제사를 중시하는 시속과 달리 사시제를 행함으로써 주자가례를 실천하고자 했다. 반면 상례에서는 여묘살이를 했고, 제례에 윤회 봉사를 했으며, 제수에 유밀과를 사용하고, 제례의 의복을 평상복으로 대체하는 등 상황에 따라 시속을 받아들였다. 이처럼 이유태의 정훈은 이론과는 달리 실제의 삶에서는 매우 유연하고 융통성이 있었던 17세기 사대부의 일면을 보여 준다.

가례서로서 주자가례의 권위와 의의는 무엇보다 관 · 혼 · 상 · 제례에서 나타난다. 「축사(祝辭)와 자설(字說)을 통해 본 관례(冠禮)」(이은영)는 17세기 문집에 나타난 문학 작품들을 중심으로 관례에 대한 인식과 실행 방식, 그리고 그 사회적 · 문화적 의미를 살펴본 것이다. 관례의 수행은 그 동안 의례에 필요한 용품의 조달과 경제적 비용, 관례 장소의 고정 등으로 어려움이 많았다. 이를 해결하기 위해 당시 사대부들은 그 대신 관례의 의미와 교훈을 축사와 자설에 담아 주는 방식을 통해 형식적인 결함을 보완하려고 했다. 축사와 자설은 옷을 갈아입는 일상의 행위와 한 두 글자의 이름자 풀이로부터 시작해서 한 단계씩 의미를 확충시켜 최고의 도덕적 경지에 이르도록 하는 서술 방식을 취한다. 이러한 서술 방식은 관(冠)을 더해 가는 절차를 통해 덕의 완성을 상징적으로 표현하는 관례의 의례 구조와 동일한 맥락 속에서 이해할 수 있다. 이는 관례가 단지 새로운 지위를 부여하고 역할을 책임짓는 성인 의례의 의미를 넘어 도덕적 자질을 구비한 유교적 이상형의 모델을 제시하고 이를 내면화하도록 하는 기능을 했음을 의미한다.

「주자가례의 수용과 17세기 혼례의 양상」(김경미)은 주자가례식 혼례가 정착되는 과정을 17세기 양반 가문에서의 친영(親迎)의 실행 여부를 통해 고찰한 것이다. 이를 위해 좀더 미시적이고 구체적인 자료를 동원해 각 가문에서 실제로 행해진 혼례의 실상과 서사 문학 작품에 재현된 혼례의 양상을 함께 고려함으로써 주자가례식 혼례에 대한 당대인의 의식을 밝히고자 했다. 그 결과 17세기 사대부들의 혼인에는 심지어 예학자의 집안에서도 친영을 행하는 것이 실제로는 어려운 일이었으며, 혼인의 상대에 따라 같은 집안의 한 형제 자매 사이에서도 다른 형식의 예를 치른 경우가 있었다. 이 논의를 통해 첫째, 17세기에도 여전히 친영이 제대로 자리를 잡지 못했으나 담론상으로는 친영을 이상적인 혼인 형태로 보고 이를 행해야 한다는 것이 주도적이었다는 것과, 둘째, 친영의 본질이 남자가 여자보다 우선한다는 것에 있음을 인식하고 있었고, 따라서 주자가례의 정착이 궁극적으로는 남성 중심적인 종법 체제의 강화에 기여하는 이면에 경제력, 지위, 역할 등에서 여성의 존재 조건이 달라지고 있었음이 드러났다.

「17세기 사대부의 주자가례에 대한 인식과 상 · 제례」(김남이)는 송시열(宋時烈, 1607~1689)이 친히 주장한 친족의 상례(喪禮)를 통해 이 시기 사대부의 예에 대한 인식과 일상에서의 예 실천을 고찰한다. 지금까지 송시열의 예학은 국가의 의례를 중심으로 학파와 당파의 이해 관계 속에서 파악되어 왔으므로, 실제로 일상에서는 어떻게 실천되었는가는 그의 예학의 본질을 파악하기 위해 반드시 해결되어야 할 부분으로 남아 있다. 송시열은 강력한 주자주의자이지만 그러나 주자가례는 하나의 주자적인 현상이며, 그것 자체가 미완의 텍스트라는 점을 인지하고 있었다. 송시열이 따르고자 했던 것은 주자가례 그 자체라기보다는 주자가례를 구성했던 주자의 의식, 즉 당대의 현실과 인정에 부합하고 인정과 형식을 충족하며 시의에 맞고 번다하지 않은 예를 추구했던 바로 그 의식이었던 것으로 보인다. 그래서 주자가례의 조항들을 충실히 따르려고 하는 한편으로 여전히 송시열은 고례와 조선의 속례를 존중했다. 이것은 일견 주자가례에 대한 위반인 것처럼 보이지만, 실상은 시속과 합리성을 중시했던 주자의 정신을 존중하는 것이었다.

「『주자가례』와 조선 중기의 제례 문화」(이숙인)는 조선 중기 주자가례의 전개를 제례를 통해 재구성한 것이다. 이 시기 제례에 관한 일련의 논쟁들은 한국 사회에 일반화된 유교적 제사 문화의 정착 과정을 역동적으로 보여 주는 측면이 있다. 즉 주자가례가 일상 의례의 전범으로 자리 잡기까지 경합하는 다양한 차이의 논쟁을 겪어야 했다. 제례의 쟁점들은 절차나 형식 그 자체에 목적이 있기보다 재산 상속이나 신분 승계와 같은 사회적 권력을 분배하는 것과 연결되어 있어, 여기서 주자가례를 전범으로 하는 명분론과 국속을 존중하는 현실론이 대립했고, 결국은 의리명분론이 득세함으로써 조선 후기에 주자가례의 대중화가 가능했다. 제사의 본 뜻이 조상과의 친교를 통해 삶의 근본적 의미를 성찰하는 '보본반시(報本返始)'에 있다면, 그 의례 형식은 신분과 젠더 등 사회적인 다양한 권력 관계를 관철시키기도 한다. 그런 점에서 조선 중기의 제례 문화는 결속과 배제의 범주를 부계주의, 직계주의, 장자주의, 남성주의로 재편성하는 과정으로 이해된다.

이 책은 문학, 역사, 철학 전공 연구자들이 주자가례의 사회사상적 문화적 접근으로 이루어낸 공동 성과다. 본 연구가 초점을 두고 탐색한 것은 예서 중심의 거대 담론 뒤에 가려져 있던 일상 문화와 그 변화로, 이것이 가능했던 것은 사용한 자료들이 예의 구체적 실현을 보여 주는 자료, 즉 서신이나 문목(問目), 묘지명, 제문, 행장, 그리고 규범서와 가훈, 전(傳), 한시, 시가, 가문 소설 등을 모두 포괄했기 때문이다. 이 책을 통해 가례의 엄격한 수행이 인간의 삶을 예에 종속시키는 결과를 가져오고 당시 사회와 사상을 경직되게 했다는 예학에 대한 고정 관념을 재고하며, 상업주의에 의해, 또는 법에 의해 조종되고 제재되는 현대 의례가 예의 근본 정신과 균형을 이루도록 재성찰하는 기반이 되기를 기대한다.

2008년 5월

저자 일동을 대표하여 이혜순 씀

차 례

제2부 일상 의례

제3부 관 · 혼 · 상 · 제례

제1부

통론

16세기 주자가례 담론의 전개와 특성

-가례의 문화적 수용 연구를 위한 예비적 고찰-

이혜순

Ⅰ. 머리말

본고는 조선 중기 예학과 그 문화적 수용 양상을 고찰하는 작업의 일환으로, 먼저 당대 사대부들 사이에 있었던 주자가례(朱子家禮) 담론의 전개와 특성을 살펴보기 위해 시도된다. 따라서 본고는 주자가례의 문화적 수용 연구의 서론적 성격을 갖는다.

예학이 형성되기 시작한 16세기는 물론 예론이 정치사상사의 핵심을 점했던 17세기에도 주자가례의 실천 문제가 논의의 핵심에 위치했다. 후대로 갈수록 초점이 가례의 세부 항목에 대한 치열한 논쟁으로 이어지지만, 그 차이의 배경에는 주자 사상을 이해하고 수용하는 관점이 작용하고 있고, 이것은 두 차례의 예송에서 보듯이 다시 정파적 시각과 불가분리의 관계를 갖는다는 점은 잘 알려진 사실이다. 더욱 후대에 갈수록 가례의 엄격한 수행을 통해 예가 인간의 질서 있는 삶을 위해 존재하기보다 인간의 삶을 오히려 예에 종속시키는 결과를 가져옴으로써 후대 사회와 사상을 경직되게 했다는 비판을 받기도 했다.

그러나 예학에 대한 적극적인 논의가 시작되는 16세기 중종 이후부터 아직 예송이 불거지기 전인 17세기 전반까지 사대부들이 주고받은 주자가례 담론들은 반드시 정파적 이해에 근거한 것은 아니었다. 이러한 담론의 성행이 당대 또는 후대 문화에 어떤 기제로 작용했는지, 또는 그 담론의 내용과 방향이 거부 · 변용 · 굴절을 겪거나 재생산되면서 또 다른 문화적 기제가 되었는지는 앞으로 지속적인 고찰이 요구된다. 그러나 적어도 이들 담론에서 드러나는 한 가지 확실한 것은 주자가례의 준수가 하나의 당위적 사실로 받아들여졌다는 점, 그럼에도 이것이 조목별 완벽한 재현이나 추종은 아니었다는 것으로, 이것은 근본적으로 조선의 사대부가 갖고 있는 예 정신의 이해와 무관하지 않음을 보여 준다. 주자는 예에는 근본과 문식(文飾)이 있고 이 두 가지는 똑같이 중요하다는 점을 가례에서 내세우고 있거니와,[1] 이러한 점에서 고려 말 충효열(忠孝烈) 등의 실천 윤리에 대한 지극한 관심과 함께 출발한 성리학이 그 윤리의 정신뿐만 아니라 의례 형식과의 균형을 맞출 수 있는 역할을 주자가례가 담당했던 것으로 볼 수 있다. 따라서 조선 중기 주자가례 담론에 대한 고찰은 당대 사대부들의 예 형식과 본질에 대한 관점, 그리고 실제 수행에서 제기되었던 문제들과 그 의미를 새롭게 인식하는 데에 기여할 것이다.

본고가 주자가례 담론을 주제로 내세운 것은 상제례 수용의 내용과 방향이 주자가례보다 오히려 그 담론에 영향을 받고 있음을 주목했기 때문

1 朱熹, 『朱子家禮』, "凡禮有本有文. 自其施於家者言之, 則名分之守, 愛敬之實, 其本也. 冠婚喪祭, 儀章度數, 其文也. 其本者, 有家日用之常體, 固不可以一日而不修. 其文又皆所以紀綱人道之始終, 雖其行之有時, 施之有所, 然非講之素明, 習之素熟, 則其臨事之際, 亦無以合宜而應節, 是亦不可而一日而不講且習焉者也." 26쪽. 본고에서 인용된 『주자가례』는 임민혁(1999) 번역의 『주자가례』(예문서원) 수록 원문임. 『주자가례』가 주자가 편찬한 것이 아니라는 주자 위작설이 있어, 이 서(序)의 서술자에도 문제가 있을 수 있으나, 본고는 『주자가례』를 주자의 편찬으로, 따라서 이 서문도 주자의 글로 받아들이는 전제에서 출발한다. 그러나 이 글에서 언급된 '주자가례'는 대부분 서명(書名)보다는 그 내용을 총괄해서 지칭하기 위해 사용되었다.

이다. 따라서 예서보다는 서신에 수록된 의례 문답, 행장 등에 나오는 주자가례 관련 부분 중 주로 되풀이 제기된 문제들을 중심 자료로 삼아 담론의 수용과 전개, 내용과 특성을 분석함으로써 그 문화적 수용을 고찰하기 위한 바탕을 마련하고자 한다. 담론을 통해 새롭게 인식된 주자가례는 단순히 예 형식의 범주를 넘어 우리의 문화 의식과 깊이 연관된 것이어서 그 문화적 수용 양상에 대해서도 앞으로 다양한 접근이 요구된다. 여기서는 16세기 전후 대체로 17세기 전반까지 나온 열녀전을 중심으로 주자가례 수용이 어떠한 방식으로 이루어지고 있었는지 그 예비적 고찰을 시도해 볼 것이다.

Ⅱ. 주자가례 담론의 전개

1. 15 · 16세기 중반 '일의주자가례(一依朱子家禮)'의 실제와 전개

1) 15 · 16세기 전반 탈불교(脫佛敎)의 지향

"한결같이 주자가례대로 했다〔一依朱子家禮, 一遵朱子家禮〕"라는 구절은 고려 말 정몽주(鄭夢周, 1337~1392)부터 시작해 16세기 중종조 이후까지 주로 사대부들의 행장에 자주 나타나고 있다. 주자가례의 시행이 구체화된 이후 오랫동안 수없이 제기된 문제들을 생각하면 '주자가례대로 했다'는 이 말은 상당히 회의적이다.

먼저 이 구절은 어느 특정 인물을 기리거나 그의 사상적 성향을 밝혀주는 평어로 사용되었다. "한결같이 주자가례에 의거했다"는 것은 사대부들이 적어도 15 · 16세기 전반까지는 가례에 제시된 의례를 따라 그대로 지켰다는 의미보다는 그 시기 보편화되어 있는 불교식 의례를 거부한다는 유자(儒者)로서의 확인이고 선언이다. 주자가례를 일상에 적극적으로 수용하려는 의지가 처음 보이기 시작한 것은 정몽주의 행장과 『고려사』 공양왕 2년조의 기록에서다.[2] 정몽주의 행장에는 시속에서 상제에 오로지 불법을 숭상하여 기일과 시제(時祭)에 오직 불교 의식을 행하는 것을 보고 사서인(士庶人)으로 하여금 『주자가례』를 본받아 묘당을 세우고 신주를 모셔서 선대의 제사를 받들게 하기를 청했다는 것이다.

이 구절은 『주자가례』가 불교적 상 · 제례와 대척적 의미를 지닌다는 점을 분명히 보여 주지만, 그가 제시한 가례는 사묘의 건립과 신주 안치에 불과할 뿐이다. 『고려사』 예지 공양왕 2년조의 "한결같이 주자가례대로 했다"라는 구절은 이러한 정몽주의 소청에 의한 것임을 알 수 있거니와, 그 구절 옆에 '수의손익(隨宜損益)'이라는 구절이 덧붙여져 있어 이미 『주자가례』가 '한결같이' 그대로 따르기 어려운 것임을 보여 주면서 자신이 옳다고 생각하는 대로 덜거나 덧붙여 수행하라는 여지를 남겨 주었다.

탈불교라는 측면에서의 『주자가례』의 이해는 배불존유(排佛尊儒)의 사상 위에 건국된 조선조에 들어와서 더욱 강화된다. 이것은 건국의 이념과 달리 상하층을 물론하고 대부분의 사람들이 여전히 상제례를 불교 의식으로 치르고 있었음을 보여 준다. 태종조에 하륜(河崙, 1347~1416)은 세상을 떠나면서 "상사와 장사에는 한결같이 주자가례에 의하고 불사를 하지 말라"라고 했고, 김종직(金宗直, 1431~1492), 표연말(表沿末, 1449~1498) 역시 불사를 하지 말고 주자가례를 좇으라고 했으며, 김말(金末, 1383~1464)도 "옹은 유자이니 상례 제도는 마땅히 주자가례에 따라야 하며 불사는 하지 말라"고 유언했다는 기록이 전한

2 『圃隱集』, 年譜攷異, 한국문집총간(민족문화추진회, 이하 총간이라 칭함) 5, 610쪽. 『고려사』 권63 禮志 禮5 大夫士庶人祭禮 공양왕 2년조.

다.[3] 이들은 생전에 자신이 실천한 데에 그치지 않고 자손들에게까지 유서로 그 시행을 엄하게 당부한 것으로, 건국 이념의 사회적 확산에 기여할 수 있는 『주자가례』의 시행을 위해 불교에 대항해서 벌여야 했던 이들의 힘겨운 싸움을 보여 준다.

그러나 불교식 상제의 구체적 의례에 대해서는 주로 승려들의 재 올리기, 77재 거행, 지전 태우기 등에 지나지 않고, 이런 것마저 언급 없이 단지 "시속에서 오로지 불교 의식을 숭상한다", "불사를 하지 말라" 정도로 서술하고 있다. 마찬가지로 『주자가례』 역시 사묘 세우기와 신주 만들기 이상으로 나아간 점이 보이지 않는다. 중종조에 들어가서는 전대와 달리 『주자가례』의 규범들이 실제 상 · 장례에 구현되어 나타나지만 이를 '일의주자가례'로 포괄하여 서술한 것은 마찬가지다. 김안국(金安國, 1478~1543)이 쓴 정세명의 묘갈명에서는 그의 할아버지가 "시속이 이교(異教)에 빠지는 것을 미워했으며, 자손들에게 상례와 제례 시 불교 예식을 사용하지 말고 한결같이 주자가례를 좇으라고 경계"했음을 강조했다. 정세명 자신은 어머니가 돌아가시자 "지팡이를 짚어야 일어나고 상(祥)을 지내도 술을 마시지 않았고," 제사에는 정성과 공경을 다했으며 기일에는 장사 지낼 때처럼 슬퍼했다고 한다.[4]

이 묘지명에는 망자의 할아버지 대(代)인 15세기 중반부터 16세기 김안국 당대인 정세명 시대까지 『주자가례』 수행의 변천을 잘 보여 준다. 전자가 "한결같이 주자가례대로 한다"는 15세기적 『주자가례』 인식을

---

3 『조선왕조실록』 태종 16년 11월 6일자(계사) 진산부원군 하륜의 졸기, 『浩亭集』 권4, 「史氏贊」, 총간 6, 486쪽; 『佔畢齋集』, 佔畢齋先生年譜, 총간 12, 491-492쪽; 『藍溪集』 권4, 行狀, 총간 15, 448쪽, 『조선왕조실록』 세조 10년 11월 22일자(신미) 전 판중추부사 김말(金末)의 졸기. 본고에서 사용한 『조선왕조실록』 자료는 한국학데이터베이스 연구소, CD-ROM 국역조선왕조실록(서울시스템주식회사)을 대본으로 했다.

4 『慕齋集』 권13, 故都正丁君墓碣銘, 총간 20, 243쪽.

보여 주는 반면 이미 16세기에 들어와서는 상례 수행의 중요 요인인 지팡이 짚기, 음주 절제 등이 포함되고 있는 것이다. 이러한 '일의주자가례(一依朱子家禮)'는 대체로 16세기 중반까지 이어진다. 주세붕(周世鵬, 1495~1554)은 상제례를 한결같이 주자가례에 의거했고, 이준경(李浚慶, 1499~1572) 역시 「윤군묘갈명」에서 '일의주자가례'를 언급했으며, 고상안(高尙顔, 1553~1623)은 장례 제사의 매 절차에 『주자가례』를 한결같이 준수하라는 유훈을 손수 써서 남겼고, 정구(鄭逑, 1543~1620)는 어머니 상을 당해 상례를 한결같이 가례대로 했다. 16세기 중반까지 상제례가 주자가례에 의거했다는 묘사들은 불교적인 의례를 몰아내는 담론으로 점차 힘을 발휘하고 있었던 것으로 보인다.[5]

2) 16세기 중반 훼애의 새로운 상례 문화 출현

'한결같이 주자가례를 좇았다'라는 동일한 구절이지만 중종 시대 이후에 나오는 김안국, 이준경 같은 사람들에게 보이는 한 가지 특성은 그들이 수행한 가례에는 언제나 몸을 상하게 할 정도로 자식들의 고행이 부각되어 있다는 것이다. 이것은 부모를 떠나 보낸 자녀의 효심이 상례를 집행하면서 수행하는 훼애(毁哀)의 정도로 평가되는 시대 경향과 지나친 예[過禮]에 대한 사회적 기호를 보여 주는 것으로 이해된다. 김안국은 일찍이 부모를 여의고, "종신토록 슬프게 사모하여" 정성을 다해 돌아가신 분을 모셨고, 주세붕은 아버지의 상을 당했을 때 거상하며 애척함[毁哀]이 거의 목숨을 끊는[滅性] 지경에 이르렀으며, 수염과 머리카락이 모두 희어져서 사람들이 차마 볼 수 없었다고 전한다. 어머니의 상

---

5 『武陵雜稿』 II 부록 권3, 행장, 총간 27, 229쪽; 『東皐集』 권6 보유, 有明朝鮮國掌苑署別坐禦侮將軍 行忠佐衛大護軍尹君墓碣銘 并序, 총간 28, 366쪽; 『寒岡集』 권7 答河淵尙, 총간 53, 223쪽; 『泰村集』 권6, 행장, 총간 59, 289쪽.

례를 치를 때에도 마찬가지로 무릇 전후 여막살이에서 돗자리에 눕고 땅을 베고 잤으며, 더위에도 부채를 잡지 않았고, 매일 조석으로 묘를 살피는데 비록 큰비 내리고 눈이 와도 폐하지 않았다고 한다. 이준경이 묘갈명을 쓴 윤군은 대부인이 85세까지 장수해 천수를 다하셨으나 '훼애하며' 음식을 먹지 않고 오래 곡읍하다가 갑작스러이 운명했는데, 태부인이 돌아가신 지 겨우 20일이 되어서였다는 것이다.

여기서 부모를 위한 상례와 제례가 이미 살아 있는 자녀들의 생활에 영향을 미치고 있음이 나타나고, 심한 경우 윤씨처럼 지나친 예 수행으로 장례를 치르자마자 목숨을 잃는 사람까지 있었음이 드러난다. 이와같이 멸성의 지경에 이르는 애통함이나 일생 동안 사당과 묘를 떠나지 못하는 지나친 예의 수행은 조선에서 굴절된 형태의 주자가례 수용이 이루어지고 있음을 보여 주는 것이지만, 동시에 당대 일부 예학자들의 긍정적 인식을 통해 이것이 자녀의 효성을 부각시키는 하나의 척도로 변모되고 있었던 것으로 간주된다. 그러나 그들은 "성인의 예는 '훼애'하여 '멸성'하지 않는 것"이라는 점을 들어 국왕에게는 '과중(過中)'에서 '중도(中道)'로 나아감이 옳다고 진언하는 양면성을 보여 주고 있다.[6] 유족

6 『眉巖集』 권12, 經筵日記 別編, 총간 34, 376쪽. '훼애(毁哀)'의 단서는 일단 『주자가례』가 제공한 것으로 볼 수 있다. 훼애는 성복(成服) 전 식사를 하지 않는 것과 짚을 깔고 흙덩어리를 베고 자는 것(삼년상)에서 시작된다. 선조가 의성전(인종의 비)이 승하하신 후 식사를 거르자 신하들은 사서인(士庶人)도 웃어른이 권하면 조금 먹을 수 있다고 한 가례의 규정과 나라를 다스리는 막중한 책임을 내세워 국왕이 일반인과 예를 동일하게 적용할 수 없다고 주장했다. 더 나아가 장례 이틀째에는 죽을 먹고, 사흘째부터는 식사를 했던 조종의 옛 예와 "임금은 깊은 궁중에서 태어나고 자라서 보통사람과 다르므로 사흘이 지나면 정식 식사를 하라" 했던 세종의 유교(遺敎)를 환기하기도 했다. 이로 보면 선조는 훼애가 효의 척도가 되는 당시 상례 문화를 잘 알고 있었고, 여러 신하들 역시 훼애가 선조의 효성에 기인되는 것임을 인정한 것이다. 따라서 선조에게 과중(過中)에서 중도(中道)로 나아가야 한다는 간청은 국왕의 건강을 염려한 것이지 훼애의 상례 문화 자체를 거부한 것은 아니다. 실제로 대부분의 유학자들은 훼애가 과례(過禮)이고 성인의 예는 '훼불멸성(毁不滅性)' 하는 것임을 거론하면서도 다른 한편 훼애의 상례 문화를 용인하는 양면성을 보여준다.

들의 고행에 의한 효심의 표출은 16세기 전반 한편으로 주자가례의 수행이라는 이름 아래 새로운 상례 문화가 형성되고 있음을 보여 준다.[7]

2. 16세기 후반 가례의 조목별 관심에 따른 담론의 변모

'일의주자가례'라는 실제와는 상관없는 포괄적 수용 의식에서 벗어나 『주자가례』에 대한 인식이 심화되면서 가례 실천에서 파생되는 문제들이 표출되기 시작한다. 이러한 변화는 한편으로 주자가례의 시행을 위한 가례 연습의 필요성이 제기되고, 이를 유생들에게 유시했던 분위기와 병행하는 것으로, 유성룡은 예조 판서를 지낼 때 성균관의 유생들에게 주자가례에 의거해서 시시로 관 · 혼 · 상 · 제례의 절차를 익히도록 했다.[8]

16세기 후반 가례의 축조별 문제 제기와 논의는 주로 이황(李滉, 1501~1570), 송익필(宋翼弼, 1534~1599), 유성룡(柳成龍, 1542~1607), 정구(鄭逑, 1543~1620)와 같은 이들을 중심으로 이루어졌다. 그 중 퇴계(退溪) 이황과 문답 서신을 교환한 사람은 총 40명이다.[9] 퇴계의 예론 답신은 거의 대부분 1560년에서 그가 세상을 떠난 1570년 사

7 이러한 훼애의 상례 문화는 점차 예의 본질보다 형식에 치우치게 되면서 조선조 후기에 또 다른 사회 문제를 일으켰다. 『증보산림경제』의 저자 유중림(柳重臨)은 타고난 효자로서 불행히 부모 초상을 당하면 맨밥 먹고 짚자리에서 자면서 너무 지나치게 슬퍼하다가 가끔 폐인이 되거나 일평생 온전하지 못한 사람이 되는 경우도 있고, 초종 장례를 예절대로 치르기 위해 지출된 엄청난 상례 비용으로 망한 집들도 있음을 비판했다(한국근세사회경제사 Ⅲ 『農書 4 증보산림경제』 권11, 家政上(아세아문화사 영인본, 1981), 319-320쪽). 이와같이 자기 분수에 넘치는 장례를 고집하는 것은 부모의 장례를 극진히 치르려는 효성된 마음은 '근본'이고, 그 근본은 이러한 '의례'를 통해서만 나타난다는 주자가례의 정신에 근거한 것이다. 불교 설화나 불교 서사 문학에서도 효행은 '자식의 희생'을 그 핵심에 두고 있다는 점에서 유사해 보이나 그것이 신불(信佛)을 유발하기 위한 신앙 의식에 토대를 두고 있는 점에서 주자가례의 수행에서 보여 주는 훼애와는 근본적으로 성격을 달리한다. 김동기, 「신라 효행설화의 전개 양상」, 경산사재동박사 화갑기념논총, 『한국 서사문학사의 연구』(대전: 중앙문화사, 1995), 694쪽.

8 『西厓集』 권4, 論館學諸生童蒙文時爲禮曹判書, 총간 52, 474쪽.

9 고영진, 『조선 중기 예학사상사』(한길사, 1995), 144-145쪽 참고.

이에 기술되었는데, 문목들이 세분화되었을 뿐만 아니라 그 논의가 더 분석적이고 정밀해진 것이 특성이다. 이 점은 전 시기 '일의주자가례'의 기반이었던 사당, 신주, 여막살이에 대한 문답을 보면 분명하게 드러난다. 먼저 사당은 이전에 그 존재의 필요성과 설립의 문제에 초점을 맞추었지만, 이제는 그 위치, 방위, 구조에 관한 것으로 바뀌었다. 대체로 정침(正寢)은 집의 정남쪽에 있고, 사당은 동쪽에 있는 것인데, 문제가 되는 것은 우리나라 집 구조에서 정침이 어디인가다. 퇴계는 정침이 혹은 동쪽에 혹은 서쪽에 있어서 사당을 그 동쪽에 세우기가 어렵다고 했고, 정구는 우리나라 사람들에게는 이미 정침이 없는데 중국인들을 따라서 정침이라 일컬으니 편안하지 않다고 했다. 결국 두 사람 모두 주자가례에 제시된 사당 제도를 따를 수 없음을 인정한 것이다. 퇴계는 사당도(祠堂圖)는 본문과 상응하지 않은 것이 많다고 했고, 정구는 사당의 제도를 가례대로 하려고 하나 그 그림이 지금 보면 이해되지 않는 것이 있다고 했다.[10] 조목별 논의는 '주자가례대로'가 함축하고 있었던 문제점들을 분명하게 드러내는 역할을 한 것이다.

신주 만들기는 이제 신주의 서식 문제로 초점이 구체화되었다. 가례의 "봉사자를 왼쪽에 쓴다[奉祀題左]"라는 것이 신주의 왼쪽인가 아니면 글씨 쓰는 사람의 왼쪽인가의 문제가 오랫동안 논의된 것은 하씨 소학도(小學圖)에서 이를 '신주좌방'이라 한 데에 기인된다. 1555년 김돈서 문목에 대한 답서에 의하면 퇴계는 가례도(家禮圖)를 보고 이 구절에 별 의심을 두지 않았으나 김안국이 왼쪽이란 신주의 좌방을 말한 것이라고 했다는 말을 듣고 그 근거를 고찰해 보니 소학도(하씨주)임을 알게 되었다는 것이다. '신도는 오른쪽을 높인다[神道尊右]'는 이론에 의거할 때

10 『退溪集』 권 39, 答鄭道可問目, 371쪽, 380쪽.

한 독 안에서도 아버지 신주가 오른쪽, 어머니 신주가 왼쪽이므로 봉사자의 이름 역시 신주의 왼쪽이 옳다는 주장이다.[11]

그러나 퇴계는 이 답서에서 『대명회전(大明會典)』에 봉사자는 신주의 오른쪽에 써서 『주자가례』와 같았음을 제시한 후[12] 조진(趙振),[13] 정유일(鄭惟一)[14]이 계속해서 동일한 문제 제기를 하자 제사를 받드는 이의 이름은 신주의 오른쪽, 글씨 쓰는 이의 왼쪽임을 거듭 분명히 하면서 『가례』와 『회전』을 따르면 된다고 했다. 흥미 있는 것은 퇴계가 이미 하씨설을 따른 사람들이 이를 다시 고쳐 쓰는 것이 편안하지 않다고 말하고 "제주 좌우의 득실은 저도 감히 확정적으로 말할 수 없다"고 한 것이다. 이것은 봉사자의 이름이 신주의 왼쪽에 오건 오른쪽에 오건 그 이해 득실이 분명하지 않다는 시각으로, 비록 퇴계는 오른쪽이라는 점을 확신하고 있었지만 이를 절대적 가치로 제시하려 하지는 않았던 것이다. 송익필 역시 가례가 글씨 쓰는 사람의 왼쪽을 의미한 것임은 의심할 바가 없다고 했다.[15] 퇴계 이황과 송익필의 확신은 역설적으로 가례도보다 소학도를 더 신뢰했던 당대의 상황을 보여 주는 것이다.

'일의주자가례'에서 여묘(廬墓, 廬幕)는 『주자가례』를 따르는 상징적인 예로 거론되었다. 특히 퇴계는 여막살이에 대한 부정적인 견해를 갖고 있었고 그 이유를 설명했으나 그럼에도 주목되는 것은 퇴계가 여막살이를 온전히 비례(非禮)로 지적하기보다 어느 정도 수용하고 있다는 것이

11 『退溪集』, 권28, 答金伯樂富仁可行富信惇敍問目喪禮, 총간 30, 151쪽.

12 『退溪集』, 권15, 答金敬夫肅夫宇顒, 총간 29, 399쪽.

13 『退溪集』, 권38, 答趙起伯振, 총간 30, 354쪽.

14 『退溪集』, 권27, 答鄭自中 別紙, 총간, 132쪽.

15 『龜峯集』 권6, 答浩原問, 총간 42, 486쪽. 귀봉은 어렸을 적에 청송 선생에게 문의하니 기묘 제현들이 모두 소학하씨도를 사용해서 주신(主身)의 왼쪽이 맞다고 했고, 또 퇴계 선생이 논한 바를 보면 주신의 왼쪽이라 해서 두 선생의 논의가 모두 미진해 보인다고 했다. 귀봉이 퇴계의 주장을 오해한 것으로 보인다.

다. 대신 그가 역설한 것은 '반혼제(返魂祭)'의 급속한 시행과 그 의미였다. 퇴계는 옛날 사람들이 반혼을 매우 중하고 급하게 여겨 장삿날 분묘를 이루기도 전에 모셔오는 것은 망자가 평시 거하던 거처, 편안하고 즐겁던 처소로 돌아오고 싶어하는 연고이고 신백이 흩어져 날아가게 되지 않기를 바라서인데, 여묘 풍속이 일어나면서 이 예는 드디어 폐하게 되고, 여전히 혼백을 공산 황벽한 곳에 받들고 있다는 우려를 표명한다.[16]

그러나 퇴계는 여묘와 반혼 문목에 대해서도 유예적 태도를 보인다. 반곡(反哭) 후에도 삼가서 거상하지 못하면 그 죄가 반혼하지 않는 비례보다 심하다고 했고,[17] 교영(郊迎), 당제(堂祭) 양항 절목은 혹 가난한 집에서는 둘 다 온전히 하기 어려우므로 그 사이의 곡절 가부의 결정은 재량에 따라 처리하라고 했다.[18] 말세에 예법이 어그러지고 어지러우니 집에 반혼해서 삼가지 못하는 일들이 많아 도리어 여막에서 혼잡을 면하는 것이 더 나을 때도 있다는 것이지만, 그러나 이와같이 삼가지 못하는 것은 여막살이에서도 발생할 수 있다는 우려를 함께 표명했다.[19] 그는 상이 끝난 후 반혼할 경우 합사는 날을 점쳐서 정하지 말고 마땅히 반혼으로 집에 이르는 날 행하도록 하여 3년 여막살이 후 반혼하는 시속을 어느 정도 포용하고 있음을 볼 수 있다.[20]

여기서 제시된 문목들이 세세해질수록, 그리고 답변 방식이 정답형으

16 『退溪集』, 권37, 答權章仲喪禮問目 反哭, 총간 30, 338쪽.

17 『退溪集』, 권37, 答權章仲喪禮問目 反哭, 총간 30, 338쪽.

18 『退溪集』, 권30, 총간 30, 194쪽.

19 『退溪集』, 권38, 答趙起伯問目, 총간 30, 355-356쪽. 『默齋日記』에 기록된 이문건(李文楗, 1494~1567)의 여묘살이를 보면 퇴계의 이러한 우려가 이해된다. 그는 어머니를 위한 3년 여묘살이에서 소식(素食)하고 술과 유흥을 멀리했으나 여묘를 떠나 서울에 출입하는 일이 빈번했고, 자주 이웃 여막의 친지들과 가벼운 술상을 마련하고 장기와 바둑을 두며 소일했다. 이것은 훼애(毁哀)의 상례 절차로서의 여묘살이가 점차 변모하고 있음을 보여 준다. 김경숙, 「16세기 사대부가의 상제례와 여묘 생활: 이문건의 『묵재일기』를 중심으로」, 『국사관논총』 97집(2001), 116-148쪽.

20 『退溪集』, 권13, 答金亨彦泰廷問目 己巳, 총간 29, 360쪽.

로 갈수록 담론은 권위적 · 강제적 성격을 띠게 되고, 이를 받아들이는 사람들은 거의 독자적 예 운용의 여지없이 그대로 추종하는 형태로 형식화될 가능성이 많다. 그럼에도 16세기 당대 퇴계나 그에게 예를 물었던 예학자들의 담론에는 이와같이 확고한 입장의 유보를 통해 권위와 절대성을 배제하거나 공고하게 뿌리박힌 시속을 어느 정도 받아들이는 노력을 보여 주고 있다.

Ⅲ. 주자가례 담론의 특성과 그 의미

1. 상 · 제례(喪 · 祭禮) 예서로서의 『주자가례』 인식과 실천 위주 담론의 의미

위에서 주자가례를 포괄적으로 언급했거나 조목별로 세분해서 논의했거나 그 대상은 모두 상례와 제례다. 혼례와 관례가 간혹 함께 언급되나 상례 시의 문제를 다루는 것이 많아 이를 순수히 관 · 혼례의 문제로만 보기는 어렵다. 무엇보다 혼례와 관례는 대부분 『주자가례』와 연계해서 설명하지 않았다. 위에서 기술한 대로 15 · 16세기에 걸쳐 인물들을 판단하는 하나의 기준이 되었던 '일의주자가례'의 주자가례는 모두 상 · 제례를 가리키는 것이다. 그 밖에 최부(崔溥, 1454~1504)가 표류 중 명나라에 가서 중국인 관리에게 "조선의 상제는 주자가례를 좇는다"고 했고,[21] 김성일(金誠一, 1538~1593)은 명나라 사신들에게 조선이 남녀가 중매 없이 직접 만나 결혼하는 나라라는 전문(傳聞)이 오해임을 밝히고 조선

21 『錦南集』 권3, 漂海錄 성종 19년 2월 4일자, 총간 16, 448쪽.

이 철저히 의례 절차를 따르고 있음을 말한다. 그러나 그가 이를 주자가례와 연결시키지는 않은데 비해, 그 다음 상례에 대해서는 "우리나라 상례는 한결같이 주자가례를 좇습니다"라고 분명히 밝히고 있다.[22]

퇴계 역시 정구의 혼례 문목에 대한 답신이 있으나 여기서도 주자나 주자가례를 거론하지 않았다.

> "혼례를 폐한 지 오래되었으나, 아랫사람들은 진실로 이를 회복할 수 없습니다. 그러나 남명 선생은 고금을 참작해서 초혼에 상견합니다. 친영 한 조항이 빠진 외에 그 나머지 곡절은 오히려 예대로 했습니다." 퇴계가 말했다. "좋습니다. 우리 집도 이미 그것을 행했습니다."[23]

『주자가례』 수용 이후 혼례에서 중시된 것은 오랜 전통으로 지속되어 온 남귀여가(男歸女家) 대신 친영을 행하는 것이었으나, 남명(南冥) 조식(曺植, 1501~1572)은 아마도 고례와 『주자가례』를 참작했으면서도 친영은 하지 않은 것으로 보인다. 의례에서 '친'은 신랑이 친히 신부를 맞이한다[親迎]는 것보다 신부를 그의 부모에게서 친히 받는다[親受]는 의미를 더 강하게 함축하고 있어 친영을 안 할 경우 '상열위혼(相悅爲婚)'의 의심을 받게 되는 것이다.

관례 역시 거의 행해지지 않았다. 성종, 중종 시 세자의 입학과 맞물려 관례의 나이가 문제되었는데, 특히 당시 8세였던 세자의 조기 입학을 위해 일찍부터 관례를 서둘렀던 중종은 처음에는 관례와 제례를 『주자가례』에 따라 행하기를 청하는 의정부의 견해를 받아들였으면서도 후에 다

22 「鶴峯集」 권6, 風俗攷異, 총간 48, 134쪽.
23 「退溪集」 권39, 答鄭道可問目書, 총간 30, 376쪽.

시 세자의 관례를 위해 문종을 8세에 입학시킨 세종대의 예를 따르도록 했다. 『주자가례』에서는 남자는 나이 15세에서 20세까지 모두 관례를 할 수 있다고 규정했으나 중종은 관례 제례를 『주자가례』대로 하라는 허락을 내린 지 꼭 4년 만에 세자의 조기 입학을 위해 가례 대신 조종조의 전례에 근거해 관례를 했다.

이와같이 『주자가례』는 상·제례 예서로 인식되고 그 담론 역시 동일한 선상에서 수행되었으나, 대부분 논의 방식이 예의 원리보다 실천 방식에 치중되어 있는 것이 사실이다. 말하자면 '어떠냐', '어떻게 하는 것이 좋으냐'와 같은 좀더 세부 절차와 규범에 대한 질의가 '왜 그러한가'라는 절차와 규범을 밑받침하고 있는 예의 본질이나 원리에 관한 것보다 압도적으로 많은 것이다. 이것은 주자가례 담론이 절대적 권위를 갖는 권력의 한 상징이 될 수 있음을 암시하는 것이지만, 그럼에도 유사한 질의와 답변이 오랫동안 반복됨으로써 무조건적이고 일방적인 복종을 요구하는 단선적인 방향으로 담론이 작용하지는 않았음을 보여 준다.

그 한 예로 4대 제사와 3대 제사 간의 논쟁을 들 수 있다. 핵심은 고조(高祖)의 제사를 지내야 하는가로, 이 문제는 이중구(李仲久, 1563), 김사순(金士純, 1565), 조진(趙振, 1568) 등이 계속 되풀이해서 제기한 것이다. 고례에서 4대 제사는 천자 제후의 예로 사대부가 고조를 합사하는 것은 하층이 상층의 예를 범하는 '자하상간(自下上干)'에 해당되나, 고례에 고조의 복제가 있다는 점에서 정자(程子)는 고조를 제사하지 않을 수 없다 했고, 주자 역시 이를 따른 것이다. 그러나 질문은 왜 주자가 이를 사대부 예에 포함시켰는가에 모아진다. 고례로 판단한다면 사대부들은 감히 고조를 제사하지 못할 것 같다는 주장에 대해 퇴계는 소위 예가 비록 옛날에 없었던 것이라도 의리로 일으킬 수 있는 것으로, 오늘날 사람들의 3대 제사는 시왕지제(時王之制)이고 4대 제사는 정주(程朱)의 제도이니 힘써 미칠 수 있으면 통행해도 무방하다는 입장을 보여 주었다.[24] 그러나 다른 한편 기존의 고조를 위한 상복 제도와 『예기』에 보이는 고조 합사의 구절이 고례의 근거가 될 수 있다는 관점도 갖고 있었다.

이 문답은 왜 3대이고 왜 4대여야 하는 근거보다 고금 예서의 기록을 준거로 삼고 있으나, 한 걸음 더 나아가 설사 고례에 없다 하더라도 의리상 맞는 것이면 새로 만들 수 있다는 시각을 드러낸다. 이 글에서 말하는 시왕지제는 우리나라의 예를 의미한 것으로 세종 때 3대제, 4대제에 대해서는 치열한 논쟁을 거쳐 3대제를 수행하기로 했고, 『경국대전』에도 3대 봉사로 정해진 바 있다. 이와같이 3대제, 4대제는 비교적 여러 번 그리고 중요하게 논의된 것이어서 그만큼 어느 한 이론을 택하기 어려웠던 측면이 보인다. 비록 문제의 해결이 3대제도 좋고 힘이 있어 4대제를 하면 더 좋다는 실천의 문제로 귀결되지만, 3대제나 4대제나 모두 고례에 근거하기 때문에 어느 제도를 선택하든 그것을 단순히 시왕지제와 가례의 차이로 간주할 수 없는 복잡성을 띠고 있는 것이 사실이다.

오히려 이것은 예가 간편함을 따르는 것[從簡]과 후한 것을 따르는 것[從厚] 중 어느 것이 더 합리적이고 의리에 맞느냐의 판단이 개재되거니와, 전자는 봉사자 개인의 입장을 중시한 것이고, 후자는 종법의 강화에 기반한 친족 공동체 확대에 초점을 맞춘 것이다. 가례 제정의 목적이 후자에 있는 것이 사실이지만, 그것이 아무리 중요하더라도 제례는 일상의 삶에서 행해지는 것이기에 봉사자의 현실도 무시할 수 없었을 것이다. 예 문목이 '왜'보다는 '어떻게'에 집중되어 그 정신보다 실천에 더 치우쳐 있는 것이 사실이지만 그것이 하나의 규범으로 굳어지기까지에는

24 『退溪集』 권11, 答李仲久問目 총간 29, 302쪽. 권38, 答金士純問目, 총간 30, 280쪽. 答趙起伯問目, 354쪽.

이와같이 예의 본질에 대한 상이한 입장과 시각에 기반한 치열한 담론들이 형성되고 있었던 것이다.

2. 담론에서 드러나는 상하 · 내외 · 고금의 차별과 실제

상 · 제례 문답에서 드러나는 한 가지 특성은 상하 · 내외 · 고금의 엄격한 구분이다. 먼저 상하는 신분 관계를 의미하고 내외는 남녀의 친족 관계가 핵심이다. 의례가 가족 제도와 신분 제도에 기초한 사회 질서를 유지하는 데 매우 중요한 기능을 한다는 점이 여기서 분명히 드러난다.[25]

이러한 점에서 가례가 차별의 관점에서 인식되고 있는 것은 당연하다고 볼 수 있다.[26] 고례에도 모시는 묘의 수와 모시는 조상의 대수가 신분에 따라 차이가 있었던 것은 이를 말해 준다. 그러나 다른 한편 하층이 상층의 예를 따라 하는 '자하상간'은 가례의 차별을 극복해 사회적으로 보편화시키는 기제가 되기도 한다. 말할 것도 없이 이것이 신분 상승의 욕구와 무관하지 않은 점은 천자 제후의 예를 사대부가 모방하고, 사대부 위주로 시행되던 주자가례를 후에 재물을 축적한 중인이나 서민들이 적극적으로 준수하려고 한 데에서도 엿보인다. 그러나 그 욕구가 반드시 실제 신분의 문제만이 아니고 인간다움을 지키기 위한 본성에서 우러나온 도덕적 · 윤리적 차원의 상승이기도 하다는 점도 고려해 볼 만하다.

예의 동일화가 계급적 '신분' 상승의 욕구로만 볼 수 없다는 점은 열

25 도이힐러 역시 조선 건국 이후 나타난 사회 변동의 가장 큰 특징을 부계 종족 체계의 발전과 사회를 귀천으로 구분하는 것으로 보았다. 마르티나 도이힐러, 『한국 사회의 유교적 전환』(이훈상 옮김, 아카넷, 2003), 387-415쪽.

26 김동노는 사당을 사회적으로는 유교의 예를 갖춘 사대부와 그렇지 못한 대중을 구분하는 계급적 · 신분적 차별의 공간이었으며, 집안에서는 각 개인의 위치를 확인해 그에 맞추어 자신의 정체성을 구성하도록 하는 분별과 차별의 공간이라고 보았다. 김동노, 「유교의 예와 미시적 권력 관계」, 한국정신문화연구원 편, 『유교의 현대적 해석과 미래적 전망』(청계출판사, 2004), 58쪽.

녀전에서 드러난다. 연암의 지적처럼 본래 남편이 죽으면 재가하지 못하고 재가하면 그 자손은 정직(正職)에 임명되지 못한다는 『경국대전』의 조항이 자신들과 무관한 데도 일반 여항(閭巷) 여인들의 종사(從死)가 줄을 이었다는 것은 그 이유가 다양하겠지만, 그 중에는 열(烈)의 실천을 통해 그 고고한 윤리 수행에 동참하려는 하층 여성들의 원망이 있었음을 부인할 수 없다. 그들의 행위는 윤리적 상승이라고 말할 수는 있겠으나 절대로 상층 흉내내기는 아니었다.

결과적으로 예의 차별화가 신분보다는 빈부에 기인하는 점도 있음을 간과할 수 없다. 세종 16년 정월부터 대소 관리의 가묘 건립 불이행을 단속하되 가난해서 노비가 없고 가옥 규모가 10간 이하인 사람과, 집터가 3~4부(負) 이하인 사람은 1간짜리 제실(祭室)만 세우도록 하고, 그것도 어려운 사람과 본래 사족(士族)이 아닌 사람은 당분간 정침에서 제사를 봉행하는 것으로 낙착되었다. 사당의 존재는 계급적 신분적 차이와 함께 빈부 역시 많은 역할을 하고 있었던 것이다. 현재 사당과 함께 『주자가례』 통편에 수록된 심의(深衣)는 길흉 · 귀천 · 남녀를 불문하고 입을 수 있는 옷이었으나 그 옷을 입기 위해서는 어느 정도의 경제력이 요구되었고, 그러한 능력이 결여된 사람들에게 이를 강요하지 않았으므로 복제의 차별도 커지게 된 것으로 보인다.

16세기 중반 이후의 신분 차별에 관한 담론이 서민에 대해서가 아니라 주로 서얼에 관한 것이라는 점은 조선의 특성을 반영하는 것이다. 서자가 어머니 상에 입는 복은 적자가 그의 어머니에 대한 것처럼 자최 3년이지만 아버지의 후사가 되었을 경우 복을 한 등급 낮춤[降服] 으로써 출계자가 낳아 준 부모를 위해 강복하는 것과 동일하다. 큰 틀에서 『주자가례』는 서얼에 대한 차별적 항목이 별로 많지 않으나 담론에서는 서모의 위상, 세제(世祭) 여부, 서자의 복제, 제주로서 '효자' 칭호의 사용 여부

같은 것들이 거론되었다. 정유일(1533~1576)이 특히 이 문제에 대해 관심을 갖고 있는 듯한데, 퇴계가 1561년 보낸 답신에는 서얼의 복제가 단지 『주자가례』만이 아니라 『대명률(大明律)』 등 책에도 없고, 특히 『의례』는 고례를 집합한 것으로 해박하게 싣지 않은 것이 없음에도 설명이 없어 자신도 그 의미를 모른다고 했다. 그는 아마도 고인은 적서의 구분이 비록 엄하나 골육 간의 은혜와 의리는 다르지 않아 오늘날의 사람들이 그들을 노예처럼 대하는 것같이 하지 않았고, 그렇기 때문에 그 제복에 차별하는 바가 없었던 것이 아닐까 하는 추측을 보여 주었다.[27]

10년 후 정유일은 또다시 서모, 서자에 관련된 질문을 보낸다. 하나는 서모는 자기 아내에 대해 귀천이 같지는 않지만 그래도 고부 간이니 길을 가거나 자리에 앉는 차서, 먹고 마시는 선후를 어떻게 할 것인가에 관한 것이다. 이것도 분명한 근거가 될 수 있는 예문이 없으나 아버지가 살아 계시고 어머니가 돌아가시면 부득이 어느 한 첩으로 하여금 집안일을 처리하게 할 것이니 일가의 사람들은 조금이라도 섭모(攝母)의 의리로 그를 섬겨야 한다고 했다. 여기서 퇴계는 『예기』의 예를 근거로[28] 섭녀군이 중첩보다 조금 높으므로 아내와 딸들과 손녀들을 단지 귀천으로 나누어 매사 서모보다 우선한다면, 단지 서모에게 섭모가 조금 존귀하다는 의리가 있음을 알지 못할 뿐 아니라 아버지를 모시는 예에도 미진하므로 좌위는 응당 피해야 하고 음식은 먼저 사양해야 한다고 했다.[29] 그러나 섭녀군의 상 · 장례에 대한 것은 언급하지 않았다.

또 하나는 서자는 단지 부모의 제사만 지낸다는 설에 관해서인데, 이에 대해 퇴계는 첩의 아들이 조부의 후사가 된다는 것과 첩이 첩의 할머

27 「退溪集」 권25, 答鄭子中 別紙, 총간 30, 99쪽.
28 「禮記」 雜記 上, "女君死, 則妾爲女君之黨服, 攝女君, 則不爲先女君之黨服."
29 「退溪集」 권27, 答鄭子中 別紙 총간 30, 133쪽.

니에 합장한다는 것이 고례에 있고, 주자가 첩의 어머니는 세제를 지내지 않는다는 주장을 따를 수 없는 것이라 했으므로 그것은 단지 보잘것없는 상인을 일컫는 것일 뿐이라고 했다.[30] 첩의 아들도 효자라 칭할 수 있는가에 대해서는 첩의 아들로 아버지 제사를 받드는 자는 생모를 위한 상복을 감히 입지 못하니 고례에서 첩의 아들이 동일하게 효자라 칭했음을 알 수 있다고 했다.[31] 당시 조선의 상황이 어떠했건 주자가례 담론에서는 사대부와 서민 간, 적자와 서자 간의 차별을 두지 않는 가례의 평등정신을 그대로 인식하고 있었다.

상하의 경우와는 달리 친족 관계에서의 남녀, 내외의 차별은 은밀하면서도 확고하게 진행된 것으로 볼 수 있다. 친족 관계에서는 모계가 외가이고, 출계한 사람에게는 본생 부모가 외(外)가 되므로 부계, 양부모가 내(內)로 간주된다. 먼저 어머니와 아버지의 관계에서 가장 많은 논쟁을 일으킨 것은 아버지가 생존해 계신데 어머니의 상을 당했을 때의 복제[父在爲母朞]에 관한 것이다. 부모의 상은 삼년상이지만 아버지가 아직 살아 계신데 어머니가 돌아가셨을 때는 기년상으로 하고 그 후에 담복(禫服)하고 심상(心喪)을 한다고 했다. 이 제도는 본래 『주자가례』에는 없고 양복(楊復)의 주에만 나와 있는 것이지만[32] 이 시기 담론에서 이에 대한 문제 제기가 없었다는 것은 '부재위모기'를 가례의 규범으로 인식하고 있었음을 보여 주는 것이다. 단지 퇴계는 고례에 스승의 심상은 나와 있지만 어머니의 심상은 없었다는 점에서 이것이 후왕의 제도이고 세교를 위해 이를 주자가 받아들인 것으로 보았다.[33]

---

30 『退溪集』 권27, 答鄭子中 別紙, 총간 30, 132-133쪽.
31 『龜峯集』 권6, 答季涵問, 총간 42, 481쪽.
32 『주자가례』 295쪽. 박연호, 「조선 전기 사대부예의 변화 양상」, 『청계사학』 7(정신문화연구원, 1990), 201쪽 참고.
33 『退溪集』 권29, 與金而精 別紙, 총간 30, 186쪽.

어머니 상을 당해 일 년 만에 최복(衰服)을 벗는 데 대해 마음이 평안하지 않았던 것이 당시 사람들의 일반적인 정서이기도 했지만, 이것은 조선에서만 그러했던 것은 아니었다. 본래 아버지가 살아 계실 때 어머니의 상을 일 년으로 하는 것은 고례에 근거한 것이다. 어머니 상에 등급을 낮추어 상복을 입는 전례가 있었는데 후대의 왕들이 여기에 심상의 제도를 더했고, 주자가 이를 좇은 것이다. 『의례』 '부재위모기'의 주에 "자식이 어머니에 대해서는 비록 아버지를 위해 굽혀서 기년복을 입으나 심상은 3년으로 같다"고 했다. 심상은 예가 의례로 표현되어야 한다고 본 가례 저술의 기본 정신에는 어긋나지만 의례의 가시적 준수보다 더 중요한 것은 예 수행자의 정성과 공경으로 보는 또 다른 의식과는 합치하는 것이다. 그러나 당나라 고종 때 측천무후의 상소에 따라 어머니의 상도 아버지와 같이 3년으로 고쳐졌고, 그것이 그대로 이어져 『대명률』에서도 아버지와 동일하게 삼년상 제도를 정한 것이다.

우리나라에서도 중국의 예를 받아들여 아버지가 생존하셨을 때라도 모상 역시 삼년상을 치르던 것을 태종 때 이를 기년상으로 바꾸었으나 세종대에도 이에 대한 치열한 논쟁이 있었다. 세종 때 대사헌 오승(吳陞)은 아버지가 살아 계시면 어머니의 상기를 기년으로 하는 법을 개혁해서, 다시 예전의 삼년상 제도로 돌아가 자식이 지극한 정리를 다해서 그 태어난 근본을 갚게 하는 충후(忠厚)한 풍속을 이루게 해달라는 상소를 올린다.[34] 이 제도는 16세기 사대부들에게도 마찬가지로 그렇게 마음 편한 것이 아니어서 여러 번 문목에 포함된 것이다. 퇴계가 『대명률』과 어긋나는 것을 알면서도 이를 따를 수 없다고 여긴 것은 가례의 정신에 근거한 것으로, 무엇보다 "집에는 두 어른이 없고 참최복을 거듭해 입지 않

34 「조선왕조실록」 세종 13년 11월 5일(병인)자.

는다[無二尊 不貳斬]"는 의리를 중요하게 생각했기 때문이다.[35] 기대승(奇大升, 1527~1572)도 이것이 망극한 은혜를 갚는 데에 유독 어미에게만 인색해서 그런 것이 아니라, 하늘에는 두 개의 태양이 없고 집에는 두 사람의 어른이 없는 법이라 부모를 똑같이 대등하게 높일 수 없어서라는 점을 내세워 기년복을 주장했다.[36] 조선이 공고한 가부장 사회로 나가는 길목에서 『주자가례』의 역할이 작지 않았음을 보여 주는 근거다.

'부재위모기'의 논의에서 가장 심각한 비판의 대상이 된 것이 '경정직행(徑情直行)'이다. 퇴계는 이강이(李剛而)에게 이미 아버지를 위해 최복을 제거했다 하면서, 또 담복으로 행하는 것이 미안하다고 하는 것은 "헛되이 정을 따르는[徇情]" 말이라고 비판했고,[37] 김이정(金而精)에게는 성전과 시왕지제를 어기고 담복을 입지 않고 여막에서 상복을 입고 있는 것은 정을 따라 그대로 행하는 행위[徑情直行] 일 뿐이라고 하면서 강하게 질책했다. 아버지가 계셔서 어머니 복을 낮추어 입는 것은 주공의 제도가 맞고, 후에 또 심상의 제도가 생겨 효자의 정을 펴게 되었으니 "의를 다하고 인의 지극함"이라고 할 수 있다는 것이다.[38] 문답 서신에 보이는 평소 어법과 달리 모상의 '강복'에 대한 의지가 강력하게 표출되어 있어 그 제도에 대한 퇴계의 확신이 남다름을 보여 준다. 그러나 퇴계는 여막을 살더라도 기일이 되면 상복을 벗고 반혼해서 담복을 입어야 하지만 반혼의 일은 시속을 따라도 어쩔 수 없다는 여지를 남겨 주어 부재위모기와는 차이를 보여 준다.

양친의 묘를 나란히 세울 때에도 그 위계에 따른 방위를 분명히 하고

---

35 「退溪集」 권30, 答金而精 別紙, 총간 30, 192쪽.
36 「조선왕조실록」 선조 2년 6월 24일(병인)자.
37 「退溪集」 권22, 答李剛而問目 喪禮, 총간 30, 37쪽.
38 「退溪集」 권30, 答金而精 別紙, 총간 30, 193쪽.

있다. 퇴계는 주자가 진안경의 질문에 분명히 제사와 장례에 서쪽을 상(上)으로 삼는다고 했으므로, 이것은 주자 만년의 정론이고 후세 당연히 법으로 삼아야 할 것으로 간주했다.[39] 부모상을 함께 당했을 때 장례는 선경후중(先輕後重)으로 어머니를 먼저 장례하고, 제사는 선중후경(先重後輕)으로 아버지를 먼저 제사하며, 어머니의 장사를 행하며 슬픔을 펼 수 없다.[40] 이것은 퇴계가 증자의 질문에 대한 공자의 답변(『예기』〈曾子問〉)에 근거한 것으로, 그 논리는 외손 봉사의 '패리(悖理)'를 거론하면서 그 불가함을 역설한 것과도 연결된다. 정구가 백형이 죽고 후사가 없어 다른 형제들의 아들로 후사를 세우면 정과 예에 모두 맞지만[情禮俱得] 일이 여의하지 않을 때 외손 봉사를 하면 어떻겠느냐고 질문했다. 여기에는 한 형제의 자손이 아닌 사람으로 후사를 정하는 것은 인정에 맞지 않음을 암시하는 것인데, 퇴계는 외손 봉사는 사사로운 정에 이끌리어 만물의 본이 하나라는 대의를 소홀히 하는 것으로 비판했다. 신은 비례를 흠향치 않으므로 구차하게 시속에 따라[循俗] 행할 수 없다는 것이다.[41] 이와같이 부와 모, 친가와 외가의 친족 관계는 존비, 경중, 동서, 좌우 등에서 차별화가 극히 엄격했고 그 시행은 의리와 정에서 어느 것을 취하느냐의 문제로 귀결되었다.

위에서 외손 봉사는 불가하고 양자로 후사를 삼는 것이 예의 의리라고 한 점은 출계자(出繼者)의 의례에 관한 내용에서 거듭 강조된다. 다른 가문에 입적해 후사가 된 사람은 본생 부모—친생부 · 생모—가 살아 계셔도 양부모가 돌아가셨을 때 고애자(孤哀子)라 칭하고, 본생 부모가 돌아가셨을 때는 한 등급 낮추어 강복한다. 그러나 그 시기 다른 가문에 출

39 『退溪集』 권22, 答李剛而問目 喪禮, 총간 30, 38쪽.
40 『退溪集』 권28, 答金伯榮可行惇敍問目 喪禮, 총간 30, 153쪽.
41 『退溪集』 권39, 答鄭道可述問目, 총간 30, 370쪽.

계했다 하더라도 본생 부모에 대한 사랑과 은혜를 저버리기 어려워 이를 그대로 좇으려 하지 않았던 이들이 많았던 것으로 보인다. 퇴계는 이것이 예의를 알지 못해 오직 정을 따라[惟情是徇] 행한 까닭으로 그 때문에 세상에서는 고애자라 칭하지 않는 사람도 있고 본생 부모의 복을 강등하지 않는 사람도 있다는 것이다.[42] 출계자뿐만 아니라 그의 부인 역시 본생 시부모가 돌아가셨을 때 강복해서 기년복을 입는다. 본래 예에서는 (가례) 9개월 대공복을 입는다고 했으나 너무 박정해서 '예는 후한 것을 따른다[從厚]'는 예 정신에 맞지 않는다는 점을 고려한 것이어서 기년을 다시 3년으로 하는 것은 '경정직행'함이 너무 심하다는 것이다. 그러나 제사 음식을 별도로 만들 필요는 없다고 했다.[43]

이로 보면 예의 차별성은 신분보다는 친족 관계에서 더 강하게 드러난다. 비록 자식의 입장에서 어머니와 아버지가 다를 수 없다는 것을 인정하여 '심상' 제도를 마련했지만, 내외의 차별에서는 유예적인 태도를 거의 보이지 않고 있는 것이 특성이어서 이러한 담론이 사회에 점진적으로 행사했을 영향력이나 파급은 심대했을 것으로 보인다. 그럼에도 동일한 문목과 답신이 되풀이됨으로써 당시 예를 알고 이를 따르던 이들도 인정상 그대로 수행하기 어려웠던 점을 보여 주고, 이에 따라 가례가 그 모든 규범과 절차를 일방적으로 강요하는 절대적 권위로 받아들여지지는 못했음도 드러난다.

상하, 내외와 함께 예는 고례를 따르는 것이 옳은지 시속을 따르는 것이 옳은지가 항상 문제가 되어 또 다른 차별화의 근거가 되었다. 노수신(盧守愼, 1515~1590)은 주자가 소상에 별도의 상복을 만들어 입는 것

---

42 『退溪集』 권28, 答金惇敍, 총간 30, 149쪽.
43 『退溪集』 권34, 答鄭汝仁問目, 총간 30, 275쪽.

을 언급하지 않은 것은 주자가 예가 극히 훼손된 시기를 살면서 복고를 점진적으로 하기 위해 간편함을 좇은 것이어서 본의가 아니므로 이제 경전에 의거해 소상의 연복을 마련하는 것이 당연하다고 주장했다.[44] 이와 상반되게 송익필은 소상의 연복에 대해서 고례는 근고(近古)의 여러 유자들도 알기 어렵기 때문에 의당 송나라 유학자들의 설과 『주자가례』를 법도로 삼아야 한다고 했다.[45]

> 주자는 가례에서 고례를 직접 사용하는 것이 좋다는 점을 모르지 않았습니다. 그러나 반드시 사마씨, 정씨, 고씨 등의 설을 취한 것은 때를 따르는 의리가 그럴 수밖에 없어서입니다. 고례는 초상부터 졸곡까지 복제가 하나가 아니지만 가례에서 모두 버렸습니다. 이것은 고례에 빠지지 않고 간단함을 취한 것입니다 …… 가례의 소상복은 이미 시제를 따른 것이나 어찌 감히 이를 넘어 고례를 좇겠습니까.[46]

여기서 노수신은 고례로 회귀할 것을 주장하고 송익필은 시제(時制)를 따르는[隨時] 의리상 그럴 수 없다는 의견을 제시한다. 그러나 대체로 예론가들은 그 이론이 기본적으로 고례에 근거하고 있으면서 수시의 의리라 하더라도 고례를 따를 때의 문제점이 있거나 또는 고례를 분명히 알 수 없을 때 취하는 것이 보통이다. 퇴계의 경우 "예에 명백한 조문이 없으면 감히 억설할 수 없다[禮無明文, 不敢臆說]"와 "예에 비록 근거가 없어도 시속을 따르는 것은 괜찮다[禮雖無據, 從俗恐無害]"는 상반

44 『退溪集』 속집 권3, 答盧伊齋問目, 총간 31, 124쪽.
45 『龜峯集』 권6, 答金希元論小祥練服, 총간 42, 488쪽.
46 『龜峯集』 권6, 答季涵問, 총간 42, 473쪽.
47 『退溪集』 권27, 答鄭子中 別紙, 총간 30, 132쪽.

된 두 가지 입장을 아울러 보여 주는데,[47] 앞의 것은 논자의 예에 관한 신중한 입장을 보이되, 오히려 『주자가례』에 명문이 없으면 시속을 따라도 무방하다는 후자의 입장을 받아들일 수 없다는 함축이 크다. 그만큼 고례의 근거는 중요한 것이다.

그러나 다른 한편 현재를 무시할 수 없는 데에 그들의 고민이 있었다. 그것은 성인들이 예를 논하고 제도를 만들었지만 그 하나하나가 모두 도리에 맞을 수는 없는 것이어서, 소강절(邵康節) 같은 대학자도 "나는 오늘날 사람이니 오늘날 사람의 상복을 입겠다"고 했고, 이에 대해 정자가 그 말이 이치가 있음을 감탄한 바가 있기 때문이다. 여기서 그들은 옛과 지금을 아울러 포괄하는 기준으로 '의리'를 선택했는 바, 대정자(大程子)는 일이 의리에 무해하면 시속을 따라도 가하나 의리에 해가 되면 좇을 수 없다고 했는데, 이를 퇴계는 "당연하고 절실하고 지극한 논의"라 했다.[48] 중요한 것은 '의리'이지 시속이냐 아니냐가 아니라는 것이다. 의리로의 귀속은 여기서 예가 다시 정(情)과의 갈등으로 회귀하게 됨을 보여 주는 것이기는 하지만, 시속의 정당성과 중요성을 인식하고 있는 것만은 틀림없는 사실이다.

의리를 중시하면서 정을 포용하고 고도(古道)를 사모하면서 시속을 중시하는 것은 예의 근본 정신을 중용(中庸)·삼감[謹]·성경(誠敬)이라는 관점과 연결하고 있음을 의미한다. 칠일계 삼일제에서 가례는 기일 전 삼일재(三日齋)를 말하고, 칠일계(七日戒)를 말하지 않은 이유는 10일 재계가 비록 심히 후례이기는 하나 이를 천하만세 통행의 법으로 삼는다면 중용을 지나치게 된다는 것이다.[49] 주자가례 담론이 점차 정교화

48 「退溪集」 권29, 答金而精 別紙, 총간 30, 190쪽
49 「退溪集」 권34, 答金士純問目, 총간 30, 281쪽.

되는 경향을 보이면서 이론보다 실천에 기울어진 것이 사실이지만, 궁극적으로 예의 지향은 그 정신에 있음을 의미하는 것이다. 가례 담론에는 '삼감[謹]'이 유난히 많거니와, 예는 규범과 절차에 대한 기계적 답습이나 수행이 아닌, 함부로 하지 않는 마음의 자세가 중요한 것이다. 주자가례대로 못하는 경우 성경을 위주로 하는 주자 정신을 따르면 된다는 시각도 삼감과 같은 의미로 볼 수 있다.

주자가례 담론은 처음 불교적 의례를 몰아내는 역할을 했고, 점차 개인의 훼애를 자녀의 효성과 동일시하는 관점을 부여했으며, 그 후 조목별로 좀더 엄격해지는 형식화의 길을 지향하면서 지속적인 문제 제기가 있기는 하지만 대체로 종법과 가부장 사회를 공고히 하는 권력으로 작용하게 되었다. 그러나 한 가지 확실한 것은 적어도 가례 또는 예가 인간의 정을 소홀히 하지 않으면서 지나치게 과거 지향도 현재 지향도 아니라는 점이다.

Ⅳ. 주자가례 담론의 문화적 수용에 대한 예비적 고찰 －열녀전을 중심으로

1. 가례 절차 · 제도에 대한 무관심과 훼애의 강화

열녀전은 실존 인물들의 일대기적 기록이면서 이를 쓴 사람의 시각이 교묘하게 형상화에 작용하는 문학 작품이기도 하다.[50] 열녀전은 여주인공의 남편에 대한 순종과 헌신이 그 존립 기반이기 때문에 자식의 효가

50 본고에서 다룬 열녀전은 이혜순 · 김경미, 『한국의 열녀전』(월인, 2002)에 수록된 작품들이다.

초점이 된 주자가례의 논의와 동일 선상에서 다루기 어려운 면이 있다는 것은 인정된다.

그럼에도 남편의 죽음과 상례 수행에서 보이는 열녀들의 태도 변화는 점차 광범위하게 이루어지고 있었던 주자가례 수용과 무관하지 않을 것으로 보인다. 일반적으로 열녀는 사대부들에 비교되었고, 부부의 관계는 군신의 관계와 동일시되었다는 점에서 충효열의 이념적 속성은 상호 영향을 미쳤을 것이다.[51] 『주자가례』에서도 성복할 때에 참최(斬衰) 삼년복은 아들이 아버지를 위한 것이지만[正服], 처가 남편을 위하고, 첩이 군을 위한 것, 출계해서 남의 후사가 된 남편의 처를 위한 것[義服] 도 동일하게 참최 삼년이다. 이러한 점에서 사대부들이 주 작가층인 열녀전은 당대 여성의 삶을 보여 주는 생활 문화적 측면에서뿐만 아니라 사대부 의식의 투영이라는 측면에서 이 시기 주자가례 담론의 실제 문화적 침투와 그 변모를 알게 하는 중요한 자료가 될 수 있다.

주자가례 담론이 제도의 정교화를 강화시켜 주고 있음에도 그 적극적 수용의 최전선에 위치해야 할 열녀전에서 이를 기술한 사대부들이 절차나 제도 자체에 대해 상당히 모호하고 포괄적으로 묘사하고 있다는 점은 주목할 만하다. 이것은 다시 말해 열녀전의 묘사가 비록 그들의 열절(烈節) 행위에 초점을 둔 것이기는 하지만 작가 자신들도 죽음의 의례인 상례 매 절차에 별다른 관심이 없음을 의미한다. 단지 유성룡(柳成龍, 1542~1607)이 쓴 「김씨묘지문」에 김씨가 남편을 장사 지낸 후 그대로 상차(喪次)에 머무르면서 애도하기를 하루처럼 하여 조금도 해이하지

51 열녀전에서 부부의 관계를 군신의 관계에 비교한 것과 달리 시가(詩歌)에서는 군신의 관계를 부부 관계로 가탁하여 묘사한 것이 많다. 이백(李白, 701~762)의 악부시(樂府詩), 정철(鄭澈, 1536~1593)의 〈사미인곡〉과 같은 작품은 대체로 연주시(戀主詩)의 한 형태로 인식되고 있다. 이혜순, 「15 · 16세기 한국 여성 화자 시가의 의의: 〈사미인곡〉 · 〈속미인곡〉 · 〈첩박명(妾薄命)〉을 중심으로」, 『한국문화』 19(서울대학교 한국문화연구원, 1997), 81–84쪽.

않았으며, 언문『주자가례』상제 의례를 창벽에 걸고 제사를 지낼 때마다 한결같이 의식을 준수하면서 오히려 한 털끝이라도 예에 어긋남을 두려워한다는 점을 기술했다.[52] 이러한 묘사는 전술한 대로 가례 절차의 실현에 대한 유성룡의 남다른 관심이 있었기 때문에 가능했던 것이다.

대체로 열녀들의 망자에 대한 태도는 절차와 제도의 엄수에 있기보다 자학에 가까울 만큼의 훼애, 멸성, 고행에 있는 바, 듣는 이들의 감동 역시 여기에 있었다. 이러한 경향은 특히 16세기 말 17세기 전반부터 나타나고 있어 16세기 중반 주자가례 담론의 한 특성으로 보여 준 훼애의 상례 문화가 신분을 너머 사회적으로 확산되고 있음을 보여 준다. 유몽인(柳夢寅, 1559~1623)의「열녀정씨전」에서 정씨는 남편이 세상을 떠난 후 한 그릇의 미음도 먹지 않고 흙베개 이엉 자리에서 가슴을 치며 하루 종일 통곡했으며, 밤에도 잠을 자지 않았다. 한 벌의 해진 옷으로 겨울과 여름에도 바꾸어 입지 않았고, 피눈물로 적시기 세 해가 가까워지니 붉은 옷이 되었다. 죽도 먹지 않고 소금과 간장을 먹지 않았으며, 단지 곡식으로 싸라기죽을 만들어 그 물을 가져다 목을 축이는데 그칠 뿐이어서 몸이 재갈 먹은 듯했고, 기가 고갈하고 눈이 말라 하루에도 두세 번 기절했다는 것이다.

『주자가례』에서는 성복하는 날 주인과 형제는 비로소 죽을 먹는데, "모든 자식은 죽을 먹고, 처첩 및 기년복과 대공 구월복을 입는 사람은 거친 밥을 먹고 물을 마시지만 야채와 과일은 먹지 않는다"[53]고 했다. 물론 성복 이전에도 웃어른들이 권하면 죽을 먹을 수 있다. 이로 보면 정씨

52 『西厓集』 권20, 金氏墓誌, 총간 52, 385-386쪽. 신식(申湜, 1551~1623)의 『가례언해(家禮諺解)』는 16세기 말에 저술된 것으로 추측되는데, 그 이전 이황이 『주자가례』를 언해했다는 사실이 밝혀진 바 있다. 고영진, 위의 책, 210-211쪽. 신식, 유성룡 모두 이황의 문인이다.

53 『주자가례』, 293쪽.

가 먹지도, 자지도, 옷을 갈아입지도 않고 통곡하며 3년을 보냈고, 그 이후에도 싸라기 죽물을 먹는 데 그쳤다는 것은 그의 훼애가 거의 목숨이 끊어질[滅性] 정도의 '과중'이었음을 보여 준다. 정씨의 시가와 친가는 을사사화(1545, 명종 원년)에 화를 당했다 하므로 정씨 부인의 일은 16세기 중반 내지는 후반의 일이다. 그의 이러한 훼애는 상제가 끝난 뒤에도 일생 계속되었다고 했다.

김덕겸(金德謙, 1552~1633)의 「고오수재굉처윤씨전(故吳秀才竑妻尹氏傳)」에서 윤씨는 남편 사후 반혼제를 참혹한 슬픔으로 한결같이 초상 때처럼 치른 후 수재가 세상을 떠난 방에 오도카니 앉아 아침저녁으로 통곡하며 제사 지내는 일 외에 한 걸음도 바깥 출입을 하지 않았다. 미음까지도 끊고 매일 쌀겨로 멀건 죽을 만들어 한 번 목을 축이는데 그치니, 기력이 점점 다하여 한 걸음 걸으면 아홉 번 넘어질 지경이었으나 제사는 반드시 친히 받들며 하루도 폐하지 않았는데, 이와같이 하기를 여섯 달 동안 했다.

위 열녀들의 훼애는 날마다 통곡한다는 것, 정상적인 식사를 하지 않는다는 것, 옷을 갈아입지 않거나 씻지 않고 머리를 빗지 않는다는 것, 외출하거나 다른 사람을 보지 않는다는 것 등이다. 『주자가례』에서는 졸곡이 지나면 조석곡 외에는 곡하지 않고 소상을 지내면 아침저녁의 곡을 그친다. 김덕겸의 작품에서는 여막 대신 반혼제를 지내고 집에서 애도하는 변화가 보이나 남편을 떠나보낸 아내의 훼애로 일상의 삶을 영위하기도 어려울 정도가 된 것은 이 시기 상례가 16세기 중반에 새로이 부각된 훼애의 상례 문화를 그대로 잇고 있음을 보여 준다. 이것은 한편으로 지나친 훼애에 대한 우려를 보이면서도 다른 한편 이를 용인했던 주자가례 담론의 방향과 합치하는 것이다.

2. 문화적 상징으로서의 사당 · 신주 · 여막의 단선적 수용

강희맹(姜希孟, 1424~1483)의 「홍절부전」은 『주자가례』 담론이 왕성히 나타나기 이전인 15세기적 가례의 수용 양상을 보여 준다. 홍절부는 남편이 임지였던 평양에서 세상을 떠나자 아들과 운구하여 고향으로 돌아온다. 그는 묘를 스스로 설계해서 그 가운데에 두 방을 만들어 자신도 같은 무덤에 묻힌다는 뜻을 보여 주었고, 그 옆에 여막을 짓고 몸소 조석으로 춥거나 덥거나 비가 오더라도 제를 올렸다. 그는 삼년상을 마친 후에도 여전히 여막에 목주를 안치하고 항상 그 아래에 앉고 눕기를 평소처럼 했다고 한다. 아침저녁으로 친히 식사를 올렸고, 초하루와 보름, 그리고 일반 명절에는 반드시 무덤에 올라갔으며 새로운 음식을 얻게 될 때마다 꼭 그것을 제상(祭床)에 올렸다고 했다.

여기서 부부 합장을 위한 묘의 설계에서 동서 또는 좌우 방향이 전혀 거론되지 않았고, 여막살이가 3년을 넘어 수행되었다. 무엇보다 주목되는 것은 신주가 심지어 삼년상이 끝난 이후에도 그대로 묘소 옆 여막에 안치된 채 남아 있었고, 동시에 반혼제나 사당에 대한 기술이 전혀 나타나지 않고 있다는 점이다. 후에 집에 화재가 나자마자 홍씨는 신주가 두려울까 염려해서 목주를 거두어 품안에 넣었고, 손주의 초례에도 분묘와 신주를 떠날 수 없다는 점에서 가려 하지 않았으며, 평소에도 신주가 고적하지 않도록 비록 가까운 이웃도 감히 왕래하지 못했다는 것이다. 신주는 인간이 극히 삼가며 모시는 경건하고 권위적인 대상이기보다 감싸서 보호해야 할 여린 대상으로 형상화되었다.

위에서 기술한 대로 김덕겸의 「윤씨전」은 장사 후 곧 반혼제가 이루어진 변모를 보여 주고 있으나, 신주와 사당이 일상에서 중요한 존재로 부각된 것은 17세기 말에서 18세기로 넘어가서인 것으로 보인다. 김간(金

幹, 1646~1732)이 쓴 「고산삼열부전」의 신주가 그 예가 되거니와, 화재가 나자 시어머니가 "비록 죽더라도 사당은 지켜야 한다"고 불 속에 들어갔다가 죽고 며느리는 시어머니를 구하기 위해, 손주며느리는 시할머니와 시어머니를 구하기 위해 불에 뛰어들어 죽었다는 것이다. 이 세 사람은 모두 신주를 안고 한 곳에서 타죽었다는 것으로 보아, 사당을 구한다는 것은 곧 신주를 구하기 위해서였음을 알 수 있다.

이것은 신주가 무섭고 외로울까 염려되어 그 곁을 떠나지 못한, 남편의 정서적 대체물로서의 홍절부의 신주와는 그 성격이 다르기는 하지만, 사당 역시 목숨과 같은, 목숨을 걸고 지켜야 하는 문화적 상징을 형성하고 있다는 점은 유사해 보인다.

3. 문화적 수용에서 드러나는 『주자가례』 담론과의 거리

「은아전(銀娥傳)」은 하층 출신의 사대부 소실에 관한 것이어서 『주자가례』 담론에서 자주 거론되던 적서 신분에 의한 상하 차별의 실상을 보여 준다. 은아는 일찍 상배한 남편 곁에서 십여 년간 집안의 식사를 주관하는데, 윗사람의 명을 받들고 아랫사람들을 어루만지며, 공손하고 또 은혜로워 집안에 틈을 벌리는 말이 없었다. 남편의 손님 접대나 병중의 남편 간호도 그가 전담한 것으로 보인다. 이러한 점에서 보면 은아는 퇴계가 거론했던 '첩섭녀군(妾攝女君)'이고 태수의 다른 두 첩보다 조금 높은 위치로 볼 수 있다. 그러나 그가 남편의 적자나 손주들에게 어떤 대우를 받았는지는 기록되어 있지 않다.

「은아전」에서는 가례와 관련해서 남편의 상제례 때 첩의 역할, 첩의 장사 때 예우 문제 등을 주목할 만하다. 먼저 『주자가례』에 의하면 첩은 죽은 남편에 대해서 참최 삼년 의복(義服)에 해당한다. 이것은 정실이 남편의 상에 입는 복제와 동일하다. 따라서 은아가 태수의 장례 때에 두 머리채와 두 손가락을 잘라 같이 묻고, 삼년상 동안 제대로 먹지도, 용모를 단장하지도 않으면서 태수의 옷과 침구를 옛 거처에 펴두고, 매일 그 아래에서 모시면서 주야로 떠나지 않았다는 묘사에서 훼애의 모습이 엿보이기는 하지만 담론에서 주장하는 의리에 별로 어긋나는 것은 없었던 것 같다. 계절이 바뀔 때마다 새 옷을 지어 통곡한 후 태웠고, 집안을 태수 생전 시처럼 깨끗하게 보존했다는 것으로 보아 그는 시제를 위한 음식 준비, 제기 닦기 등의 본댁 행사에는 참여하지 못한 듯하고, 대신 혼자서 새 옷을 짓고 깨끗이 청소하며 남편을 기렸던 것으로 보인다.

은아는 세상을 떠날 때 입관과 염습의 마땅함과 예법에 따라 장사 지낼 것을 바라는 간곡한 유언을 남겼다. 그의 장사를 치르려고 찾아간 여러 손자들은 그가 태수의 평상시 모습을 그대로 정연하게 지킨 것에 함께 탄복하고 태수 곁에 장사지내어 그 뜻을 이루게 했다고 한다. 이로 보면 남편 생전에 정실의 일을 대신 주관했지만 남편 사후에는 남편의 자녀와 일가에게 별로 대접이나 돌봄을 받지 못한 것으로 보인다. 이것은 태수가 은아에게 남촌별장을 남겨 주어서 생활의 보조가 필요하지 않았기 때문일 수도 있겠지만, 은아의 행실을 그가 죽은 후에야 알게 되었다는 데서 태수 집안과의 관계가 매우 소원했음을 말해 준다.

은아의 유언은 관곽과 염습을 군자의 예에 따라 장사를 해달라는 것이었는데, 손자들이 받들어 지켜 준 뜻은 태수 곁에 장사 지내 주는 것이었다. 군자의 장사가 의미하는 바가 단순히 격식과 품위를 의미하는 것인지, 아니면 사대부들이 추종하는 주자가례나 더 나아가 군자에 의해 정당성이 인정된 섭녀군의 위상을 의미하는 것인지는 분명하지 않다. 아들이 없는 아버지의 소실을 일찍 세상을 떠난 정실의 묘와 함께 있을 남편 옆에 장사 지내 준다는 것은 확실히 쉽지 않은 일이어서 죽어서나마 은 아는 섭녀군의 대접을 받은 셈이다.

그러나 분명한 것은 「은아전」은 정실이 일찍 세상을 떠난 후 집안일을 주관했던 섭녀군으로서의 첩에 관한 이야기는 아니라는 점이다. 정처 대신 집안일을 돌본 첩의 위상을 섭녀군에 적용한 것은 살아서 그를 잘 모시는 것이 아버지를 잘 모시는 것이 될 수 있다는 점 때문이다. 그러나 은아가 죽어서 받은 대접은 개가하지 않았고, 남편의 재물에 손을 대지 않았으며, 외부인과 절연한 삶에 기인된 것으로, 성혼이나 송익필의 「은아전」 저술 역시 이러한 선상에서 파악될 수 있거니와, 『주자가례』의 생활 문화적 수용과 적서의 차별이 별로 드러나지 않은 담론과의 거리가 여기서 드러난다.

V. 맺음말

본고는 아직 예학이 정치적 · 학파적 논쟁에 휘말리기 전인 16세기에 차츰 형성되기 시작한 『주자가례』 담론의 전개와 특성, 그리고 그 문화적 수용을 고찰하기 위해 시도된 것이다. 예는 그 본질인 정신과 함께 이를 표현하는 의례 형식도 똑같이 중요하다는 주자의 이론은 고려 말 실천 윤리를 중심으로 성리학을 받아들이고, 그 이념 위에 새로운 왕조의 창건에 함께했던 이들에게 매우 절실히 요구되는 사상이었다.

이러한 점에서 『주자가례』의 수용이 15세기를 지나면서 탈불교적이고 유교문화적인 상 · 제례 지향의 담론으로 나타난 것은 매우 당연해 보인다. 『주자가례』의 구체적 내용이 어떠했건 그 이름 자체가 건국의 이념을 보여 주는 확실한 증표가 될 수 있었기 때문이다. 그러나 배불의 지향이 적어도 표면적으로 확인된 후 이처럼 관용적인 의미를 지닌 표현으로서의 주자가례는 자연스럽게 좀더 구체적이고 세부적인 규범과 절차의 문제로 전환되었거니와, 가례에 대한 다양한 담론을 왕복 서신 형태로 보여 준 것은 16세기에 들어가서다.

이와같이 문제 제기가 대부분 원리보다는 실천의 측면에서 이루어졌던 것이 조선조 후기에 들어가 『주자가례』의 수행이 지나치게 형식화에 치우쳤다는 비판을 야기시킨 한 원인이 되었을 것으로 보인다. 그럼에도 16세기 주자가례 담론에서는 동일한 문제에 대한 반복적 질의와 답신이 왕래되면서 예 의식의 합의가 쉽게 이루어지지 않았음을 보여 준다. 이것은 주자가례 담론이 오히려 잠재된 문제 의식들을 표출시킴으로써 절대적이고 일방적인 권위를 행사하지는 못했음을 의미한다.

『주자가례』 수행에 대한 많은 논의에서 주장된 것처럼 확실히 가례의 수용이 상하 · 내외 · 고금의 차별을 분명히 드러낸 것은 사실이다. 상하는 사대부와 서민 간의 차별화를 의미하는 것이나, 적어도 담론에서는 이에 대한 관심이 보이지 않는다. 오히려 사대부와 서얼의 관계 설정이 논의되기는 했으나 이 역시 그렇게 분명한 차별화가 제시된 것은 아니었다. 이에 비해 친족의 남녀, 내외 관계의 구분은 상당히 엄격해서, 부계의 내와 모계의 외는 종법과 가부장 사회를 공고히 하는 기제가 되었다. 『주자가례』의 수용은 고례에 대한 신뢰를 바탕으로 하고 있으면서도 주자 당대의 시속이나 시의성을 무시할 수 없었던 것처럼 조선의 예학자들에게도 중국과 조선, 남송 초기와 16세기 당대의 차이가 가져오는 자유와 구속의 한도를 결정하는 것은 어렵고 심각한 문제였다.

퇴계가 대부분의 문목에서 언제나 유예적인 여지를 남겨 둔 것도 조선의 현실을 포용할 수밖에 없었음을 말해 주거니와, 이러한 유예의 배경에는 무엇보다 정과 예의 갈등이 있었고, 따라서 담론도 어떠한 절차와 의례가 정을 인정하면서 자제하는 균형과 조화를 찾을 수 있는지를 탐색하는 데에 모아지고 있었다. 그러나 열녀전을 통해 찾아본 문화 수용의 양상은 17세기 전반까지는 표면적으로 의리의 강화가 보이면서도 오히려 예를 정의 차원에서 구현하고 있다는 점이 드러난다. 물론 이러한 점은 17세기 후반부터 점차 변모가 감지되고 있는 것이 사실이나, 실제 문화적 수용에서는 담론의 주제와는 달리 어떤 절차보다도 오히려 훼애와 같은 고행, 더 나아가 죽음에 이르는 '정'에 대한 과도한 치우침이 보이고 있다는 점은 흥미로운 사실이다. 앞으로 광범위한 자료의 다각적인 검토를 통해 다양한 문화적 수용 양상이 드러날 것이 기대되지만, 이와 함께 16세기 『주자가례』 담론이 그 이후의 예 수행에 어떤 문화적 기제가 되고, 어떤 의미를 지니는지를 고찰하는 것이 지속적인 과제가 될 것이다.

〈참고 문헌〉

■ 자료편

高尙顔, 『泰村集』, 한국문집총간 59.

金誠一, 『鶴峯集』, 한국문집총간 48.

金安國, 『慕齋集』, 한국문집총간 20.

金宗直, 『佔畢齋集』, 한국문집총간 12.

宋翼弼, 『龜峯集』, 한국문집총간 42.

梁彭孫, 『學圃集』, 한국문집총간 21.

柳成龍, 『西厓集』, 한국문집총간 52.

柳重臨, 한국근세사회경제사Ⅲ 『農書 4 증보산림경제』, 아세아문화사 영인본, 1981.

柳希春,『眉巖集』, 한국문집총간 34.

李浚慶,『東皐遺稿』, 한국문집총간 28

李滉,『退溪集』, 한국문집총간 29-31.

鄭逑,『寒岡集』, 한국문집총간 53.

鄭夢周,『圃隱集』, 한국문집총간 5.

周世鵬,『武陵雜稿』, 한국문집총간 27.

崔溥,『錦南集』, 한국문집총간 16.

주희 지음, 임민혁 옮김,『주자가례』 예문서원, 1996.

CD-ROM『국역조선왕조실록』, 한국학데이터베이스 연구소, 서울시스템주식회사.

『禮記』,『儀禮』

■ **논저편**

고영진,『조선 중기 예학사상사』, 한길사, 1995.

김경숙,「16세기 사대부가의 상제례와 여묘 생활 : 이문건의『묵재일기』를 중심으로」,『국사관논총』 97집, 2001.

김동기,「신라 효행설화의 전개 양상」, 경산 사재동박사 화갑기념논총,『한국서사문학사의 연구』, 대전 : 중앙문화사, 1995.

김동노,「유교의 예와 미시적 권력 관계」, 한국정신문화연구원 편,『유교의 현대적 해석과 미래적 전망』, 서울 : 청계출판사, 2004.

도이힐러, 마르티나 지음, 이훈상 옮김,『한국 사회의 유교적 전환』, 서울 : 아카넷, 2003.

문옥표,「예서에 나타난 유교의 관혼상제의 의미 분석」,『한국 인류학의 성과와 전망』, 집문당, 1998.

박연호,「조선 전기 사대부 예의 변화 양상」,『청계사학』 7, 1990.

이혜순, 「15 · 16세기 한국 여성 화자 시가의 의의 : 〈사미인곡〉 · 〈속미인곡〉 · 〈첩박명(妾薄命)〉을 중심으로」, 『한국문화』 19, 서울대학교 한국문화연구소, 1997.

이혜순 · 김경미 편역, 『한국의 열녀전』, 월인, 2002.

『정신문화연구』 29권 2호, 통권 103호(2006년 6월)에 게재.

제2부

일상 의례

16세기 사림의 주자의례(朱子儀禮)의 실천과 「분천강호가(汾川講好歌)」

-제도에 맞는 몸과 마음은 어떻게 만들어지는가?-

길진숙

I. 머리말

조선 시대의 국가 이념이었던 성리학은 어떤 과정을 거쳐 내면화되고 일상화되었을까? 성리학적 이념을 실현하기 위해 가장 핵심이 되는 요소는 바로 성리학의 근본 정신이자 형식을 표현한 예(禮)와 예제(禮制)다. 따라서 이 질문은, 주자의례(朱子儀禮)가 어떤 방식에 의해 사회적으로 수용되고 저변화되었는가라는 물음으로 바꿔 볼 수 있다.

이 문제는 조선조의 사회뿐만 아니라 오늘날의 사회를 해명하는 데에도 매우 유의미한 주제다. 근대 민주주의의 세례를 받은 오늘날에도 성리학적 생활 규범과 윤리의 문제에서 우리들은 여전히 자유롭지 못하기 때문이다. 이토록 오랜 시간 동안 성리학적 생활 규범과 윤리가 우리의 의식 안에 자리잡을 수 있었던 동인은 무엇이었을까? 이 글은 바로 그 동인을 찾아가는 시도 중의 하나가 될 것이다.

이런 시각과 관련해서 16세기 영남 예안의 재지사족(在地士族)이었던 이숙량(李叔樑, 1519~1592)의 『분천강호록(汾川講好錄)』과 「분천강호가(汾川講好歌)」는 주목을 요하는 자료다. 『분천강호록』은 이숙량의 집안에서 행해지던 의례 즉 '삭망의(朔望儀)'의 절차와 규약을 기록한 글이며, 「분천강호가」는 '삭망의'의 과정에서 불리어진 시조 형식의 악장으로 유교의 기본 윤리인 '오륜(五倫)'을 노래한 작품이다. 이 자료는 사림 집안에서 행해졌던 의례 절차의 현장 기록이라는 점에서 성리학적인 윤리와 질서의 사대부적 생활화가 구체적으로 어떻게 진행되었는지를 시사해 주는 바, 생활사와 문학사의 관점에서 매우 흥미로운 자료로 판단된다.

보통 16세기를 이념의 시대, 계몽의 시대라고 부른다.[1] 이 시대를 대표하는 사림(士林) 지식인들이 성리학적 저변화를 부르짖었기 때문이리라. 사림 지식인들은 16세기 정치 · 사회 · 문화적인 영향력을 기반으로 성리학에 대한 심화된 이해뿐만 아니라 성리학적 근본 정신에 의해 일상의 작은 부분까지 혁신하고자 했다. 조선왕조 건국 초기부터 성리학적 이념에 의해 국가가 다스려졌지만, 성리학은 사족(士族)을 비롯한 일반 백성들의 생활 습속까지 변화시키지는 못했다. 16세기 사림 지식인들은 국가적인 정책 시행의 한계를 넘어서기 위해 성리학적 이념의 체화에 전면적으로 앞장섰다. 사림의 성리학 실천 운동은 제도의 차원을 뛰어넘어 사족이 몸담고 있는 향촌에서부터 사족 자신의 일상 생활까지 혁신하려는 아주 근원적인 성격의 것이었다.

따라서 사림들은 개인의 신체와 심성 깊숙이 성리학적 질서와 윤리를 새기기 위해 전방위적인 방법을 동원했다. 그야말로 16세기는 뼈 속까지 성리학적 인간으로 거듭나기 위해 골몰했던 시대라 해도 과언이 아닐 것

1 김현양, 「16세기 소설사의 지형과 위상」, 『민족문학사연구』 25(민족문학사학회, 2004). 조현설, 「형식과 이데올로기의 불화」, 『민족문학사연구』 25(민족문학사학회, 2004).

이다. 우리가 16세기에 주목해야 하는 이유도 바로 이 때문이다. 조선 시대 유교적 예의 표상인 『주자가례』의 '관 · 혼 · 상 · 제례(冠 · 婚 · 喪 · 祭禮)'가 조선 사회에 완전히 뿌리를 내리려면, 사회 구조와 사람들의 의식이 그에 맞추어 변화해 가야 한다. 16세기는 그런 변화를 유도하던 시대였다. 유교적 예와 예제가 사람들의 무의식을 점령해 자연스러운 행위로 나타나기까지 신체와 정신을 어떻게 길들이는가? 그것을 확인시켜 주는 지점이 16세기다.

이숙량의 『분천강호록』과 「분천강호가」는 바로 이러한 시대를 대표하는 문화적 산물의 하나다. 이 글의 목표는 의례의 행사와 절차를 기록한 이 자료를 통해 사림 지식인들이 성리학적인 신체와 심성을 어떤 방식으로 만들어 가는지 구체적으로 재구성하는 것이다. 더불어 이이(李珥, 1536~1584)가 지은 언해본 『동거계사(同居戒辭)』와 비교해 봄으로써 『분천강호록』과 「분천강호가」의 사회 · 문화적 의미를 짚어보고자 한다. 『동거계사』는 '사마씨삭망의(司馬氏朔望儀)'란 의식을 행하면서 강독했던 규범서로서, 예와 예제의 정착을 위한 16세기 사림의 노력과 실천 방향을 보여 주는 의미 있는 자료다.

Ⅱ. 16세기 사림의 유교적 생활 규범과 예제

중종대의 신진 사림들은 『소학(小學)』 · 『삼강행실도』 · 『이륜행실도』 · 『정속(正俗)』 · 『경민편(警民編)』 · 『주자가례』 · 『증손여씨향약』 등의 예속(禮俗) 관련 서적을 간행 또는 언해하여 보급하고, 향사례(享祀禮), 향음주례(鄕飮酒禮), 향약(鄕約), 관 · 혼 · 상 · 제례를 실시했다. 국가 주도에 의해 중앙에서 향촌까지, 지배층에서 일반민에게까지 미치는 전면적인 교화요 개혁이었다. 더구나 생활 습속에 대한 부분적이고 점진적 개혁이 아니라 모든 사람들의 의식에서 생활 습속까지 일거에 변화시키려는 시도였다.[2]

결과는 실패였다. 기묘사화로 인해 신진 사림들이 정치적으로 패퇴하면서 개혁 정책은 전면 중단되었다. 재지사족과 일반민의 교화를 도모했던 『소학』 학습, 주자가례의 시행, 향약의 실행 등이 지속되지 못했던 것이다. 성리학적 이념의 교화와 의례 실천을 강도 높게 추진했음에도 당대의 사회는 이념적으로 교화되지 않았고 의례의 실천도 제대로 이루어지지 않았다. 정치적으로 실패했지만 사회적인 파급력도 미미했던 것이다.

국가적 이상이야 이념과 제도의 교화가 일거에 이루어지는 것이겠지만, 사람들의 의식과 사회 구조가 단시간에 바뀔 수는 없을 터. 그렇다면 16세기 사림들이 지켜 나갔던 유교적 윤리와 예제는 무엇이었으며 또한 어느 정도의 수준이었을까?

16세기 안동 분천의 재지사족인 농암 이현보(聾巖 李賢輔, 1467~1555)와 내앞[川前]의 재지사족인 청계 김진(靑溪 金璡, 1500~1588)의 행적을 보면 흥미로운 사실을 발견하게 된다. 그것은 두 사람의 행장(行狀)에서 사람들에게 칭송된 미덕인 바, 지극한 효성과 우애, 그리고 상·제례(喪·祭禮)를 주자가례대로 철저하게 실천했다는 점이다. 이런 평가와 내용은 16세기 유교적 예와 예제의 수준이 어떠했는가를 유추할 수 있게 한다.

---

2 김훈식, 「16세기 『이륜행실도』 보급의 사회사적 고찰」, 『역사학보』 107(역사학회, 1985).
고영진, 『조선 중기 예학 사상사』(한길사, 1995).
길진숙, 『조선 전기 시가예술론의 형성과 전개』(소명출판사, 2002).

1) • 효성과 우애를 중히 여겨 항상 부친을 위해서 외직을 원하여 일고여덟 차례나 지방관이 되어 봉양을 극진히 했다. 봉양하는 정성이 시종 변함이 없었다.[3]

• 초상 · 장사 · 제사에 임하여 그 준비는 모든 동생에게 책임지우지 않았다.

• 동성의 종숙 이인견(李仁堅)이 자식이 없자 공의 넷째 중량(仲樑)으로 뒤를 삼으려 했다. 자신은 녹을 받아 어렵지 않으므로, 가난한 동생 현준(賢俊)의 아들로 후사를 삼게 했다.[4]

• 선생께서는 족친 사이의 화목에 힘썼다. 족친들은 모두 살림이 넉넉하지 않아도 의리를 숭상하여 씨족 간의 어려움엔 앞장서서 도와 주었다. 가난한 족친 및 친구의 길흉사에 돌봐 주지 않은 적이 없었다.[5]

2) • 강을 건너 왕래했는데도 조석으로 부모님의 문안을 폐한 적이 없었다. 출타했을 경우에는 돌아오면서 반드시 부모님이 계신 곳에 먼저 들렀다. 아무리 하찮은 음식이라도 반드시 먼저 부모님께 보내드렸다.

• 부친상과 모친상을 당해서 염습하고 장사지내며 제전(祭奠)을 올릴 때는 주문공 가례에 따라서 하기를 힘썼다. 집상(執喪)을 아주 삼가서 했고, 3년 동안 여묘살이를 하면서 종신토록 해이하지 않았다.

• 제사의 예를 삼가 엄숙하고 공경스럽게 했다. 매번 자손들에게 "집안이 홍성하느냐 몰락하느냐는 반드시 제사를 지내는 데에서 말미암는 법이다. 어찌 제사를 공경히 지내지 않으면서 복을 누리는 경우가 있겠는가" 라고 가르쳤다.

---

3 「연보(年譜)」, 『국역 농암선생문집』(분강서원, 1986).

4 이숙량, 「행록(行錄)」, 『국역매암선생문집』(매암선생문집편찬위원회, 1996).

5 「연보」, 『국역 농암선생문집』.

• 아버지께서는 형제들 사이의 우애가 아주 도타웠다. 재산을 나눌 때도 공평하게 했다. 말로만 나누고 문서로 작성하지는 않았는데, 한 번도 재산 문제로 서로 다투어 본 적이 없었다.

• 일찍 홀로 되어 의지할 곳이 없는 처조카 민추를 아버지께서 데려다 여러 자식들과 함께 가르치고 길렀다. 작은아버지가 자식이 많아 제때에 시집 장가를 들이지 못하자 혼수를 마련해 세 딸을 시집보내 주었다. 막내 고모의 장사를 갑작스럽게 당하자 온 힘을 다해 장사의 일을 주선했다.[6]

행장에 나열된 이현보와 김진은 그야말로 유교 윤리의 수호자다. 두 사람의 행적을 모아놓으니 유교의 생활 규범서를 보는 듯하다.

이현보와 김진은 세거지(世居地)인 향촌에서 막강한 지도력과 영향력을 발휘했던 인물들이다. 이들은 실질적으로 향촌을 이끌었으며, 이들의 행동은 향촌 사회에 사표가 되었다. 따라서 이들이 칭송받은 행위 규범과 예제의 실천은 당시 사회에서는 최고의 수준에 도달한 것이었으리라. 부모님께 효도하고, 형제 · 친척 간에 재산을 공평하게 나누고, 형제 · 친척 · 이웃의 어려운 일을 도와 주고 상부상조하며, 상 · 제례를 주자가례에 따라 엄격히 지켰다는 내용들은 당시 현실에서 실천되었던 유교적 생활 규범의 최대치를 상정한다고 할 수 있다. 바꾸어 말하면 16세기의 사회가 필요로 하는, 혹은 사회가 지향하려고 했던 유교적 예와 예제의 내용이었던 것이다. 16세기 당시의 향촌 현실에 필요했던 유교 윤리와 예제는 이현보와 김진이 실천했던 행위 규범 그 이상도 그 이하도 아니었다.

실제로 이 시기까지 사대부들은 주자가례의 사례(四禮) 중 제례와 상

---

6 김성일, 「행장」, 『국역 학봉전집』 7권(민족문화추진회, 1998-2002).
오수경, 「청계 김진의 선비 의식과 서당교육」, 『퇴계학』 7(안동대 퇴계학연구소, 1995). 이 논문에서 청계 김진의 주자의례 실천의 철저함을 잘 보여 주고 있다.

례를 준수하고, 관례는 거의 행하지 않았으며, 친영례는 일부 사대부만이 실행했다고 한다.[7] 이 당시 사대부들에게 관례와 친영례에 대한 인식은 거의 없었다고 할 수 있다. 유교적 예제를 중시하는 사림 집안에서 가장 중시한 예법은 제례와 상례였다. 따라서 사림 중에는 김진의 사례에서처럼 제례를 가문의 존속과 직결되는 것으로 보고 가훈으로 강조하는 경우도 많이 나타난다.

이런 추세로 인해 사림들은 생활 규범서로서의 제례서 · 상례서들을 편찬한다.[8] 곧 이현보의 『주제례(酒祭禮)』(1547), 이언적(李彦迪, 1491~1553)의 제례서인 『봉선잡의(奉先雜儀)』(1550), 이이의 『제의초(祭儀鈔)』(1577), 유운룡(柳雲龍, 1539~1601)의 제례서인 『추원잡의(追遠雜儀)』, 김성일(金誠一)의 『상례고증(喪禮考證)』(1581) · 『봉선제규(奉先諸規)』(1587) 등이 편찬되었던 것이다.[9] 제례서 편찬은 제례의 시행이 본격화되면서 현실적인 제사 설행상에 문제점이 부각되기 시작했다는 것을 의미한다. 즉 집집마다 서로 다른 제례법을 통일하여 예법에 맞게 정돈함으로써 제사를 제대로 치르기 위한 실용적인 목적에서 비롯된 것이다.

제례의 예법이 문제가 되었다는 것은 주자가례의 사례 중 제례가 가장 빨리 정착되었으며, 가장 중요시되었음을 의미한다. 이 시기에 제례는 그 집안의 예법을 가늠하는 척도가 되었다. 제사가 가문의 융쇠를 좌우한다고 보았던 김진의 예에서 알 수 있듯, 제사는 가문적 자존심과 존립의 바탕이 되었다. 조상을 섬기는 일, 즉 제사 의식은 자신의 뿌리를 되

---

7 고영진, 앞의 책, 63-64쪽.
8 위의 책, 64-66쪽.
정옥자, 「17세기 사상계의 재편과 예론」, 『한국문화』 10(서울대 한국문화연구소, 1989), 214-215쪽.
9 김항수, 「16세기 사림의 예의식과 예서 편찬」, 『동대논총』 22(동덕여대, 1992).

새기며 가문의 계보를 확인하는 시간이다. 제례법은 가문의 '정체성'을 판단하는 기준이었던 것이다. 각 집안마다 제례의 정돈에 힘을 쏟고, 자손들에게 익히게 했던 것은 바로 이 때문이다. 일례로 이현보의 『주제례』는 1차적으로 자식들에게 강습되었고, 그 아들 중량(仲樑) 대에 와서 판각되어 영천과 분천의 족친들에게 전해졌다.[10]

이처럼 16세기에는 유교의 기본 윤리와 제례 · 상례의 실천에 가장 중점을 두었다. 사회가 요구하는 예와 예제의 실천 수준이 이만큼이었다는 의미이기도 하다. 그러나 일반민은 말할 것도 없거니와 대다수 사족들조차 사회가 요구하는 예와 예제의 수준에는 미치지 못했으리라 판단된다. '행장'의 의례적 투식(套式)을 감안하더라도 이현보, 김진의 예와 예제 실천이 모범적인 행위로 강조된 것은 당시 여타의 사족들은 그만한 수준에 이르지 못했다는 반증이 아닐까.

16세기는 여전히 유교적 윤리와 생활 규범이 뿌리내리지 못했고, 제례나 상례도 주자가례의 예법에 비할 때 완전하지 않은 상태였다. 성리학적 사유에 철저한 일부 사림만이 유교적 윤리를 생활화하고 예법에 맞는 제례와 상례를 치르기 위해 고심했을 뿐이었다. 이것이 바로 16세기의 현실이었다. 따라서 성리학의 저변화에 골몰하는 사림의 입장에서 대부분의 사족과 일반민들은 계몽되어야 하는 존재들이었다. 그렇다면 당대 사회를 과연 어떤 방식으로 계몽할 것인가? 이제 16세기 사림들은 계몽의 전략과 전술을 구사하기 시작한다.

가장 바람직한 방법은 향촌 사회가 교화되는 것이다. 사림들에게 향촌

---

10 이중량(李仲樑), 「서가군제주이례설후(書家君祭酒二禮說後)」, 『하연선생문집(賀淵先生文集)』 권2. "只令秘之於家, 使子弟講習而行之. …… 於數紙宜爲貽厥家範也. 第念吾家子孫宗族之繁, 未可一一傳錄遍觀. 余之任郡永陽乃余本貫鄕人, 皆余族黨是一家也. 遂鋟于梓, 使各印出而傳看, 庶不戾家君之本意也."

은 생활의 근거지인 동시에 정치 실현의 장이었다. 향촌은 사림들의 존립 기반이었던 것이다.[11] 향촌이 성리학적 질서로 교화되고 다스려진다면 사림들에게는 더할 나위 없이 좋은 일일 것이다. 그러나 16세기까지 사림들은 향촌 사회 전반을 지배할 정도로 강력한 지위를 확보하지 못했다.

16세기 중반 퇴계 이황은 이현보의 뜻을 받들어 「예안향입약조(禮安鄕入約條)」를 만든다. 예안의 사족들과 일반민을 대상으로 했으나 이 향약의 핵심은 사족들 간의 관계와 질서를 규정하는 것이었다. 그렇지만 이 향약은 사족들 간의 이해가 일치되지 않아 조약(條約)만 완성된 채 실시되지는 못했다고 한다.[12] 이러한 실례에서처럼 하층민들과의 관계도 문제가 되지만 사족들 상호의 이해 관계도 문제시되었다. 향촌을 교화하고 다스리기도 쉬운 일이 아니었다.

어디에서부터 어떻게 유교적 예로 다스릴 것인가? 결국 가문을 결속하고 교화하는 길이 최선의 방법이었다. 가장 시급하면서 가장 빠른 계몽의 방법은 자신의 집안부터 다스리는 일이었다. 더구나 주자가례의 사례(四禮)가 완성되려면 가문이 우선적으로 교화되고 통합되어야 한다. 16세기 후반에 이르러 사림들은 유교적 예와 예제를 일족(一族)에게 심어주는 프로젝트를 가동한다. 가문은 유교적 예와 예제에 의해 어떻게 통합되었을까? 어떤 과정을 밟았던 것일까? 지금부터 가문 단위에서 실행된 의례를 살펴보자.

---

11 이태진, 「사림파의 유향소 복립운동(상 · 하)」, 『진단학보』 34 · 35(진단학회, 1972 · 1973).
이수건, 『영남 사림파의 형성』(영남대 민족문화연구소, 1975).
정진영, 『조선 시대 향촌 사회사』(한길사. 1998).
김현영, 『조선 시대의 양반과 향촌사회』(집문당, 1999).
이병휴, 『조선 전기 사림파의 현실 인식과 대응』(일조각, 1999).

12 정진영, 위의 책, 101–144쪽.

Ⅲ. 이숙량의 '사마씨삭망의(司馬氏朔望儀)' 실행과 가문 윤리의 내면화

1. 『분천강호록(汾川講好錄)』, 「거가잡의(居家雜儀)」 그리고 「향약(鄕約)」

『주자가례(朱子家禮)』는 가문 단위의 예를 제도화하고 규범화한 책이다. 『주자가례』의 첫째 장은 '통례(通禮)'다. '통례'는 집에서 날마다 사용하는 상례(常禮)로 날마다 닦아야 하는 예의 범절이다. 주자는 '통례'를 예의 근본으로 여겨 『주자가례』의 맨 앞에 놓았다. '관혼상제(冠婚喪祭)'의 사례(四禮)가 제대로 실행되려면, 집안의 예가 먼저 다스려져야 한다. '관 · 혼 · 상 · 제례'는 종통(宗統)이 확립되지 않으면 실시되기 어렵다. 이 때문에 한 가문의 종통을 세우는 '통례'가 '사례'보다 앞서 책의 앞머리에 놓이게 된 것이다.

'통례' 장은 사당 제도, 심의 제도, 「사마씨거가잡의(司馬氏居家雜儀)」의 세 부분으로 이루어져 있다. 이 중 「사마씨거가잡의」는 사마광(司馬光)이 평상시 집안에서 지켜야 할 각종 예절을 정리한 예서다. 그 내용은 가장의 의무와 역할, 부모와 자식 사이의 도리, 시어머니와 며느리의 도리와 역할, 친척 간의 존비 · 장유의 예, 종의 역할과 종을 대하는 방법, 육아와 자식 교육에 관한 것으로 가족 간에 지켜야 할 실제적인 생활 규범이 주가 된다. 즉 한 집안의 구성원인 가장, 시어머니, 아들, 며느리, 직계의 친척, 종 사이의 관계를 규정한 것이다.

이 「거가잡의」 안에는 동지와 정조(正朝=元旦), 매달 초하루와 보름에 종족들이 모여 간단하게 치르는 의식이 명시되어 있다. 율곡(栗谷) 이이(李珥, 1536~1584)는 이 모임의 의례를 '사마씨삭망의(司馬氏朔

望儀)'라고 불렀다.[13] '사마씨삭망의'는 「거가잡의」에서 규정한 바, 가장 · 시어머니 · 아들 · 며느리 · 직계의 친척 · 종으로 구성된 한 집안의 가족들을 대상으로 한 의례다.

> 우리 집에 동거하는 종족이 많으면 동지와 정조, 초하루, 보름에 당상에 모인다. 〔이는 남향인 당을 가정한 것이다. 만약 집의 생김새가 다르다면 때에 따라 마땅하게 한다.〕 남자들은 왼쪽에 거처하는데 서쪽이 위며, 부인은 오른쪽에 거처하는데 동쪽이 위다. 〔왼쪽과 오른쪽은 가장의 좌우를 말한다.〕 모두 북향하여 함께 일렬을 만들고 각각 장유를 순서대로 〔부인은 남편의 장유로 순서를 삼아야지 자신의 장유로 순서를 삼지 않는다.〕 함께 가장에게 절한다. 마치면 맏형은 문 왼쪽에 서고 맏누이는 문 오른쪽에 서서 모두 남향하여 여러 아우와 누이들과 차례대로 절을 한다. 마치면 각각 열을 짓는데, 남자는 서쪽이 위고 부인은 동쪽이 위다. 함께 항렬이 낮은 이와 어린이의 절을 받는다. 〔종족이 많은데 사람마다 절을 한다면 번거롭고 수고로우므로 같이 열을 지어 함께 절을 받는 것이다.〕 절 받기를 마치면 먼저 물러간다. 후배들도 문의 동쪽, 서쪽에 서서 절을 받는데 전배의 의식과 같이 한다.[14]

'사마씨삭망의'는 정기적으로 종족들이 모여 배례(拜禮)하며 종족 간의 존비 · 장유의 차서를 정비하고, 가족들 간의 결속을 다지는 행사다. 의식적인 행례로써 가족 간의 윤리 · 질서를 확인하고 정비하는 자리였던 것이다. 한 집안에 거주하는 사람들이 많아지면서 가족들 상호간의

---

13 이이, 「부록(附錄)」 2, 『율곡전서』 권34.
14 주희 지음, 임민혁 옮김, 『주자가례』(예문서원, 1999), 108쪽.

예의 범절이 더욱 중시되고 그런 예의 범절을 예식의 절차를 통해 익힐 필요가 있었던 것이다.

이숙량은 농암 이현보(聾巖 李賢輔, 1467~1555)의 여섯 번째 아들이다. 익히 알고 있듯 이숙량의 집안은 이현보 대에 와서 안동의 명문 세가로 확실하게 자리잡았다. 이현보가 중앙 정계에 진출하여 정치적 영향력을 발휘했기 때문에 세거지(世居地) 분천을 중심으로 한 예안 일대에서 경제적 기반을 더욱 탄탄하게 쌓았으며, 재지사족으로서의 신분적 입지를 더욱 넓힐 수 있었다.[15]

이숙량은 아버지와 다르게 처사(處士)로서 퇴계 문하에 들어가 학문에 전념하며 서원에서 선비들을 교육하는 일에 평생을 바쳤다. 정치적 지배력을 갖지는 못했지만 가문적 입지를 바탕으로 예안 일대에서 학문적 · 사회적 영향력을 발휘했다. 이숙량은 대구에서 매암서원(梅巖書院)을 짓고 선비들을 교육하다가 1570년(52세)에 세거지인 분천으로 돌아온다. 분천에 돌아온 후 아버지 이현보가 건축했던 애일당(愛日堂)을 중축하여 영모당(永慕堂)이라 이름을 고쳐 짓고 말년을 이곳에서 보냈다. 『분천강호록(汾川講好錄)』은 분천으로 돌아와 집안을 돌보던 즈음에 지어졌다.

16세기의 사림 이숙량은 「거가잡의」에 명시된 '사마씨삭망의'를 자기 집안의 의례로 실현시킨다. 행장이나 묘지명에 의하면 이숙량은 집안의 자제들을 가르치고 가문의 법도를 세우기 위해 '삭망의'의 절차와 규약을 담은 『분천강호록』을 지었고, 집안에서 매달 초하루, 보름마다 '삭망

15 이수건, 「영남 사림파의 재지적 기반: 조선 전기 안동 지방을 중심으로」, 『신라가야문화』 12(영남대, 1981).
정진영, 「16세기 향촌 문제와 재지사족의 대응: 예안약조를 중심으로」, 『조선시대 향촌사회사』(한길사, 1998), 128–129쪽.

의'를 실행했다고 한다.[16] 조선의 건국 이래 사대부들이 집안의 예법을 세우고 의례를 실천할 때 기준이 되었던 예서는 바로 『주자가례』였다. 이숙량도 『주자가례』를 보고 '삭망의'[17]에 착안하여 가문의 일족을 위한 행사를 마련했던 것이다. '삭망의'가 이숙량의 후손들에게 어떤 형태로 지속되었는지 확인할 길은 없지만, 적어도 이숙량 당대에는 실행되었던 것으로 판단된다.

의식의 절차를 살펴보자. 매달 초하루와 보름에 모든 종족들이 모여서 예를 행하는데, 의례는 "종족 간의 배례(拜禮)→강론(講論)→주찬(酒饌) 설행과 수작(酬酌)→악장 부르기"의 순서로 진행된다.

> 모든 어린이가 회장에 먼저 모이고 그 다음에 여러 어른이 따르며 최후의 존장이 이르러 정침(正寢)으로 들어가 남쪽을 향하여 서면, 여러 어른이 들어가 절을 한 후 모두 남쪽을 향해 차례로 서고, 모든 어린이가 차례로 마루에 올라가 함께 절한 뒤에 좌정한다.
>
> 술과 반찬을 차린다.
>
> (술은) 청탁(淸濁)을 물론하고 두세 병을 넘지 못하고 돌아가며 올리고, 안주는 상황에 맞추어 올리되 세 그릇을 넘지 못한다. 먼저 네 가지 조목을 강론하고 해석한다.[18]
>
> 술을 마신 뒤에 여러 어린이로 하여금 번갈아가며 노래를 부르게 한다.[19]

16 이용구(李龍九), 「묘갈명(墓碣銘)」, 『국역 매암선생문집(國譯梅巖先生文集)』(매암선생문집편찬위원회, 1996), 240쪽.

17 '사마씨삭망의'를 이후부터는 '삭망의'라 칭한다.

18 이숙량, 「분천강호록」, 『국역 매암선생문집』(매암선생문집편찬위원회, 1996), 110쪽. "翌日諸幼先集會, 所諸丈次之, 最後尊丈乃至, 入正寢, 南面立, 諸丈入拜後, 皆南面序立, 諸幼以次升堂, 齊背後, 坐定. 設酒饌: 勿論淸濁, 毋過二三壺, 輪回備呈, 殽核亦隨宜, 毋過三器. 先 以四條講而解之."

19 이숙량, 위의 글, 114쪽. "酒後令 諸幼迭歌樂章."

절차는 비록 간단하지만 엄격한 질서와 법도에 따라 진행되고 있었음을 알 수 있다. 종족 간에 절하고 좌정할 때 존비(尊卑)와 장유(長幼)를 구별하여 차서 의식을 훈련시키고, 술과 안주를 먹을 때도 도를 넘지 않도록 하여 주례(酒禮)의 법도를 준수하고 있다. 이렇듯 매달 삭망에 가족들이 모이고, 장유에 따라 배례의 위치와 순서가 정해져 있다는 점, 이를 통해 가족 간의 통합과 차서의 질서를 익힌다는 취지는 바로 「거가잡의」의 '삭망의'에서 비롯된 것이다.

그렇지만 이숙량은 「거가잡의」에 명시된 절차와 방식을 그대로 시행하지는 않았다. 사마광이 규정한 모임에는 존비귀천(尊卑貴賤)을 가리지 않고 한 집안의 남녀노소가 모두 참석하며, 예를 행할 때 남녀의 자리를 구분한다. 반면에 이숙량의 의례에서는 남녀의 자리를 구분하지 않는다. 어른과 아이로 구성된 남자들만 참석하기 때문에 남녀의 자리를 구분할 필요가 없었던 듯하다. 또한 배례(拜禮)의 절차에서도 사마광은 사람들을 먼저 항렬로 차서(次序)하고, 같은 항렬 안에서 다시 장유로 나누는데, 이숙량은 연치(年齒)에 의해 장유를 구분했을 뿐이다.

한편 이숙량의 '삭망의'는 「거가잡의」의 '삭망의'가 배례 의식에 그치는 데서 한 걸음 더 나아가 다른 절차와 방법을 덧붙인다. 『분천강호록』에 제시된 바, 예절의 네 가지 조목을 강론하고 해설하는 절차, 선행을 한 자와 규약을 어긴 자에 대해 상벌을 내리는 행위, '화친척(和親戚)'과 '목인보(睦隣保)'의 세목으로 제시된 '덕업상권(德業相勸), 과실상규(過失相規), 예속상교(禮俗相交), 환난상휼(患難相恤)'의 네 가지는 향약의 실행 절차에 의거한 것이다. 앞에서 살핀 바, 항렬보다는 장유에 의해서 좌차를 정하는 방식과 함께 이러한 절차들은 '향약'을 모방한 데서 비롯되었다고 할 수 있다.

친척에게 화목할 것.

그 조목으로 네 가지가 있으니 이르되,

덕행과 생업으로 서로 권면한다. "부형을 섬기고, 자제를 가르치며, 친척과 화목하고, 사귐을 가리며, 제사를 삼가고, 은혜를 널리 베풀며, 법령을 두렵게 여기고, 조세를 엄격하게 지킨다."

과실을 서로 경계할 것. "술주정, 잡기, 싸움, 소송, 행동의 위법, 유언비어의 조작, 남을 무고·비방하거나 너무 지나치게 경영을 사사로이 하는 행위"

예의의 풍속으로 서로 사귄다. "어른과 어린이의 차례, 귀하고 천한 이의 분수, 명절의 왕래, 길흉사의 축하와 위문"

환난을 당했을 때 서로 구휼한다. "수재, 화재, 상고, 외롭고 위태할 때, 억울하게 누명이나 죄를 입었을 때"[20]

이숙량은 친척과 이웃 관계를 동일한 차원에서 인식하여 '목인보'의 세부 조목을 친척 간의 윤리와 공유하게 했다. 종족과 이웃 관계에서는 서로 돕는 것을 화목의 근본으로 보고, 행위의 규범으로 '덕업상권, 과실상규, 예속상교, 환난상휼'의 세목을 제시한다. 이 세목들은 상부상조의 정신에 바탕을 두면서 향촌의 안녕을 어지럽히는 행위를 경계하는 내용들로 구성되어 있다. 가족 윤리를 제시한 「거가잡의」에서는 볼 수 없는 내용이다. 특히 덕업상권의 항목에서 법령에의 복종과 성실한 조세 납부를 명시함으로써 관권에 대한 저항을 차단하고 있다. 법령의 수호와 성실한 조세 납부는 관(官)-민(民)이라는 국가적 관계 안에서 불거지는

20 이숙량, 앞의 글, 113-114쪽. "其目有四曰, 德業相勸[事父兄, 敎子弟, 睦親故, 擇交遊, 謹祭祀, 廣施惠, 畏法令, 謹租賻.] 過失相規[酗博鬪訟, 行止踰違, 造言誣毁, 營私太甚] 禮俗相交[長幼有序, 貴賤有分, 歲時往來, 吉凶問遺] 患難相恤[水火, 盜賊, 疾病, 死喪, 孤危, 誣枉, 貧乏]".

문제다. 이는 이숙량이 향촌 사회의 지배 질서의 문제까지 고심했음을 말해 주는 것이다. 『분천강호록』의 규약은 가장을 중심으로 한 직계 가족뿐만이 아니라 한 동리 전체의 사족들에게 해당되는 사안이었다.

이숙량은 「거가잡의」의 '삭망의'에서 더 나아가 '향약'의 형태까지 수용했던 것이다.[21] 『여씨향약(呂氏鄕約)』은 향촌을 교화하고 향촌의 질서를 바로잡기 위해서 실시되었던 향촌공동체 운동의 하나다. '사마씨삭망의'에 '향약'의 제도를 결합시킨 것은 이숙량이 '가족'뿐만이 아니라 '향촌 사회'까지 교화되기를 겨냥했기 때문이다. 물론 '향약'은 향촌의 사족과 일반민 모두에 대한 교화이지만, 이숙량의 '삭망의'에서 하층민의 윤리나 하층민과의 관계는 전혀 고려되지 않고 있다. 이는 사족 내부, 좁히면 동족 집단 내의 교화와 질서 확립을 중심에 두었기 때문이다.

막강하게 결속된 가문은 다른 사족 집안에 대해 힘을 발휘할 수 있는 원천이 된다. 종국에는 다른 일반민에 대한 지배력도 확보할 수 있는 방법이었다. 가문의 힘을 기르는 일, 즉 가문을 결속하는 일은 향촌을 지배하는 지름길이 될 수 있었던 것이다. 그런데 직계 가족 간의 예의 범절로는 동족 집단을 통합하기 힘들다. 친척이자 이웃인 향촌의 일가들을 통합하기 위해 더욱 확대된 생활 규범과 질서 의식이 필요했던 것이다. 이숙량이 가족만의 의례인 '삭망의'에 향촌의 의례인 '향약'을 통합했던 것은 이 때문이다.

이 당시 사림들은 세거지인 향촌에서 동족 집단을 형성하며 일가를 이루고 사는 경우가 많았다. 실상 한 마을이 거의 일가로 구성된 경우도 있

21 이만도, 「행장」, 『국역 매암선생문집』(매암선생문집편찬위원회, 1996), 229쪽. "공이 자제들을 가르치고 가법을 세움에 이른바 『강호록』이라는 것을 만들었으니 예절을 실행하고 권면 징계하는 절도가 대략 남전여씨(藍田呂氏) 향약(鄕約)을 모방했다(其敎子孫而立家範, 則有所謂講好錄者, 行禮勸懲之節, 略倣呂氏鄕約)."

었다. 동족 집단이 향촌의 근간이 되기 시작했던 것이다. 이런 입지를 바탕으로 학식과 덕망을 갖춘 사림은 향촌에서 존경을 받으며, 향촌을 용이하게 교화할 수 있었다. 가문의 교화가 곧 향촌의 교화가 되는 셈이었기 때문이다.

이숙량도 이런 경우의 하나였다. 분천이 영천 이씨의 세거지였다는 점을 염두에 둔다면, 분천의 사족 상당수가 이숙량 집안과 일가(一家)를 이루는 관계였으리라 판단된다. 실제로 분천에 살고 있는 사족들은 거의 모두가 이숙량의 일가였다고[22] 한다. 분천은 영천 이씨들이 뿌리내린 일종의 동족 마을이었던 셈이다. 분천의 대다수 사족들은 이숙량의 일가이면서 이웃이었던 것이다. 일가를 통합하면 분천을 통합하고 지배하는 것이나 마찬가지다. 따라서 사림들이 유교적 예와 예제를 저변화하기 위해서 가문을 통합하는 것은 가장 현실적이고 실질적인 대안이 될 수 있었다.

계몽주의자 이숙량이 이런 입지를 갖춘 분천에서 가문의 정체성을 확립하기 위한 방안을 모색한 것은 어찌 보면 너무나 당연한 일이었다. 이런 경우 유교적 예와 예제의 교화는 더욱 강도 높게 진행될 수 있으며 그 파급력은 놀라울 만치 강력한 효과를 일으킬 수 있는 것이었다.

2. '강제'와 '감화'의 사이 : 가문 윤리의 내면화

이숙량이 실행했던 '삭망의'는 단순히 집안사람들의 친목과 안부를 묻는 모임이 아니라 일정한 절차와 형식을 갖추고 규약을 익히며 상벌의 행위가 이루어지는 엄숙한 의식의 하나였다. 이 의례는 자유로운 실천의

---

22 이중량(李仲樑), 「서가군제주이례설후(書家君祭酒二禮說後)」, 『하연선생문집(賀淵先生文集)』 권2. "余之任郡永陽乃余本貫鄕人, 皆余族黨是一家也."

문제가 아니라 가문의 일원으로 당연히 참여하고 실행해야 하는 의무적인 사항이었다. 가문의 질서 확립과 가문의 연대를 위해 강제적이며 책임을 수반하는 행사였던 것이다. 즉 어른부터 어린아이까지 집안에 관련된 사람들은 특별한 사유가 없는 한 반드시 참석해야만 했다.[23]

사림들에게 가문의 정체성은 유교의 기본 윤리와 생활 규범에 의해 확립되는 것이었다. 따라서 유교의 예와 예제의 원리들을 몸과 마음 깊숙이 새겨야만 했다. 그러기 위해서는 가문의 질서를 유지하고 통합할 수 있는 기본 윤리와 생활 규범을 외우고 읽고 이해해야만 했다. 이숙량은 "효부모(孝父母) · 우형제(友兄弟) · 화친척(和親戚) · 목인보(睦隣保)"의 네 가지 조목을 몸과 마음 깊숙이 새기어 실천하기를 바랐다. 집안의 자제들은 이 조목을 미리 배워 둔 후 의례 당일에 강론하고 해석하는 과정을 거쳤다. 이 강론의 시간은 '삭망의'의 핵심적인 절차로 이숙량이 지향하는, 혹은 당대 향촌 사회가 지향하는 행위 규범들에 대한 훈육의 과정이었다.

그 행위 규범들은 복잡하거나 심오한 것이 아니었다. 성리학적 이념은 하나의 표상이다. 성리학적 이념의 교화를 위해서는 표상을 현실화해야 한다. 그 현실화는 오륜(五倫)이라고 하는 기본 윤리와 오륜을 세목화한 생활 규범에 의해 이루어진다. 이 현실화된 규범들은 복잡하거나 어려운 것이 아니다. 생활 속에서 실천할 수 있게 구체적이고 단순했다.

집안이 바로 서려면 가장 먼저 부모에 대한 효도가 이루어져야 한다. 이숙량이 가장 중시하는 부분은 부모에 대한 효도다. 가법(家法)이 서려면 '부모'가 중심에 서야 한다. 따라서 부모의 봉양에서부터 부모의 제

23 이숙량, 앞의 글, 114쪽. "까닭 없이 참석하지 아니하면 처벌을 논한다. 연고가 있으면 미리 신고해야 한다(無故不參則論罰有故則呈單子)."

사를 엄숙하게 받드는 일에 이르기까지 그 핵심은 '부모의 존엄과 가장으로서의 권위'를 거스르지 않는 것이다.[24]

효가 인간의 본성에서 나오는 것이기도 하지만, 효의 세목들은 당대 사회의 지배 논리에 입각하여 조정된다. 효도의 내용은 사회로부터 학습되는 것이다. 이숙량이 '효부모'에서 각인시키고 싶었던 것은 모든 행위의 우선 순위는 부모라는 사실이다. 부모가 완악하고 미련해도 항의하거나 원망하지 않고 끝까지 효성을 다해서 거스르지 말아야 한다. 부모가 깨달을 때까지 묵묵히 순종해야 한다. 순(舜)임금도 그랬으며 설포(薛包)라는 효자도 그랬다.[25] 유교적 예법에서 나는 중심이 아니다. 나의 중심은 부모다. 부모의 생각대로 나를 움직여야지, 내 마음대로 하면 안 된다. 이렇듯 가장의 권위를 강조하는 세목들은 유교식 예의에 의해 규정된 효다. 존장을 중심으로 한 가족 관계, 이로부터 사람들은 종법을 내면화하게 되는 것이다. 이제 사람들은 유교식 효에 맞추어 몸과 마음을 바꿔야 한다.

형제 · 친척 · 이웃 간의 화목에 대해서도 구체적이며 간결한 세칙들을 지시한다. 형제는 형체를 나누고 기운이 이어지는 관계다. 이 점은 친척

---

24 이숙량, 앞의 글, 111쪽. "저녁에는 부모의 잠자리를 정해 드리고 아침에는 문안한다. 겨울에는 따뜻하게 해 드리고 여름에는 서늘하게 해 드린다. 맛있는 음식을 반드시 몸소 받들어 드린다. 집 밖에 출입할 때에는 반드시 앞에 나아가 고한다. / 자기 몸을 제 마음대로 하지 않는다. 재산을 사사롭게 하지 않는다. 크고 작은 일들을 모두 제 마음대로 하지 않고 반드시 가장에게 물어서 행한다. / 온화한 기운, 즐거운 낯빛, 순한 용모 이 세 가지는 어버이를 섬기는 데 가장 어려운 일이니 명념한다. / 평소 있을 때에는 공경을 다한다. 봉양함에는 즐거움을 다한다. 병환이 있으면 근심을 다한다. 상고를 당하면 슬픔을 다한다. 제사에는 엄숙을 다한다. 이 다섯 가지는 어버이를 섬기는 데 있어 시작이며 끝이다. / 부모가 사랑하거든 기뻐하고 잊어버리지 않는다. 부모가 미워하거든 두렵게 여기고 원망하지 않는다. / 부모가 사랑하는 바를 역시 사랑하며 부모가 존경하는 바를 역시 존경한다. / 맹자가 이르기를 그 사지를 게을리하는 것이 첫째 불효이고, 잡기와 술을 좋아하는 것이 둘째 불효이며, 재물을 좋아하고 제 처자만을 중하게 여겨 부모를 봉양하지 않는 것이 셋째 불효이고, 이목의 욕심에 방종하여 부모에게 치욕을 끼치는 것이 넷째 불효이며, 용맹과 싸움을 좋아하여 부모를 위태롭게 하는 것이 다섯째 불효라고 했다."

25 위의 글, 116쪽.

과 이웃에게도 해당되는 사항이다. '삭망의'에 참여한 사족들은 모두 일가였다. 따라서 형제나 친척이나 이웃은 모두 같은 논리에 의해 통합된다. 천륜에 의해 맺어진 관계로 서로 사랑하지 않을 수 없다는 것이다.[26]

그렇지만 화목하라, 사랑하라는 말은 상당히 추상적이다. 그런데 『분천강호록』은 형제 · 친척 간에 서로 좋아해야 한다, 혹은 사랑해야 한다는 말의 구체적인 의미항을 지시한다. 그것은 형제 간에, 친척 간에 재산을 가지고 다투지 않는 것이다. 재산을 가족의 공동 소유 쯤으로 생각하고 욕심내지 않으며, 서로 공평하게 나누는 것이다. 설혹 공평치 않더라도 분쟁을 일으키면 안 된다. 이런 구체적인 지시항은 옛사람의 일화를 통해 예시된다. 최효분(崔孝芬) · 효위(孝暐) 형제처럼 집안의 존장이 되는 숙모에게 재산을 맡기고 숙모의 뜻에 따라 재물을 쓰는 행위를 배우라고 한다. 혹은 우홍(牛弘)처럼, 아우 필(弼)이 술을 좋아하고 주정이 심하여 우홍의 소를 쏘아 죽여도 아우를 탓하지 않아야[27] 한다고 가르친다.

화목의 지시 사항이 상당히 현실적이다. 유교적 규범에 비추었을 때 당대 향촌의 가장 큰 문제는 형제 · 친척 · 이웃 간의 재산 다툼이나 소송이었던 듯하다. 앞에서도 살핀 바, 이현보와 김진의 미덕은 재산에 욕심내지 않거나 재산을 공평하게 나누고, 형제 · 친척들에게 재산을 양보하는 일이었다. 아마도 재산 분쟁이나 소송은 향촌에서 가장 시급하게 척결해야 할 현안이었던 듯하다. 자기 재산을 지키려는 욕심까지 억제하는 행위가 옳은 일인지는 시대와 사회의 환경에 따라 평가가 달라질 것이다. 그러나 '화목'이라는 유교적 윤리에 의거할 때 재산에 대해 공평무사한

26 이숙량, 앞의 글, 112-113쪽.
27 위의 글, 105-117쪽.

마음이 선한 행위고 욕심은 악한 행위다.

친척 · 이웃들과 화목하라는 항목도 마찬가지다. 그 구체적인 내용은 친척과 일가에 해당되는 이웃들의 경제적인 어려움을 도와 주고, 혼사 · 상사 · 제사 혹은 환난에 상부상조하는 것이다. 친척 · 이웃 사이는 상부상조의 정신으로 싸움 · 비방 · 소송 · 무고 등의 잘못을 서로 경계하며 장유유서의 차례와 존비귀천의 분수를 지켜 나가야 한다. 이런 내용들은 동족 집단으로 구성된 향촌의 질서를 다잡는 행위들이다. 서로 돕지 않고, 소송과 싸움을 일삼는다면 향촌은 무너질 것이다. 이렇게 되면 가문의 존립이 위태로워지는 것이다.

이 구체성을 띤 오륜의 행위 규범들은 당시의 향촌에서는 익숙한 관습이 아니었다. 오늘날의 우리들이 오히려 이 유교적 윤리 규범에 더 익숙하다. 이미 우리들의 생활 속에 뿌리내렸기 때문이다. 이런 윤리가 우리들의 몸 속 깊숙이 각인되어 있기에, 이런 규범을 어겼을 때 여전히 죄의식을 느낀다. 그러나 16세기 당시에는 어느 정도 새롭고 낯선 것이었다. 효와 우애의 관념에야 익숙했겠지만, 그 세부 항목들은 낯선 것이었다. 적어도 성리학에 철저한 사림이 아닌 일반 사족들은 전래의 관습과 유교적 관습의 경계에서 갈등하고 있었다. 그러니 이런 규범을 읽고 외고 해설하는 데서 그칠 수 없었다.

네 가지 조목은 마음에 새기고 행동으로 준수해야 하는 규약이었다. 종족들은 서로 이 규약에 맞게 행동하는지 아닌지를 감시한다. 잘한 사람은 상을 주고, 어긴 사람은 처벌한다. 만약 이 규약을 세 번 이상 어길 때엔 가문의 일원에서 축출된다.[28] 매달 초하루와 보름마다 이런 과정을

28 이숙량, 앞의 글, 114쪽. "매양 모일 때에 각각 그 들은 바를 진술하여 여러 어린이들 중에 한 가지라도 착한 행실이 있으면 포상 찬양하고 잘못이 있는 자는 중의에 따라 처벌한다.[비록 잘못이 있더라도 반복하여 타이르고 세 번을 범한 뒤에 축출한다.] / 까닭 없이 참석하지 아니하면 처벌

통과함으로써 가문의 일원으로 인정받고, 가문의 윤리를 훈육하게 되는 것이다.

종족의 일원들은 유교적 강령들을 읽고 외우고 해설하고 행동으로 옮겨 실천해야 한다. 그리고 강제적 훈육 뒤에는 감시와 처벌이 뒤따른다. 감시와 처벌의 결과는 보상을 받거나 쫓겨나는 것이다. 이렇듯 교화는 훈육과 감시 그리고 처벌이라는 강제적인 수순에 따라 이루어진다. 실천의 방법이 이보다 더 강력할 수는 없다. 가문의 일원에서 쫓겨난다는 것은 향촌에서 살 길을 보장받지 못하는 것이다. 만약 서로 다른 가문으로서, 사족 대 사족으로 처벌받으면 이해 관계의 상충이라 치부하여 탈퇴하면 그만이다. 조선 중기의 향약 실행이 효력이 없었던 것은 바로 이런 이유 때문이었다. 그러나 가문 내에서의 처벌은 무서운 결과를 가져온다. 가문 공동체를 떠나서는 갈 곳이 없다. 다른 마을로 가야 한다. 아니면 평생 낙인찍혀서 도움을 받을 수도 없다. 가문의 일원이 되지 않으면 살아남기 힘들다. 어찌 내 몸과 마음에 가문의 윤리를 새기지 않을 수 있겠는가?

이숙량은 윤리의 내재화를 위해 강제적인 훈육과 처벌의 방식만 동원한 것이 아니다. 그는 감동에 의해 자발적으로 깨우칠 수 있는 방법을 생각한다. 사람의 사람된 까닭은 인륜이 있기 때문이고 인륜의 가장 중대한 것이 효도와 우애다. 사람으로서 효도와 우애를 모르면 금수와 다름없다고 한다. 그런데 금수와 같아진 것은 교양의 바탕이 없고 가법이 엄

을 논한다.[연고가 있으면 미리 신고해야 한다.] / 처벌은 그 경중에 따라 징계 또는 면책한다. / 공사원 및 유사는 회원을 규찰하고 단속한다. / 이 규약을 어기는 자는 모두 이 날 함께 다스린다.[모든 범죄자로 자기의 노속이 아닌 자는 반드시 족친에 보고하여 공적으로 다스리게 하고 사사로운 감정에 따르지 말아야 한다.] / 비록 비천한 사람이라도 윗사람에게 충성하고 어버이에게 효도하며 형제 간에 우애하는 사람이 있으면 역시 표창하여 그 밖의 사람들을 권장한다.[유사가 그 사람의 행적을 서책에 기록하여 표창하고 만약에 억울하거나 박절한 일이 있으면 중의로 구제해야 한다.]"

하지 않아서다.[29] 무지는 부모나 사회로부터 교육받지 못했기 때문이다. 이숙량의 말이다. 완벽한 계몽의 논리다. 유교적 효와 우애를 실천하는 경우는 인간이지만, 그렇지 않은 경우는 금수로 가르는 이분법, 이럴 경우 금수에게는 잘못이 없다. 잘못은 무지에서 생긴다. 가르치지 않은 부모의 잘못으로 파악하는 것이다. 그러니 처벌만으로는 해결이 안 된다. 다른 해법을 찾지 않을 수 없다.

이에 이숙량은 노래로 깨우치기를 제안한다. 노래가 마음을 격발하고 고무시켜 착한 마음을 일으키고 나쁜 마음을 없애 주기 때문이라는 것이다.[30] 16세기의 사림들은 노래의 효용성에 주목해 더러운 마음을 씻어 내거나 마음을 다스리는 데서 노래의 가치를 찾았다.[31] 이런 취지에서 '삭망의'의 절차를 마무리하며 아이들에게 시조 형식의 악장을 노래하게 했다. 「분천강호가」가 바로 그것이다. 시조는 모두 6연으로 이루어졌다.

부모 구존(父母俱存)하시고 형제 무고(兄弟無故)함을
남대되 닐오되 우리 집의 갇다 터니
어여쁜 이 내 한 몸은 어디 갔다 모르뇨(此慕父母兄弟之歌也).

부모님 계신 제는 부모인 줄을 모르더니
부모님 여읜 후에 부모인 줄 아로라
이제사 이 마음 가지고 어디다가 베프료(此追恨其未及養也).

지난 일 애달지 말오 오는 날 힘써 살아

29 이숙량, 앞의 글, 115쪽.
30 위의 글, 116쪽.
31 길진숙, 앞의 책.

나도 힘 아니 써 이리곰 애달노라
내일란 바라지 말오 오늘날을 아껴 살아(此結上二章而勉進後人也).

형제 열이라도 처음은 한 몸이라
하나이 열인 줄을 뉘 아니 알리마는
어찌타 욕심에 걸려 한 몸인 줄을 모르나뇨(此警兄弟).

졂던이 늙어가고 늙은이 져서 가네
우리 종족이 또 몇이 있는고
이제나 잡마음 없이 한잔 술을 나눠 먹세(此戒親戚).

공명(功名)은 재천(在天)하고 부귀(富貴)는 유명(有命)하니
공명부귀는 힘으로 못하려니와
내 타난 효제충신(孝悌忠信)이딴 어느 힘을 빌리오(此總結上五章而反復勉之).[32]

이숙량은 「분천강호가」에서 오륜을 말하면서도 오륜을 직설적으로 표현하지 않았다. 즉 오륜의 내용을 직설 화법에 담거나, 오륜의 실천을 명령 화법에 담지 않았다. 강론에서 강조했던 오륜의 세부 항목들을 노래에 전혀 담아내지 않았다. 오히려 이숙량 자신의 체험을 서정적으로 진술하면서 청유형과 설의형의 서술어로 효와 우애와 친목의 필요성을 역설했을 뿐이다.

시적 화자는 평소에 부모, 형제, 종족들의 중요함을 전혀 깨닫지 못하

32 심재완, 「분천강호가 연구」, 『동양문화』 9(영남대학교, 1969).

다가 뒤늦게 후회하며 부모, 형제, 종족들을 그리워한다. 1연에서는 남들이 부모가 구존하고 형제가 무고함을 자랑하니, 그 때에서야 화자는 현존하지 않는 부모와 형제를 떠올리며 후회한다. 2연에서는 부모를 부모인 줄도 모르다가 막상 돌아가시니 부모가 그리워진다. 평소 봉양하지 못한 한스러움으로 화자는 어찌할 줄 모른다. 1연과 2연은 평소에 부모를 제대로 모시지 못한 화자의 뒤늦은 깨달음과 후회가 주조를 이룬다. 어찌할 것인가? 3연은 1연과 2연의 화자의 체험을 빌미로 하여 청자들에게 깨달음을 권유한다. 나처럼 뒤늦게야 부모와 형제를 그리워하며 한스러워하지 말고 지금 잘하라는 것이다. 부모는 기다려 주지 않는다. 부모에게 효도하는 일은 내일이 없다. 따라서 오늘을 아껴 살며 부모 봉양을 다해야 할 뿐이다.

4연에서 화자는 형제는 한 몸인데 함께 있을 때는 그것을 알지 못했다. 욕심에 가려 형제와 갈라지면서 나와 한 몸임을 깨닫는다. 어찌 인간이 이리도 어리석은가? 5연에서 화자는 어느 날 문득 젊었던 종족이 늙어가고 늙은 종족은 사라지는 순간을 목도한다. 시간 앞에 장사는 없다. 그걸 깨닫고 보니 내 앞에 종족들은 몇 남아 있지 않다. 이제라도 쓸데없는 욕심을 버리고 술 한잔 나눠 먹으며 함께 진정한 친목의 시간을 갖기를 부탁한다. 6연은 부귀공명과 효제충신을 비교한다. 부귀공명은 하늘이 내린 것이요, 운명에 달린 것이라 내 마음대로 할 수 없다. 그러나 효제충신은 나의 의지로 가능하다. 내 안에 달려 있어 다른 사람의 힘을 빌릴 필요가 없다. 이렇게 쉬운 일을 아니할 수 있는가?

작품에서 확인되듯 「분천강호가」는 부모에게 효도하고 형제 간에 우애하고 친척 간에 화목하라는 도덕적 메시지를 노골적으로 강요하지 않는다. 이 노래의 미덕은 바로 이 점이다. 교훈적인 작품에서 흔히 보여주는 교화와 훈계의 흔적을 보이지 않는다. 화자는 부모, 형제, 종족이 내 곁에 없을 때 그리워지고 안타까워진다고 고백했을 뿐이다. 이런 고백의 밑바탕에는 효도 · 우애 · 친목은 가르쳐서 만들어진 마음이 아니라 인간의 자연스러운 마음이라는 사실이 암묵적으로 깔려 있다. 그야말로 타고난 본성이라는 사실을 은연중에 깨닫게 한다.

청자들은 화자의 체험에 기초하여 부모 · 형제 · 친척들에 대한 기본 도리가 무엇인지 간접적으로 깨닫게 된다. 사람들은 노래를 부르면서 화자의 체험을 자신의 체험으로 전이시킨다. 노래하는 나는 화자가 된다. 후회와 안타까움은 더 이상 화자만의 것이 아니다. 노래하는 사람들은 자신의 부모와 형제와 종족을 떠올리며 감정이 움직인다. 함께 후회하고 그리워한다. 노래 부르는 사이에 부모, 형제, 종족의 존재가 내 마음 속에 확실하게 각인된다. '효도와 우애와 친목'이라는 윤리적 항목을 되새기기보다 부모, 형제, 종족의 존재 자체를 상기하는 것만으로도 느꺼운 마음이 절로 들게 만든다. 이렇게 되면 효도, 우애, 친목은 더 이상 사회가 만들어 낸 규칙에 머물지 않는다. 사람들은 사회적 규범을 강요받아서가 아니라, 자발적으로 느끼고 행동하게 된다. 세뇌의 강도와 효력이 훨씬 더 강력하다고 할 수 있다.

「분천강호가」는 '삭망의'의 강론 과정에서 주지시켰던 생활 규범의 조목들을 전혀 노출하지 않는다. 그저 부모, 형제, 종족에 대한 뜨겁고 느꺼운 열애를 고백한다. 그러나 이 열애는 열애만으로 그치지 않을 것이다. 사람들은 감시와 처벌에 의해서만 죄의식을 느끼는 것은 아니다. 규범을 지키고 통제하는 경우 자기 검열의 방식이 더 강렬하고 효과적이다. 「분천강호가」를 통해 사람들은 제도적인 강제나 법적 제재 때문이 아니라 심리적인 차원에서 선악의 기준을 세우게 된다. '효 · 우애 · 친목'이 사람을 사람이게 하는 존재의 이유요, 저절로 타고나는 본성이라 느끼면 사람들은 그렇지 못할 때의 죄의식에서 벗어나기 힘들다. 이 기본 윤리들은 개인들에게 확고한 윤리적 기저로 작용하게 된다. 「분천강호가」는 비유적으로, 정감적으로 부모와 형제와 종족에 대한 사랑을 발화함으로써 더 큰 효과를 확보하게 된 것이다.

계몽주의자 이숙량은 이러한 사실을 이미 간파했다.

> "위압으로 하는 것이 착한 마음으로 감동시킴만 못하고 사람을 따라오도록 꾸짖기보다 내가 먼저 실행하는 것이 낫다"는 것이다.[33]

이런 감성적 호소에 마음이 움직여 윤리를 실천하고자 할 때, 사람들은 사회가 요구하는 유교적 효와 우애와 친목의 세칙들을 떠올리게 된다. 윤리의 관념을 본성이라고 인식하는 순간부터 사회가 만들어 낸 윤리의 세칙들도 저절로 본성의 한 부분으로 자리잡게 된다. 부모에게 절대적으로 순종하고, 재산을 가지고 형제와 다투지 않으며, 종족은 서로 돕고 살아야 하며, 제사와 상례를 『주자가례』에 따라 엄숙하게 지내는 등등이 모두 타고난 것이라 생각하게 된다. 여기에는 어떤 의문의 여지가 없다. 여기에 의문과 반감을 느낀다면 이숙량이 말한 바, 인간이 아니라 금수가 된다. 이보다 더 무서운 형벌이 있을까? 법적인 처벌보다 더 무섭다. 이제 사람들은 유교적 예제(禮制)의 금기(禁忌) 안에 갇혀서 윤리를 수호하고 종족과 연대한다. 그것이 인간임을 확인하는 길이며, 살아가는 방도이기 때문이다.

오늘날의 우리들은 여전히 유교적 윤리와 예제의 금기에서 자유롭지 않다. 누가 뭐라 해서가 아니라 그렇게 하지 않으면 죄의식이 느껴지고 불편해진다. 이와 같은 강력한 내면화의 과정이 있었기 때문이다.

---

33 이숙량, 앞의 글, 116-117쪽.

Ⅳ. 『분천강호록』과 「분천강호가」의 문화사적 의미

16세기 사림들은 향촌에 유교적 예와 예제를 저변화하고, 향촌의 지배질서를 유지하기 위해 먼저 가문을 교화하고 통합하는 전략과 전술을 구사했다. 이숙량의 '사마씨삭망의'의 실행과 「분천강호가」 창작은 그러한 고심 속에서 나온 현실적 대안의 하나였다. 이러한 현실적 대안은 이숙량만 시도했던 것이 아니라 다른 사림들에 의해서도 모색되었던 바다. 사림들은 생활 규범서와 같은 형태의 가잠(家箴) 혹은 가문 규약을 지어 자손들을 교화하는 작업을 추진했다. 16세기 후반에 나타나기 시작한 새로운 현상이었다.

율곡 이이(栗谷 李珥, 1536~1584)는 1576년에 해주 석담으로 돌아와 청계당(聽溪堂)을 짓고 형수와 형제, 조카들과 함께 모여 살았다. 이를 계기로 이이는 해주 석담의 종족들을 모아 '사마씨삭망의'를 매달 초하루와 보름마다 행하고, 종족들을 가르치기 위해 한글로 된 『동거계사(同居戒辭)』를 지어 함께 강독하고 해설했다고 한다. 이 '삭망의'는 『동거계사』가 만들어진 1577년부터 실시되었다. 이 '삭망의'에는 남녀노소, 존비 귀천을 막론하고 집안사람들은 모두 참여했는데, 이 때 모인 종족이 100여 명 정도에 이르렀다고 한다.[34] 이숙량이 '삭망의'를 행하고 『분천강호록』를 지었던 때와 비슷한 시기에 이이도 자신의 향촌에서 비슷한 형태의 의례를 실시했던 것이다. 이숙량은 '시조'를 노래함으로써

34 김익수, 「율곡 『동거계사』의 윤리교육관 연구」, 『한국사상사학』 4 · 5합집(한국사상사학회, 1993). 「부록」 二, 『율곡전서』 권34. "丁丑(先生四十二歲)正月, 還石潭會宗族, 作同居戒辭, 行司馬氏朔望儀. 立祠堂, 作正寢, 請伯嫂郭氏, 奉神主來居, 以主祭祀, 遂與兄弟子姪同爨因作同居戒辭. 每朔望, 率 子弟, 行參禮, 於祠堂, 訖會于正寢. 先生坐東, 庶母及郭氏與夫人坐西, 受子姪及婦女拜令子弟一人, 讀戒辭後, 婢僕分立於庭下, 行拜禮, 以方言譯戒辭, 諄諄警飭率以爲常出入, 則告于祠堂, 與夫人相拜, 側室以下, 拜於庭下, 女婢迎送於中門內, 男僕迎送於大門外."

교화의 내면화에 힘을 기울였고, 이이는 언문으로 된『동거계사』로 어린 아이와 남녀 비복을 가르쳐 유교적 행위 규범을 생활화한 바, 그 의미는 동일하다 하겠다.

가문의 규약이나 규범서는 안동의 재지 사족 권호문(權好文, 1532~1587)과 황준량(黃俊良, 1517~1563)에게서도 발견된다. 권호문은 1584년『가잠』혹은『잡의집록(雜儀輯錄)』으로도 불리는 규범서를 만들어 후손들에게 전수했다. '부부 · 부자 · 형제 · 사노비 · 봉제사(奉祭祀) · 목족린(睦族隣) · 주례(酒禮)' 등을 구분해서 평상시 지켜야 할 여러 예절과 예식들을 간략하게 모아놓은 글이다. 집안에 필요한 규범만을 모아놓은 글로 각 항목을 설명해 주는 경전의 말들을 발췌해서 기록했다.[35]

황준량은 이숙량이나 이이와 마찬가지로 친족들과 강회를 열면서 가문의 질서 유지를 위해 규약을 만들었다. 황준량 가문의 친족들이 비록 다른 집안보다 현양하지는 못하지만 가문의 돈독함만은 다른 집안에 부끄럽지 않을 정도인데, 친족이 많아지면서 서로 소원해지고 집안에 정해진 법도가 없기에 강회를 열고 규약을 세웠다고 한다.[36]

사림들은 향촌에서의 기반을 다지기 위해 친족 집단 내부의 결속을 다지고, 나아가 촌락 수준의 결속을 도모할 필요가 있었으며, 동시에 자신들의 새로운 윤리관을 실천할 제도를 모색하게 되었는데, 그 결과가 '삭망의' 혹은 '친족강회'로 나타나게 되었던 것이다. 16세기 말부터는 점차 생활 규범의 강조나 친족 상호간의 길흉 부조보다는 조선(祖先) 봉사

35 권호문, 「가잠(家箴)」, 『송암선생문집(松巖先生文集)』 권6.

36 황준량, 「일문약의(一門約議)」, 『금계선생문집(錦溪先生文集)』 권8 외집(外集). "吾家親族, 內外詵詵, 接屋連門, 不出異鄕, 雖未顯揚, 亦云無忝, 其敦睦之誼, 則或不愧於他門, 是亦祖先積累之餘也. 第以瓜葛漸繁, 賢愚有殊, 家無定規, 靡所執守, 或有臨時取辦, 多失苟簡, 殊不滿人意. 頃因親族講會, 議立約條, 如家庭事長之禮, 羹牆追遠之孝, 節辰宴會之樂, 死喪奔賻之急, 略以尋常切要之事, 條列于後."

의 기능이 상대적으로 강화되는 종중의 강회나 종계의 모습으로 구체화된다고 한다. 이러한 가문 규약이나 강회는 종족, 종중의 형성에 중요한 디딤돌로 작용했다.[37]

결국 이런 실천들은 '주자가례'가 정착될 수 있는 발판을 만들고 유교적 행위 규범을 생활화하기 위한 매우 현실적인 대안이 되었다는 점에서 그 의의를 찾을 수 있다. 이이의 언문 규범서도 같은 맥락에서 의미를 지니지만, 이숙량의 '삭망의'와 「분천강호가」는 개인을 성리학적 인간으로 만들기 위해 사림들이 얼마나 치밀하게 기획했는지를 보여 준다고 하겠다.

16세기 사림들은 노래가 심성을 수양하고 인간을 개조하는 데 효과적이라고 보았다. 성리학적 음악관은 이 시대의 중심적인 문학인식론이었다. 「분천강호가」는 16세기 사림들의 문학관을 확인시켜 주는 또 다른 예가 될 것이다. 더구나 이숙량은 의례에 음악을 결합시킴으로써 "예는 천지의 질서를 바로잡는 것이요, 악은 천지를 조화롭게 하는 것"이라는 유교적 예악론을 현실에서 실천했다. 이렇듯 이념적이고 제도적인 원칙을 철저하게 실천했다는 점은 특기할 만하다 할 것이다. 그러나 이숙량이 시가 문학사에서 더 평가받아야 하는 이유는 심성의 변화가 이념의 직설적 나열에 있지 않다는 사실을 간파한 데 있다. 서정적 측면을 간과하지 않으면서 노래의 감화력에 주목했다는 점이 「분천강호가」의 미덕이라 하겠다.

「분천강호가」의 창작 맥락을 확인하는 작업은 16세기와 17세기에 걸쳐 창작된 '훈민가' 혹은 '오륜가'류 시조들의 연행 맥락을 재구성할 수 있다는 점에서도 그 의미가 다대한 것으로 판단된다. 16 · 17세기에는

37 김필동, 『차별과 연대: 조선 사회의 신분과 조직』(문학과지성사, 1999), 372-373쪽.

이숙량의 「분천강호가」 뿐만 아니라 주세붕(1495~1554)의 「오륜가」, 송순(宋純, 1493~1583)의 「오륜가」, 정철(鄭澈, 1536~1593)의 「훈민가」, 김상용(金尙容, 1561~1637)의 「오륜가」·「훈계자손가」, 박선장(1557~1616)의 「오륜가」, 박인로(1561~1642)의 「오륜가」 등 '오륜가'류 노래들이 집중적으로 창작되었다.

16세기의 오륜가류가 지방 수령관이 향민을 교도하기 위해 창작되었다고 하거나, 17세기의 오륜가류가 임란 이후 문란해진 가문 윤리와 질서를 회복하기 위해서 지어졌다고 진단하는 것은[38] 자료의 실상을 놓치는 결과를 가져온다고 판단된다. 분명한 것은 「분천강호가」는 16세기 향촌 교화의 일환으로서 성리학적 윤리를 가문 단위에서 새롭게 심어 주기 위해 지어졌다는 사실이다. 오륜가류 시조의 연구에서는 16세기에 지방 수령관을 중심으로 향촌 개혁운동이 벌어졌기 때문에 '훈민가'류가 출현하게 되었다고 진단해 왔다. 이런 지적은 어떤 면에서는 사실이지만 실상을 간과한 측면도 없지 않다.

「분천강호가」는 재지사족이 종족을 교화하기 위해 지은 작품이지만 훈민가류 작품에 비해 결코 작품의 의미가 작다고 할 수 없다. 물론 작품의 영향력이나 파급력에서 일반 백성으로 폭을 넓힌 '훈민가'류 시조에 더 의미를 두는 점은 타당하다. 그러나 「분천강호가」도 16세기 사림의 현실적인 향촌 개혁운동에서 비롯된 것이고, 이 노래의 교화 대상이 향촌 대다수에 거주하는 동족 집단이라는 점에서 그 가치가 작지는 않았을 것이다. 「분천강호가」는 한 가문 내에서 불린 노래이기 때문에 그 파급

38 조태흠, 「훈민시조 연구」(부산대 박사학위 논문, 1990).
김용철, 「훈민시조 연구」(고려대 석사학위 논문, 1990).
한창훈, 「박인로의 〈오륜가〉에 드러난 작가 의식과 그 사회적 성격」, 『한국시가연구』 2(한국시가학회, 1997).
최현재, 「교훈 시조의 전통과 박인로의 〈오륜가〉」, 『한국시가연구』 14(한국시가학회, 2003).

효과가 넓지 않았을지 모른다. 그러나 한 집안을 연결해 주는 '윤리적이고 감정적인 고리'를 바탕으로 이 노래가 불렸을 때 그 영향력과 내면화의 깊이는 훨씬 더 강렬했으리라 판단된다. 더구나 가문 혹은 종중의 연대에 더욱 힘을 쏟았던 17세기 이후의 움직임에서 볼 때, 가문 윤리를 정립 혹은 재정비하기 위해 지어진 '오륜가'류 시조의 흐름을 열었다는 점에서 「분천강호가」를 새롭게 바라볼 필요가 있다.

V. 맺음말

이제까지 『분천강호록』과 「분천강호가」를 통해서 유교적 윤리와 의례가 어떤 과정을 거쳐 저변화되는지 살펴보았다.

실상 16세기에는 주자가례도, 유교적 생활 규범도 정착되지 않은 단계였다. 관 · 혼 · 상 · 제례의 사례 중 제례와 상례를 주자가례대로 실천하려고 노력하는 중이었으며, 향촌의 윤리를 유교의 오륜에 맞추어 세워가고 있는 중이었다. 현실에서는 이 정도 수준의 유교적 예와 예제를 내면화하고자 애쓰고 있었다. 사림들은 16세기의 현실에 맞추어 주자가례 및 윤리를 계몽하기 위해 전략과 전술을 구사했다. 그 전략과 전술은 바로 가문을 교화하고 통합하는 쪽으로 모아졌다.

16세기 사림 이숙량은 자신의 가문에서부터 교화가 실행될 필요를 느끼고 '사마씨삭망의'라는 집안 의식을 통해 유교의 기본 윤리와 생활 규범을 익히게 했다. '사마씨삭망의'는 『주자가례』의 「사마씨거가잡의」에 명시된 '삭망의'에 착안하고, 여기에 '향약'을 결합해 시행한 의례다. '삭망의'는 매월 초하루와 보름에 모여서 가법을 세우고 확인하는 의식이었기에 효와 우애와 친목의 윤리가 강조되었다. 이 '삭망의'의 행사는 가문 윤리를 확인하는 단순한 모임이 아니었다. 가문의 윤리를 주입하고 생활화하기 위해 강제적 훈육과 처벌, 그리고 노래 부르기에 의한 자발적 감화의 방법을 동원했다. 책임과 의무가 수반되는 행사였던 것이다.

강론에서는 효와 우애와 친목이라는 추상적 윤리를 구체적이며 현실적인 세목들로 새기게 했다. 종족들은 이 구체적 세목들을 읽고 외우고 해설하고 실천해야 했다. 이 생활 규범의 실천에 의해 상과 벌이 따랐기 때문이다. 지키지 않으면 가문의 일원에서 추방당했다. 혈연적 연대를 무기로 한 감시와 처벌은 무서운 것이었다. 가문의 일원으로서 살아남으려면 이 생활 규범을 마음에 새기고 몸으로 실천해야 했다.

다른 한편 이숙량은 '삭망의'에서 「분천강호가」를 부르게 함으로써 좀더 효과적으로 유교적 윤리를 내면화시켰다. 비유적으로, 정감적으로 부모와 형제와 종족에 대한 사랑을 노래함으로써 더 큰 효과를 얻었던 것이다. 작자의 의도는 부모에게 효도하고 형제 간에 우애하고 친척 간에 화목하라는 도덕적 메시지를 노출하지 않으면서 사람들이 화자의 체험에 감동하여 자발적인 실천에 이르게 만드는 것이었다. 부모와 형제와 종족에 대한 느꺼운 사랑만을 노래에 담아서 유교의 기본 윤리가 타고난 본성으로 인식하게 만들었다. 타고난 본성을 거스르는 사람은 더 이상 사람이 아니라 금수로 취급되었기에 이런 인식은 처벌보다 훨씬 더 강력하고 무서운 효력을 갖는 것이었다. 이는 법적 제재나 처벌에 의하지 않고도 자연스럽게 죄의식을 느끼게 하는 방법이었다. 이에 따라 유교적 예와 예제는 사람들의 무의식을 점령하며 사회적인 약속을 넘어서 당위적인 지침으로 내면화되었다.

그 결과 유교적 예와 예제는 국가적 제도화나 국가적 질서의 확립을 넘어 한 개인의 일상에 침투하게 되었다. 이렇게 내면화된 윤리와 예제는 사족 가문의 동질성과 영속성을 보장하며 남과 구별되는 징표로 작용하기 시작했다. 강제와 감화의 방식에 의해서 한 시대와 사회의 내부로 침투하기 시작한 것이다. 이런 기반 위에 '관 · 혼 · 상 · 제례'의 주자가례는 우리의 생활에 깊숙이 뿌리내리게 된 것이다.

〈참고 문헌〉

■ **자료편**

권호문, 『송암선생문집(松巖先生文集)』 권6.

김성일, 『국역 학봉전집』 7권, 민족문화추진회, 1998-2002.

이숙량, 『국역 매암선생문집』, 매암선생문집편찬위원회, 1996.

이이, 『율곡전서』.

이중량, 『하연선생문집(賀淵先生文集)』 권2.

이현보, 『국역 농암선생문집』, 분강서원, 1986.

주희 지음 · 임민혁 옮김, 『주자가례』, 예문서원, 1999.

황준량, 『금계선생문집(錦溪先生文集)』 권8 외집(外集).

■ **논저편**

고영진, 『조선 중기 예학 사상사』, 한길사, 1995.

길진숙, 『조선 전기 시가예술론의 형성과 전개』, 소명출판사, 2002.

김용철, 「훈민시조 연구」, 고려대 석사학위 논문, 1990.

김익수, 「율곡 『동거계사』의 윤리교육관 연구」, 『한국사상사학』 4 · 5합집, 한국사상사학회, 1993.

김필동, 『차별과 연대 : 조선 사회의 신분과 조직』, 문학과지성사, 1999.

김항수, 「16세기 사림의 예의식과 예서 편찬」, 『동대논총』 22, 동덕여대, 1992.
김현양, 「16세기 소설사의 지형과 위상」, 『민족문학사연구』 25, 민족문학사학회, 2004.
김현영, 『조선 시대의 양반과 향촌 사회』, 집문당, 1999.
김훈식, 「16세기 『이륜행실도』 보급의 사회사적 고찰」, 『역사학보』 107, 역사학회, 1985.
심재완, 「분천강호가 연구」, 『동양문화』 9, 영남대학교, 1969.
오수경, 「청계 김진의 선비 의식과 서당 교육」, 『퇴계학』 7, 안동대 퇴계학연구소, 1995.
이병휴, 『조선 전기 사림파의 현실 인식과 대응』, 일조각, 1999.
이수건, 『영남 사림파의 형성』, 영남대 민족문화연구소, 1975.
이수건, 「영남 사림파의 재지적 기반 : 조선 전기 안동 지방을 중심으로」, 『신라가야문화』 12, 영남대, 1981.
이태진, 「사림파의 유향소 복립운동(上)」, 『진단학보』 34, 진단학회, 1972.
이태진, 「사림파의 유향소 복립운동(下)」, 『진단학보』 35, 진단학회, 1973,
이태진, 「사림과 서원」, 『한국사』 12, 국사편찬위원회, 1978.
정경희, 「조선 전기 예제 · 예학 연구」, 서울대 박사학위 논문, 2000.
정옥자, 「17세기 사상계의 재편과 예론」, 『한국문화』 10, 서울대 한국문화연구소, 1989.
정진영, 『조선 시대 향촌 사회사』, 한길사, 1998.
조태흠, 「훈민시조 연구」, 부산대 박사학위 논문, 1990.
조현설, 「형식과 이데올로기의 불화」, 『민족문학사연구』 25, 민족문학사학회, 2004.
최현재, 「교훈 시조의 전통과 박인로의 〈오륜가〉」, 『한국시가연구』 14, 한국시가학회, 2003.
한창훈, 「박인로의 〈오륜가〉에 드러난 작가 의식과 그 사회적 성격」, 『한국시가연구』 2, 한국시가학회, 1997.

『한국문학이론과 비평』 31집(2006년 6월)에 게재.

초려 이유태의 정훈(庭訓)을 통해 본 가례 의식

남미혜

Ⅰ. 머리말

17세기 조선의 대표적인 산림인 초려(草廬) 이유태(李惟泰, 1607~1684)는 송시열(宋時烈)·송준길(宋浚吉)·윤선거(尹宣擧)·유계(兪棨) 등과 함께 소위 충청 5현으로 일컬어진다. 조선 사회에서 17세기는 흔히 '예학의 시대'라 불리며 많은 예서(禮書)들이 학자들에 의해 편찬되었다. 초려는 예학에 매우 밝아 『사례홀기(四禮笏記)』·『예변(禮辨)』·『의례문답(疑禮問答)』 등과 같은 예서를 저술했으며 송시열과 함께 당시 예학을 대표하는 인물로 평가되고 있다.

16세기 이래 성리학에 대한 이해가 심화되고[1] 토착화함에 따라 16세기 후반부터는 왕실의 종통과 관련된 전례나 계승 문제 등에 대해 조야에서 활발한 논의가 제기되기 시작했고 이는 전례 논쟁으로 이어지기도 했다. 성리학적 이념에 입각한 가치관의 확산은 현실 생활에서의 생활과 풍속

1 김항수, 「16세기 사림의 성리학 이해」, 『한국사론』 7(1981).

을 변화시키고 있었으며, 행위 규범인 유교 의례로 표출되고 있었다. 17세기에 수많은 예서들이 편찬되었고 당시 사대부들은 주자가례를 실천하려고 노력했지만, 일상 생활에서 예서의 내용 그대로 실천했으리라고는 생각하기 힘들다. 예서와 실제 생활에서의 관혼상제의 절차나 내용은 다소 차이가 있을 것이기 때문이다.

본고는 이러한 문제 의식 하에 17세기 사대부의 예(禮) 의식을 가훈(家訓)을 통해 살펴보고자 한다. 가훈을 단순히 자손들의 교육을 위한 교육적 측면에서 이해하는 것이 일반적인 경향이나, 가훈에는 작성한 사람의 사상과 가치관이 담겨 있다. 따라서 가훈을 단순히 자손을 훈계하는 글을 적은 것 정도로 생각하는 것은 가훈의 성격을 과소 평가하는 것이다. 가훈에는 교훈적인 성격의 글들을 담은 간단한 것도 있지만 유교적 질서 속에서 합리적으로 가계를 운영하는 일종의 가례의 모범을 보이는 것도 있었다. 그러한 가훈 사례 가운데 가장 대표적인 것이 초려 이유태의 정훈(庭訓)이다.[2]

이유태의 정훈은 자손들에게 훈계하는 가훈 형식을 빌려 작성되었지만, 기존의 다른 가훈과는 달리 내용도 풍부하며 방식도 상당히 다르다. 이유태가에서 정훈에서 제시하는 의례를 준수했는지의 여부를 확인하기는 힘들지만, 정훈의 내용과 현존하는 이유태가의 화회문(和會文)[3]을 대조해 보면 제사 종류, 노비 수 등 일치하는 부분이 상당수 있다. 따라서 정훈은 실제 생활에서의 시행되는 예(禮)를 기초로 작성되었으며, 이유태가 자신의 예 의식을 정리한 생활 가례서의 성격을 지닌다고 볼 수 있다.

---

2 김현영, 『고문서를 통해 본 조선 시대 사회사』, 제1장 가훈, 분재기에 나타난 가족과 친족(신서원, 2003), 25-26쪽.

3 崔淳熙, 「草廬 李惟泰의 同生 和會文」, 『월간문화재』 3 · 4(1982) 참조.

현재까지 이유태에 관한 연구는 사상사 측면에서 주로 진행되었다.[4] 그리고 생활사의 측면에서 정훈을 분석하여 사대부가의 생활 양식을 살펴본 연구가 있으며,[5] 이유태 가의 화회문과 호구단자(戶口單子)를 분석하여 노비 소유 실태와 상속 문제를 살펴본 논고가 있다.[6] 그러나 사대부가의 생활에서 가례의 실천 모습을 가훈을 통해서 분석한 연구는 찾아보기 힘들다. 최근 학계에 생활사 연구가 활발히 진행되는 것과 관련하여 사대부가(家)의 고문서나 일기를 분석하여 사대부가의 제사나 시묘살이 등 실생활에서의 의례 거행의 모습을 밝히는 연구들이 등장하고 있어,[7] 생활 속에서 가례의 실천 모습에 대한 이해를 높여 주고 있다. 본고에서는 이유태의 가훈인 정훈을 분석하여 17세기 사대부가의 예에 대한 인식과 일상 생활에서의 실천 모습을 고찰해 보기로 하겠다.

Ⅱ. 정훈의 구성과 내용

이유태는 예학(禮學)의 대가인 사계(沙溪) 부자에게 수학했으며 사계 문하를 대표하는 예학자다. 그는 사계의 『의례문해(疑禮問解)』에 나오

---

4 최효식, 「草廬 李惟泰의 軍事改革思想」,『한국사연구』 47(1984); 韓基範, 「草廬 李惟泰의 政治思想: '己亥封事'의 분석을 중심으로」, 『백제연구』 22(1991); 黃義東, 「草廬 李惟泰의 性理學과 近代精神」, 『儒學研究』 1(1993); 김세봉, 「17世紀 後半 山人勢力의 動向: 李惟泰의 活動을 중심으로」, 『동양고전연구』 3(1993); 任先彬, 「草廬 李惟泰의 鄕村社會統制論: 「기해봉사」와 「초려향약」을 중심으로」, 『滄海 박병국교수 정년기념 사학논총』(1994).

5 禹仁秀, 「朝鮮 後期 한 士族家의 生活樣式: 草廬 李惟泰의 庭訓을 중심으로」, 『조선시대사학보』 12(2000).

6 이해준, 「朝鮮 後期 湖西地方 한 兩班家의 奴婢 所有實態: 公州中湖 慶州李氏家 所傳 戶口單子 分析」,『호서사학』 8 · 9합집(1980); 崔淳熙, 「草廬 李惟泰의 同生 和會文」,『월간문화재』 3 · 4(1982).

7 고문서학회 엮음, 『조선시대생활사 1』(1996), 『조선시대생활사 2』(2000). 「상례와 제례」, 「상례와 시묘살이」, 「기제사와 묘제」 부분 참조; 김문택, 「16~17세기 安東 眞城李氏家 墓祭 양상과 儒學的 이념」, 『古文書研究』 26(2005).

는 문례(問禮) 중 33건을 질문하여 송준길 등에 이어 가장 질문을 많이 한 인물이었다.[8] 이유태의 유학 사상은 크게 성리학 · 예학 · 경학(經學) · 경세학(經世學)으로 구별되는데 그 가운데 특히 예학에 많은 관심을 보였다.[9] 이는 그가 김장생(金長生) · 김집(金集)의 문인이었던 점과 함께 17세기 예학의 융성이라는 시대적 분위기에 기인된 것이기도 하다.

이유태 가의 가훈인 정훈은 가정의 규율, 규칙이라는 뜻으로 풀이되며 가훈 · 가계(家戒) · 가령(家令) · 가규(家規) · 가헌(家憲) · 가법(家法) · 가범(家範)으로도 불린다. 조선 시대 가훈은 사대부 가문의 규율 · 규칙으로서 그 집안의 구성원으로서 반드시 준수해야 할 규범이었다. 한 집안의 가훈이 정해지면 그 가훈은 보통 대대로 지켜졌고 그 집안의 생활 윤리로 작용했다. 그러므로 한 집안의 가훈을 보면 그 집안의 예와 가문에서 중요시하는 생활 윤리가 무엇이며 어떤 지향점을 가지고 살고 있는가를 엿볼 수 있다. 이런 이유에서 가훈의 한 종류인 가령(家令)은 예서의 앞 단계로 분류되기도 한다.[10]

조선 시대 사대부가의 가훈은 후손들에게 상당한 구속력을 지니고 있었다. 예를 들어 본다면 윤선거의 부(父) 윤황(尹煌)이 남긴 가훈은 상당한 강제성을 띠고 있었는데, 가훈을 어겼을 경우 책망하고 종아리를 치며 세 번 책망해도 고치지 않을 경우에는 불효(不孝)와 불경(不敬)으로 논하여 배알할 수 없게 하고 사당에서 제사에 참여하는 것을 불허했

8 한기범, 「沙溪 金長生의 生涯와 禮學思想」, 『百濟硏究』 20(1989), 202쪽; 김세봉(1993), 앞의 논문 참조.

9 이유태의 생애나 사상에 대해서는 선학의 연구가 여러 편 있으므로 본고에서는 그 내용은 생략하기로 한다.

10 고영진은 이암(頤庵) 송인(宋寅)의 가령(家令)을 예서의 앞 단계로 평가하고 있다. 송인이 지은 가령의 예설(禮說)은 자손들에게 혼례와 상제례에서 유의하고 경계할 점들을 서술하고 있어 예서의 앞 단계의 형태를 띤 책이라고 본 것이다. 고영진, 『조선 중기 예학사상사』(한길사, 1995), 135-137쪽.

다.[11] 가훈의 강제성은 단지 윤씨 가문에만 국한된 것은 아니었을 것이다. 택당(澤堂) 이식(李植)은 가훈에서 "내가 여기에다 미리 정해 둔 예법들은 백대 후에 성인이 나오시더라도 인정을 해 주실 만한 것들이라고 하겠다. 그러므로 자손들이 그대로 따라 행하면서 길이 세법(世法)으로 삼는다 하더라도 그 누가 이를 막을 수 있겠는가"[12]라고 하며 가훈을 사대부가에서 반드시 지켜야 할 예법으로 강조하고 있다. 즉 조선 시대 주자가례가 사대부의 모든 생활을 규정하는 절대적인 규범으로서 작용했다면, 한 가문의 예와 규범은 바로 그 집안의 가훈에 담겨 있다고 보아도 무리가 아닐 것이다. 다시 말하면 주자가례가 조선 시대 사대부 각 가문의 실정에 맞게 재편성된 것이 바로 가훈이라고 볼 수 있다.

조선 시대 사대부들은 자손들을 경계하기 위한 가훈을 많이 남겼으나 내용이 대부분 간략하다. 그러나 이유태의 정훈[13]은 관혼상제, 치가(治家), 절검(節儉), 처세 등에 대한 내용이 체제를 갖추어 구체적으로 작성되었다는 점에서 기존의 가훈들과 다르다. 정훈은 숙종 3년(1677년) 이유태가 영변에서 유배 생활을 하던 시기에 작성되었다. 작성 동기를 "일찍이 금산 향리의 여묘(廬墓)를 지키고 있을 때 큰 형님의 뜻을 받들어 한 집안에서 행해야 할 것들 가운데서 조상을 받드는 의례를 간략히 정리한 적이 있었다. 이제 다시 그것을 보니 미비한 점이 있는 것 같아, 거기에 몇 가지 조목을 더 보태어 자손들이 영구히 준수할 규범으로 삼고자 한다"고 밝히고 있다. 또 정훈대로 "일을 행하는 데 불편한 것이 있

---

11 尹煌, 文正公家訓.「士大夫家法之美 莫如去奢從儉 凡衣服飮食冠婚喪祭之需 十分酌定 條列于後 子孫遵奉 無違朝望 一家齊會 或有違越者 或受責 或撻或笞 三責而不悛者 論以不孝不悌 毋得升堂拜謁 且不許入廟衆祭」, 金鍾權, 『名家의 家訓』, 412쪽에서 재인용.

12 李植, 『澤堂集』, 別集 권16 雜著 遺戒. "(……)凡吾素定 可百代竢聖 子孫遵行 永爲世法 誰得以禁之 其不能爲者 誠敬不足 畏人浮言而然 可不念哉(……)"

13 정훈은 번역본이 출간되었다. 이해준 편저, 『草廬 李惟泰의 鄕約과 庭訓』(신서원, 1998).

으면 이를 중형(仲兄)에게 여쭈어 수정하거나 각자의 견해를 말해도 무방하다"[14]고 하여 수정의 여지를 남기고 있었다. 이는 이유태가 가문 구성원들의 합의를 도출하기 위한 의견을 구하고 있는 것으로 해석할 수 있다. 그러므로 정훈은 이유태 가문의 합의된 질서이며 동시에 동의된 규범, 즉 생활 가례서의 성격을 지니고 있음을 짐작할 수 있다. 이유태는 후손들이 정훈을 준수하며 사대부로서의 체면을 지키고 가문을 유지해 나가길 바라고 있었던 것이다. 정훈은 서(序)를 제외하고 총 19개 항목으로 구성되어 있는데 내용별로 분류하면 〈표 1〉과 같다.

〈표 1〉 정훈(庭訓)의 항목 및 내용

내 용	항 목
冠婚喪祭	祠堂之儀, 時祭之儀, 忌祭之儀, 墓祭之儀, 喪葬之儀, 冠婚之儀
日常生活 儀禮	居室之儀, 家宴之儀, 待賓之儀
家政經濟 運營	制産之規, 崇節儉, 不虞之備, 買田之法, 治圃田法, 四喪之契, 花樹之契
處世論	居鄕之道, 待故舊之道, 處世之道

정훈의 19개 항목을 내용별로 분류해 보면 관혼상제 등 의식 의례에 관한 항목 6개, 일상 생활 규범에 관한 항목 3개, 가정경제 운영에 대한 항목 7개, 그리고 처세론에 관한 항목 3개로 나눌 수 있다. 정훈을 주자가례의 내용과 비교해 보면 다음과 같다. 정훈의 관혼상제에 관한 6개 항목은 주자가례[15]의 관혼상제 항목의 내용을 담고 있으며, 일상 생활 의

14 李惟泰, 『庭訓』 序, 이해준 편저, 『草廬 李惟泰의 鄕約과 庭訓』(신서원, 1998). 이후의 인용은 모두 이 책을 참조했으므로 주를 생략한다.

15 朱熹 지음, 임민혁 옮김, 『주자가례』(예문서원, 1999) 참조. 이후의 인용은 모두 이 책을 참조했으므로 따로 주를 달지 않는다.

례로 제시하고 있는 거실지의(居室之儀) · 가연지의(家宴之儀) · 대빈지의(待賓之儀)는 『주자가례』의 사마씨 거가잡의(司馬氏 居家雜儀)에 해당된다. 그리고 제산지규(制産之規) · 숭절검(崇節儉) · 불우지비(不虞之備) · 매전지법(買田之法) · 치포전법(治圃田法) · 사상지계(四喪之契) · 화수지계(花樹之契)는 의식 의례나 생활 의례를 원활히 수행할 수 있게 해 주는 한 수단으로 제시되고 있음을 짐작할 수 있다. 거향지도(居鄕之道), 대고구지도(待故舊之道), 처세지도(處世之道) 항목은 공적(公的)인 시 · 공간에서 사대부가 지켜야 될 예[16]와 관련되어 있음을 짐작할 수 있다. 즉 『주자가례』에서 제시하고 있는 관혼상제 등의 의식 의례, 그리고 일상 생활에서 사대부가 지켜야 할 사대부가의 예가 총망라되어 있음을 볼 수 있다.

정훈은 『주자가례』와 유사한 내용으로 이루어져 있으며 율곡의 『격몽요결(擊蒙要訣)』 · 『제의초(祭儀鈔)』와도 상당히 유사한 구조를 보이고 있다. 『격몽요결』은 입지(立志) · 혁구습(革舊習) · 지신(持身) · 독서(讀書) · 사친(事親) · 상제(喪制) · 제례(祭禮) · 거가(居家) · 접인(接人) · 처세(處世)의 10개 항목으로 구성되어 있으며, 『제의초』는 사당도(祠堂圖) · 정침시제도(正寢時祭圖) · 매위설찬도(每位設饌圖) · 출입의(出入儀) · 참례의(參禮儀) · 천헌의(薦獻儀) · 고사의(古事儀) · 시제의(時祭儀) · 기제의(忌祭儀) · 묘제의(墓祭儀) · 상복중행시제의(喪服中行時祭儀)로 구성되어 있어[17] 율곡의 영향을 많이 받고 있음을 알

16 이유태는 자신의 同族 이외에는 모두 조심해야 할 대상으로 생각했다. 정훈의 서문에서 "(……) 분수에 넘치면 재앙이 생기는 법이니 괴이할 것도 없다. 가까운 곳으로부터 오는 攻駁이 이와 같으니, 어찌 밖으로부터 잠식해 들어오는 것뿐이겠는가. 친구들도 마음이 달라지게 되었으니 우리 子姪들이 그 환난을 당할 것이다. 집 밖으로 나가면 모두가 적이 될 판이니 사람들을 만나 말하기도 어렵다(……)"고 하고 있어 친구들도 경계하고 있는 모습을 보여 준다. 따라서 본고에서는 친구 관계도 공적인 관계로 분류했다.

수 있다. 이는 정훈에서 인용된 인물과 저서를 살펴보아도 짐작할 수 있다. 정훈에는 정자(程子)가 5회, 주자(朱子) 및 저술물이 10회, 사마광(司馬光)이 3회, 이이(李珥) 및 저술물이 5회, 이황(李滉) · 김장생(金長生) · 이귀(李貴)가 각각 1회씩 인용되어 있으며[18] 송인(宋寅)의 『계자손서(戒子孫書)』도 1회 인용되어 있다. 주자와 율곡의 영향을 많이 받고 있음을 짐작할 수 있다.

한편 이유태는 사례(四禮)에 관한 홀기(笏記)를 마련해 이를 가례 시행의 지침으로 삼았던 것으로 보인다. 그는 정훈에서 행례(行禮)의 기본 원칙은 『주자가례』, 율곡의 『격몽요결』, 김장생의 『상례비요(喪禮備要)』, 그리고 자신이 지은 『사례홀기(四禮笏記)』의 예법을 준수할 것을 전제로 하고 있었다. 『사례홀기』는 1668년 이전에 편찬된 것으로 보기도 하고[19] 1670년대에 편찬된 것으로 보기도 하여[20] 정확한 편찬 연대가 알려지지 않고 있다. 이유태가 영변 적소에 있을 때 지었다고 보통 말해지고 있으나 연보에서 확인되지 않는다.[21]

『사례홀기』는 관 · 혼 · 상 · 제례에 대해서 주자가례의 편차에 맞춰 요약 편집한 것이다. 앞부분에는 도식(圖式)이 있으며 관혼상제 항목으로 나누어 서술하고 있는데, 각 의례마다 의례시 필요한 서식(書式)을 적고 주석을 하고 있어 기존의 예서들보다 이해하기 쉽게 편성되어 있다. 이유태가의 모든 의례는 『사례홀기』에 의거해 치렀던 것으로 생각된다. 즉 모든 의례의 절차 및 진행은 『사례홀기』를 참작했으며, 일상 생활 시 자손들이 특히 유념해야 할 예의 내용 등은 정훈을 참조했음을 짐작할 수

17 李珥, 국역 『栗谷全書』 VI, 「擊蒙要訣」, 「祭儀鈔」(한국정신문화연구원, 1988).
18 우인수, 앞의 논문, 46쪽.
19 정옥자, 「17세기 전반 禮書의 성립 과정: 金長生을 중심으로」, 『한국문화』 11(1990), 부록 참조.
20 고영진(1995), 앞의 책, 185쪽.
21 이유태가 『家禮輯覽』을 교정하는 1670년대 초반 경에 『四禮笏記』를 저술하지 않았을까 추정된다.

있다. 따라서 정훈에서는 늘 반복되는 의례의 내용과 절차 같은 것은 서술하지 않고 실생활에서 유의하고 조심해야 할 의례와 관련된 내용을 다루고 있다고 볼 수 있다.

Ⅲ. 정훈에 나타난 가례 의식

1. 의식(儀式) 의례

1) 관례(冠禮)

사람이 출생하여 죽음에 이르기까지 가정에서 행해지는 주요 의례가 관혼상제의 사례(四禮)이며, 그 중 가장 먼저 치러지는 의례가 바로 관례였다. 개인이 공식적이고 사회적인 가족의 구성원이 되는 것은 출생보다는 바로 관례와 같은 성인식(成人式)을 행하고나서부터였다. 즉 관례 전에는 완전한 사회 성원으로 여기지 않았던 것이다. 관례는 성인이 되는 첫 의식이지만 삼가례(三加禮)를 해야 하는 등 절차가 복잡하고 관례 시 쓰이는 물품 마련이 쉽지 않아[22] 16세기 사대부가에서도 잘 시행되지 않았다. "시속(時俗)이 관례를 거행하지 않으니 사대부들로 하여금 거행하게 함이 옳다"[23]는 논의가 중종대에 보이기도 하며, "겨우 10세만 지나면 가관(加冠)하기도 하고, 20세가 되어도 가관하지 않는 경우도 있다"[24]는 기록이 보이기도 한다. 따라서 조정에서는 『오례의주』 및 『주자

22 「주자가례」, 「冠禮」 참조. 관례를 치르기 위해서는 옷 · 관 · 신발 등 의례용 의관을 갖추어야 하고, 빈(賓)을 초청해야 했으며 관례 참가자들을 접대해야 했다.

23 『중종실록』 권26 중종 11년 11월 19일(병신).

24 『중종실록』 권34 중종 13년 7월 13일(경술).

가례』에 따라 행하도록 명을 내리기도 했다.[25]

관례의 절차와 내용이 번거로워 일부 사대부가에서는 약식으로 치르는 경우도 많았다. 유희춘(柳希春)은 『미암일기』에서 손자 광선의 관례를 치르는 모습을 적어 놓고 있는데 약식으로 행했던 듯 삼가례에 대한 설명이 보이지 않는다.[26]

주자가례의 이해가 확산되고 실생활에 적용되기 시작하는 17세기에 이르러서 사대부가에서 관례를 주자가례대로 시행했던 것으로 보인다. 17세기의 사대부 이식(李植)은 아들 단하(端夏)의 관례를 행하면서 축시를 지어 주고 있으며,[27] 장현광(張顯光)은 손자의 관례를 치르고난 후 손자에게 오륜(五倫)의 도리와 효, 우애, 신의, 부부 간의 도리를 잘 지킬 것을 당부하고 있다.[28]

주자가례에서는 관례를 치르는 나이를 15~20세로 규정하고 있다. 남자는 결혼과 상관없이 15세가 되면 관례를 치렀던 것으로 보이나 여성의 경우에는 친영(親迎)을 앞두고 계례(笄禮)를 했던 것으로 보인다. 주자가례에서는 여성의 계례에 대해 나이가 15세가 되면 출가를 허락하지 않았더라도 계례를 한다고 말하고 있으나, 이유태와 동시대인인 윤휴(尹鑴)는 그의 문집에서 관례를 주자가례에 맞춰 치르는 것에 대해 얘기하면서 여성의 계례는 친영을 당해서 하는 것이 옳다고 보고 있기 때문이다.[29]

이유태는 평산 신씨 감역(監役) 신방헌(申邦憲)의 여(女)와 혼인하여

---

25 『중종실록』 권34 중종 13년 7월 27일(갑자).

26 柳希春, 『眉巖日記』, 丙子 1月 1日(국학자료원, 1982). 일기에 일상 생활의 세세한 내용까지 적어 놓았던 유희춘이 집안의 중요한 행사인 관례를 치르면서 三加禮를 행했다면 그 사실을 기록했을 것이다. 그러나 일기에는 관례에 대한 기록이 보이지 않는다. 삼가례에 대한 기록이 없다는 것은 유희춘이 약식으로 관례를 다루고 있음을 의미하는 것이다.

27 李植, 『澤堂集』, 續集 권5. 詩 "畢娵吾全老 加冠汝亦丁 詩書先世業 廉節本心靈 學善非干譽 修容要踐形 唯思鹿門計 終始保脩齡."

28 張顯光, 국역 『旅軒集』 續集 제4권 雜著, 손자 鉥의 冠禮를 하며 지은 설(민족문화추진회, 1996).

4남 1녀를 두었다. 연보를 살펴보면 아들들의 관례를 모두 15~17세 사이에 치러 주었고, 관례 후 대부분 바로 혼례를 했음을 볼 수 있다. 우선 맏아들인 옹(顒)의 관례는 신재(愼齋) 선생을 청하여 옹이 15세 되는 무자년 9월에 치러 주었고, 10월에 결혼을 시켰다. 둘째아들 적(頔)은 17세가 되는 임진년 1월에 관례를 치르고, 그 이듬해에 야은(野隱) 송시영(宋時榮)의 손녀딸과 혼인을 시켰다. 그리고 셋째아들 정(頲)의 관례는 17세가 되던 갑오년 9월에 치러 주었으며, 송시열이 자설(字說)을 지어 주었다.[30] 막내아들 고(顧)는 그가 15세 되는 병자년 7월에 관례를 치러 주었다.[31] 그의 문인인 박태상(朴泰翊)에게 출가한 딸의 계례에 대한 설명은 찾아볼 수 없으나, 당시 사대부가에서 행했던 것처럼 혼례 직전에 계례를 했을 것으로 생각된다.

정훈의 관혼지의 항목에서는 관례에 대한 내용을 찾아볼 수 없다. 관례와 혼례를 한 항목으로 묶고 지금 행하고 있는 홀기(笏記)가 있으며 고례(古禮)대로 한다[32]고 간략히 언급하고 있을 뿐이다. 정훈의 관혼지의 항목에 관례에 대한 언급이 전혀 없는 이유는 아마 관례를 거행할 때에는 자손들에게 특별히 당부할 만한 내용이 없었기 때문이라 생각된다. 이유태 가의 관혼상제의 의식 거행 절차나 진행은 모두 『사례홀기』에 따라 거행하고 있었으므로 정훈에는 기재하지 않았던 것으로 보인다. 『사례홀기』에서 이유태는 "관례는 예의 시작이며 가례(嘉禮)의 중요한 일이다. 따라서 옛 사람들은 관례를 중히 여겨 성인의 도를 책임지우려 했는데 교화가 쇠퇴하고 예가 무너져 비록 진신(搢紳)의 집안에서도 하지

---

29 尹鑴, 『白湖全書』, 권31 雜著, 冠禮.

30 宋時烈, 『宋子大全』, 권135 雜著 李頲字說 癸丑 十月 十三日.

31 李惟泰, 『草廬集』, 年譜 참조.

32 『庭訓』, 冠婚之儀.

않는다"고 지적하고 있었다. 또한 부유하고 귀한 집안의 자제들은 관례시 건복(巾服)을 화려하게 하고 주식(酒食)을 풍성하게 하는 데 힘쓰고 있어 예의 본뜻에서 어긋나고 있음[33]을 안타까워하고 있었다. 이유태는 예학에 밝았기 때문에 송시열의 손자인 무석(茂錫)의 관례에 빈(賓)으로 초청되어 예를 주관하기도 했으며,[34] 친구 유무중(兪武仲)의 아들 관례시 빈으로 초빙을 받고, 삼가례를 마친 후 자(字)를 지어 주기도 했다.[35] 따라서 자식들의 관례도 모두 주자가례에 의거해 시행하고 있었을 것으로 짐작된다. 당시 예학의 권위자였고 주자가례를 일상 생활에서 실천하려고 노력했던 이유태는 자식들의 관례를 모두 주자가례대로 시행하고 있었다.

2) 혼례(婚禮)

이유태는 정훈에서 혼례에 대해서도 상당히 간략하게 서술하고 있다. 관례나 혼례는 일상적으로 이루어지는 예가 아니었기 때문에 행사가 있을 경우에는 『사례홀기』의 내용대로 예를 행하고 정훈에는 예의 실천과 관련하여 유의해야 할 부분에 대해서만 언급하고 있었던 것과 관련이 있을 것으로 보인다.

정훈에서 이유태는 혼례시 가장 중요하게 생각해야 할 것은 신의를 지키는 것이라고 보았다. 또 혼례에 구차하게 부귀를 흠모하지 말 것을 당부하고 있었다. 그는 사대부들이 다른 사람의 부(富)에 대해 비루하다고 생각하면서도 같이 어울려 혼인하기를 애쓴다는 점을 지적하면서 혼인시

33 李惟泰, 『草廬全集』, 권20 四禮笏記 冠禮 冠. 四禮笏記는 1984년 한남대 충청문화연구소에서 간행한 『草廬全集』에 수록된 것을 인용했다.

34 宋時烈, 『宋子大全』, 附錄 권17 語錄 崔愼錄 上. "丁未春 先生戒李草廬作賓 而行第三孫茂錫冠禮 先生曰 宋人不識冠禮 至有駭笑者 故朱子嘗言關著門行吾禮也"

35 李惟泰, 『草廬集』, 권23 俞命丙字說.

상대 집안의 부를 우선시하지 말 것을 강조하고 있다. 그리고 혼사에 관한 의논이 있을 때 반드시 이를 헤아려야 하고, 일단 언약이 된 다음에는 비록 다른 사정이 생겨도 신의를 저버리고 약속을 어겨서는 안 된다고 했다. 자신의 막내아들을 예로 들면서 혼인에 있어 반드시 신의를 지킬 것을 후손들에게 당부하고 있었다. 이유태는 신계징(申啓澄)의 딸을 막내며느리로 맞이했는데, 사돈집에서 딸의 병을 이유로 파혼하길 청하자 이에 응하지 않고 혼례를 늦추고 병이 낫기를 기다려 초례를 치렀다.[36] 자손들에게 당부하고 있는 신의를 실제 생활에서 직접 실천하고 있었던 것이다. 혼례시 신의를 강조한 것은 이유태가 자손의 혼인 문제와 관련해 아픈 경험을 가지고 있었기 때문으로 보인다. 이유태는 일찍이 송준길에게 혼사를 맺자고 했으나 송준길로부터 "혼사를 맺는 것은 벗을 정하는 것과는 다르다"는 말로 거절당한 바 있었다. 거절의 이유는 이유태의 문벌이 송준길과 비교해 대등하지 못해서였던 것으로 알려지고 있다.[37] 이러한 아픈 경험이 이유태로 하여금 신의를 더욱더 강조하게 했던 것으로 보인다.

정훈의 관혼지의 항목에서는 혼례에 대한 언급이 많지 않아 이유태 가의 혼례 상황에 대해서 자세히 알기 힘들다. 『사례홀기』에서의 혼례 절차도 주자가례와 비교해 별다른 점이 없다. 다만 주자가례에서는 친영시 신부를 도와 줄 사람으로 모(姆)를 말하고 인원을 제시하지 않고 있지만, 『사례홀기』에서는 나이든 여종 2명을 모로 삼으라고 하여 모의 신분과 인원을 구체적으로 밝히고 있다.

조선은 개국 후 성리학을 지배 이념으로 채택한 후 모든 제도를 성리

36 李惟泰, 『草廬集』, 권17 書 答申聖時啓澄 辛亥 十二月.
37 『현종실록』 권17 현종 10년 11월 16일(을사).

학적 질서로 편입시키려 노력했다. 전통적인 혼속(婚俗)인 서류부가혼의 혼인 절차 대신 친영제를 실시하려는 시도는 건국 초부터 시작되었다. 그러나 주자가례에서 제시하는 친영제는 제대로 시행되지 못했고, 전통 혼속인 서류부가혼은 결혼 후 거주지는 여전히 처가에 머무르며 단지 혼례 절차에서만 변화를 가져온 이른바 반친영제로 정착되었다. 그리고 반친영제가 조선 중기 이후 혼례의 주류를 형성했다.[38]

한편 인종대 이후 예제의 시행에 깊은 관심을 보이던 호서 지방의 성리학자들은 반친영례와는 전혀 다른 방식으로 친영제의 요소를 좀더 보강하려는 새로운 시도를 보이게 되는데 이것이 바로 가관친영례(假館親迎禮)다.[39] 가관친영례는 주자도 가례에서 언급하고 있었던 예제로, 처가가 먼 지역에 있을 경우 혼례를 행할 때 처가로 하여금 가까운 곳으로 나와 한 처소를 마련하게 한 다음 그곳에 가서 신부를 맞이해 객사로 돌아와 예를 행하는 것이다. 또 한 방법은 처가가 나와 어떤 곳에 이르면 신랑이 그곳으로 가서 신부를 맞아들여 돌아와 집에서 예를 치르는 의례였다.

그런데 가관친영례는 송시열을 비롯한 호서 지방의 성리학자들 사이에서 주자가례를 실천하는 한 방법으로 행해졌던 것으로 보인다. 송시열은 "고례(古禮)를 좋아하는 사람들은 이웃집을 빌려 친영의 예를 행하는데 이것이 이른바 가관(假館)이란 것이긴 하지만 구차스러운 일에 가깝지 않습니까?"라는 제자의 물음에 "혼례에서 가관하는 일은 거리가 멀 경우 안 할 수 없으며 가관하는 일은 관례 때 백회(白灰) 가루로 선을 그

---

38 朴惠仁, 『韓國의 傳統婚禮硏究』(고대 민족문화연구소, 1988); 장병인, 『조선 전기 혼인제와 성차별』(일지사, 1997) 참조.

39 장병인, 「조선 중기 혼인제의 실상: 半親迎의 실체와 그 수용 여부를 중심으로」, 『역사와 현실』 58(2005) 참조.

어 섬돌을 만드는 것과 같은 이치"[40]라고 답하고 있어 가관친영례를 긍정적으로 이해하고 있었다. 우암 자신도 외손녀의 혼례를 가관친영례로 거행했다.[41]

가관친영례로 혼례를 치르는 모습은 당시 사대부의 문집에서 자주 보인다. 권시(權諰)는 윤증(尹拯)을 사위로 맞으면서 혼례의 절차에 대해 사돈인 윤선거(尹宣擧)와 서신을 왕래하며 의논하고 있는데, 가관친영례에 대해 불필요하다 하며 그 부당함에 대해 역설하고 있었다.[42] 한편 이단상(李端相)은 김수항가(金壽恒家)와 혼인을 정했으나 두 집안이 서로 거리가 멀어 친영례로 혼인하기 어려움을 토로하며, 가관친영을 치른 경험이 있는 송준길(宋俊吉)에게 편지를 보내 예에 대해 상세히 알려 줄 것을 부탁하고 있다.[43] 또 사돈이 될 김수항에게 직접 서신을 보내 장녀의 혼인은 서울에 거주할 때 치렀기 때문에 친영으로 할 수 있었는데, 현재는 교외로 이사하여 차녀의 혼인을 친영으로 치르기 어렵다고 하며 방법을 구하고 있다. 그러면서 김수항에게 혼례일에 신랑을 데리고 가관한 곳에 이르러 친영례를 하면 예에도 맞고 정에도 맞을 것이라면서 가관친영례로 혼인할 것을 제안하고 있었다.[44] 이단상이 얘기하고 있는 가관친영례란 가관에서 신랑 · 신부가 당일상견례(當日相見禮)를 하고 명일현구고례(明日見舅姑禮)를 시행하는 친영례를 의미하는 것이다. 그런데

---

40 宋時烈, 『宋子大全』 권118, 書 答朴是曾 乙丑十月晦日. "人之好古禮者 借隣家行親迎之禮 此所謂假館 而毋或近於苟且耶 昏禮假館 地遠則不得不爾也 如冠禮以室爲階 亦此意也."

41 宋時烈, 『宋子大全』 附錄 권17 語錄 崔愼錄 上. "丁未春(……) 先生又行外孫女婚禮於家 乃使壻權惟主婚而遵行家禮假館親迎之儀 凡子孫婚娶 無不用家禮冠婚儀也."

42 權諰, 『炭翁文集』 下(도산학술연구원, 1997), 268쪽.

43 李端相, 『靜觀齋集』 권8 書 上宋同春.

44 李端相, 『靜觀齋集』 別集 권3 書 拾遺 與金久之. "(……)兩家相遠 則朱夫子有設假館就彼迎行之語 此處相望地有好家 兄於婚日 只率新郎而來 則自弟家一一整備 仍行親迎之禮 俾令弟前後兩女之婚 皆行一禮 則於禮於 於兄家於弟家 恰好無欠 如此爲之 固大善 兄若以設假館行之及屈意而從弟爲難 則弟雖爲雜行兩禮無據之人 而當屈意從兄而已 此外則更無他策 幸兄反復詳思 從容回示 如何."

이는 혼인 후 거주 방식이 여전히 처가였음을 암시해 주는 자료로 볼 수 있다. 왜냐하면 자신의 딸을 혼례 이후에 바로 시집으로 보내 시집에서 생활하게 하는 것이라면 서울에 거주하든 교외에 거주하든 혼례시 별 문제가 되지 않았을 것이기 때문이다.[45]

그러면 이유태는 어떤 방식으로 혼례를 치렀을까. 이유태는 평산 신씨와의 사이에서 4남 1녀를 두었는데 자손들의 혼례를 모두 가관친영례로 거행하고 있었던 것으로 보인다. 맏며느리는 이산(尼山)에서 가관친영례로 맞이했고, 둘째아들 적(頔)은 관례를 치르고 난 그 이듬해에 야은(野隱) 송시영(宋時榮)의 손녀딸을 청주에서 친영례로 맞이했다. 셋째아들 정(頲)의 혼인에 대한 기록은 없지만, 현존하는 이유태가의 호구단자(戶口單子)를 통해 그가 처와 3명의 자식을 두었음이 확인된다.[46] 막내아들 고(顧)는 관례를 치른 후 6년이 지난 후 신계징(申啓澄)의 여(女)를 맞아 임실현에서 혼례를 치렀는데 가관친영례로 했음을 납폐문에서 밝히고 있다.[47] 그리고 딸의 혼례에 대해서는 언급하지 않고 박태상(朴泰翊)에게 출가했다고만 밝히고 있는데[48] 역시 가관친영례로 치렀을 가능성이 높다고 볼 수 있다.

이처럼 이유태는 네 아들[49]을 모두 가관친영례로 혼인을 시켰는데, 이를 단지 사돈집과 거리가 멀다는 이유 하나만으로 설명하기에는 부족한 점이 있다. 당시 사대부들은 주자가례에서 제시하고 있는 친영제가 잘 시행되지 않자, 가관에서 혼례를 치르고 신랑신부 당일상견례, 명일현구

45 장병인, 앞의 논문, 281쪽.

46 이해준, 앞의 논문, 67-69쪽.

47 李惟泰, 『草廬集』 권23, 雜著 李子顧申家納幣文.

48 李惟泰, 『草廬集』 年譜.

49 셋째아들 頲의 혼례 기록을 찾아볼 수는 없지만, 세 아들처럼 가관친영례로 치렀을 가능성이 높다.

고례를 거행해 주자가례에서 제시하는 혼례 절차를 따르려 했던 것이다. 그러나 가관친영례는 혼인 절차상의 변화일 뿐 주자가례에서 제시하고 있는 전형적인 친영제는 아니었다. 혼인 후 거주 방식이 여전히 친정집이었던 경우가 많았던 것으로 보이기 때문이다. 따라서 혼인을 치르고도 시부모를 보지 못한 경우도 많았다. 김수항가의 경우를 예로 들 수 있는데, 김수항의 딸은 혼인한 후 얼마 되지 않아 죽었고 그 때까지도 시부모를 보지 못해[50] 혼인 후 거주지가 여전히 신부 집이었음을 보여 준다. 이유태가의 혼인 후 거주 방식에 대해서는 명확히 알 수 없지만 장남의 혼인과 관련해 사돈인 윤문거(尹文擧)와 주고받은 서신을 통해 혼인 후 며느리가 친정집에 상당 기간 거주하고 있음[51]을 알 수 있다. 따라서 당일 상견례, 명일현구고례, 그리고 혼인 후 시댁에서 거주하는 것을 의미하는 본래의 친영제는 시행되지 않고 있음을 짐작할 수 있다. 당시 가관친영례가 호서 지방 사대부에서만 거행된 의식이었는지 사대부가에서 보편적으로 치러진 혼례였는지는 더 살펴볼 필요가 있지만[52] 17세기 사대부 이유태는 가관친영례로 혼례를 치러 혼례에서도 주자가례를 충실히 실천하는 모습을 보이고 있었다.

3) 상 · 장례(喪 · 葬禮)

관혼상제의 사례 가운데 절차와 내용이 가장 복잡한 예가 바로 상례(喪禮)다. 정훈의 상장지의에서 구체적인 상례 절차는 사계 선생의 『상례비요』에 따라 행해야 한다고 말하며 구체적으로 언급하고 있지 않다.

---

50 金壽恒, 『文谷集』 권23, 祭文 祭亡女文.

51 尹文擧, 『石湖遺稿』 권5, 書 與李草廬.

52 장병인은 앞의 논문에서 호서 지방 사대부들이 친영제를 좀더 보강하려는 시도로 가관친영례를 시행하고 있었다고 주장하며 자세한 내용은 후고를 기약하고 있다.

이유태 집안에서는 『사례홀기』가 있었기 때문에 정훈에서 상례의 절차나 내용에 대해 재차 언급할 필요가 없었을 것이다. 『사례홀기』의 상례 조항은 주자가례의 상례 조항과 유사하며, 다만 상례시 부고(訃告)는 상주(喪主)의 이름으로 발송되기도 하고 호상(護喪)의 이름으로도 발송되기도 하는데, 『사례홀기』에는 이 두 가지 양식을 다 인정하고 있다. 아울러 『사례홀기』에서는 주빈(主賓), 상례(相禮), 제사와 전을 전달하는 축(祝) 1인과 비서격인 찬(贊) 1명을 더 두도록 하는[53] 차이점이 보인다.

당시 사대부들은 가례의 규정에 따라 상례를 치르는 것을 매우 당연히 여겼으나, 주자가례의 규정을 모두 지키지는 않았다. 주자가례에서 언급되지 않은 내용을 매우 중요하게 여기기도 했는데, 바로 여묘살이다. 여묘살이는 가례에 없는 관습으로 성리학자들의 예서에도 기록되지 않아 성리학자들도 정통적인 예제로 보지 않았다.[54] 주자가례에서는 여묘살이에 대해 언급하고 있지 않지만, 후한 것을 따른다는 원칙에 근거하여, 선초에 신진 유학자들을 중심으로 3년 동안의 여묘살이가 수용·확산되었다. 연산군대에 이르면 삼년상과 여묘살이는 사대부가에서 일반적으로 행하는 상장례로 자리잡게 되었다.[55] 이유태도 모친상을 당하게 되자[56] 3년간의 시묘살이를 해[57] 주자가례의 규정보다는 시속(時俗)을 따르고 있었다.

정훈의 상장지의에서 이유태가 주로 서술하고 있는 부분은 관판(棺板)

---

53 이영춘, 「상례와 제례」, 『조선시대생활사 1』, 고문서학회, 1996, 48-50쪽.

54 김문택, 「상례와 시묘살이」, 『조선시대생활사 2』(고문서학회, 2000), 54-55쪽.

55 김경숙, 「16세기 사대부가의 상제례와 여묘생활: 이문건의 『묵재일기』를 중심으로」, 『국사관논총』 97(2001), 118쪽.

56 李惟泰, 『草廬集』 年譜. "丁未(……) 六月 丙子 丁金夫人喪 命本道給喪需 因閔公維重 筵白 有是命."

57 『현종개수실록』 권22, 현종 10년 11월 5일(갑오). "이조 판서 조복양이 대면을 청하여 입시했다. 복양이 아뢰기를, '(……) 찬선의 직책은 정3품인데, 이유태가 시묘살이를 마쳤고 이 직임에 합당하고 다른 사람은 의망할 만한 사람이 없습니다.' 하니, 상이 단망으로 계하(啓下)하라고 명했다(……)."

과 장지(葬地)에 대해서다. 그는 관판을 미리 준비해 두어야 한다고 하면서 옻칠한 관은 가난한 사람은 미리 준비하기 어려우므로 송진을 써서 만드는 방법을 제시하고 있다. 즉 관을 다듬을 때 송진을 가루로 만들어 관판 위에 뿌리고 달군 쇳조각으로 문지르면 나뭇결 사이로 송진이 스며들어 옻칠한 것보다 낫다고 하여 옻칠관을 마련하지 못할 경우를 대비해 놓고 있었다. 또 관판은 나뭇결이 굵고 정밀한 것을 여러 장 이어 쓰는 것이 통판을 쓰는 것보다 좋다고 말하며 효묘 천릉(孝廟 遷陵)을 예로 들고 있다. 후손들의 가세가 어려워질 상황에 대비해 미리 차선안을 마련해 놓은 것으로 볼 수 있다.

한편 장지에 대해서도 자세하게 설명하고 있었다. 주자의 말을 인용해 "장사를 지낸다는 것은 감춘다는 뜻으로 바로 자기 조상의 유체를 감춘다는 것이다. 자손으로서 자기 조상의 유체를 감추고자 할 때에는 반드시 삼가고 신중하며 정성스럽고 공경하는 마음을 다해서 편안하고 확고하게 오래 갈 수 있는 계책을 세워야 한다. 그리하여 그 형체가 온전하고 신령(神靈)이 편안하게 되면 자손도 번성하고 제사도 끊이지 않을 것이니 이것이 자연의 이치"라고 하고 있다. 즉 장사를 지낼 때 가장 중요한 것은 바로 정성과 공경하는 마음가짐임을 강조하고 이를 마음에 새길 것을 당부하고 있었던 것이다.

또 묘지 선택에 대해서는 "반드시 먼저 그 토세(土勢)의 강약, 풍기(風氣)의 모이고 흩어짐, 수토(水土)의 얕고 깊음, 혈도(穴道)의 치우침과 바름, 역량이 있고 없음을 논한 다음에 그 땅의 좋고 나쁨을 비교해야 한다"는 주자의 말을 인용하고, 풍수설을 무턱대고 배척할 수는 없다고 보았다. 그러나 현재는 주자나 채서산같이 지리에 밝은 사람이 없으므로 길지(吉地)를 구하려 하다가 도리어 국금(國禁)을 범하거나 다른 사람의 물건을 도모하는 불의와 불효를 저지를 수 있다고 경계하고 있다.

아울러 점유하기 어려운 땅은 술사(術士)가 길지라 해도 그 말을 듣지 말 것이며, 불편한 것은 술사가 좋은 땅이라고 해도 그 말을 듣지 말 것이라고 하여 판단을 현명히 할 것을 당부하고 있다. 장지 선정과 관련해 이렇듯 상세히 당부를 한 것은 신중을 기하다 장례를 3개월 안에 끝내지 못하는 경우가 있기 때문이었다. 17세기 초 전라도 영광의 영월 신씨가에서는 풍수지리를 살피느라 장지 선정을 5개월 이상 끌다가 겨울에 장례를 치르는 경우도 보이고 있었다.[58]

이유태는 또한 장사를 지냄에 예법을 다하고 애통하고 공경하는 마음을 다해야 하며 인간의 길흉화복에 대해서는 천명(天命)을 기다리는 것이 옳다고 강조하고 있다. 또 우리나라 명문가 가운데는 선대의 묘지를 구하지 않고서 저절로 얻은 사람이 많다고 하면서 길한 사람이 길한 땅을 만나게 된다고 보고 있다. 그러면서도 산가(山家)의 말을 다 믿을 수는 없지만 의리에 크게 해가 되지 않는다면 따라도 된다고 하여 풍수설(風水說)에서 자유롭지 못한 유교 지식인의 모습을 보여 주고 있기도 하다. 즉 상례는 주자가례대로 거행할 것을 원칙으로 삼으면서도, 시속(時俗)에서 행하는 여묘살이나 풍수설을 완전히 무시하지 못하고 따르는 생활인으로서의 사대부의 모습을 보여 주고 있다.

4) 제례(祭禮)

이유태가 정훈에서 지면을 가장 많이 할애하고 있는 부분은 바로 제례였다. 당시 사대부가의 일상 생활에서 가장 중요시되었던 것이 봉제사 · 접빈객이었던 점을 상기해 보면 쉽게 이해가 되는 문제다. 오희문(吳希文)의 경우 1년에 25번의 제사를 지낼 정도로[59] 사대부가의 일상 생활에

58 정승모, 「省齋 辛應純의 『內喪記』를 통해 본 17세기 초 喪葬禮 풍속」, 『장서각』 10(2003). 3쪽.

서 제사가 차지하는 비중은 상당히 높았다. 이문건(李文楗)의 경우 시묘살이를 하는 중에도 제사를 빠짐없이 지내고 있을 정도로[60] 제사에 대한 생각은 남달랐다.

주자가례에 근거한 유교식 제례는 조선 건국 이후 점차적으로 보급되어 갔으나 실제적인 보급 과정에서 완전하게 적용되지는 못했다. 주자가례에서는 사시제(四時祭) · 시조제(始祖祭) · 선조제(先祖祭) · 녜제(禰祭) · 기일제(忌日祭) · 묘제(墓祭)를 지내고 4대 봉사할 것을 규정하고 있었지만, 조선에서는 기일제를 중시했으며, 3대 봉사 · 외손 봉사 · 윤회봉사가 시행되고 있었다.[61]

그런데 이유태 가에서는 기제사를 중시하는 시속과는 달리 사시제도 중요하게 생각하고 있었던 것으로 보인다. 이유태 가의 제례 의식은 정훈의 사당지의, 시제지의, 기제지의, 묘제지의 항목을 통해 살펴볼 수 있는데, 이유태가의 화회문에는 사당제(祠堂祭), 사시대제(四時大祭), 기제(忌祭), 절제(節祭), 삭망(朔望), 묘제(墓祭) 등의 제사에 재산을 분금(分衿)하고 있어[62] 기일제뿐 아니라 사시제 등 주자가례에서 제시하고 있는 제사를 충실히 지키고 있음을 보여 준다.

사당지의에서는 사당의 소재에 대해 말하고 사당과 사당의 서전(黍田)은 절대로 팔아 옮길 수 없다고 하고 있다. 사당의 규모와 제전(祭田)의 수확량과 제수(祭需) 비용 등에 대해 설명하고, 그 밖에 제기(祭器) · 제고(祭庫) 등에 대해 언급하며 평상시 사당 참배법, 삭망참(朔望參),

---

59 전경목, 「日記에 나타나는 朝鮮時代 士大夫의 일상생활: 吳希文의 〈瑣尾錄〉을 중심으로」, 『정신문화연구』 65(1996).

60 정긍식, 「默齋日記에 나타난 家祭祀의 실태」, 『법제연구』 16(1999); 김경숙, 「16세기 사대부가의 喪祭禮와 廬墓生活: 이문건의 『默齋日記』를 중심으로」, 『국사관논총』 97(2001).

61 김경숙, 「기제사와 묘제」, 『조선시대생활사 2』(2000).

62 崔淳姬, 앞의 논문, 29-30쪽.

속절(俗節)의 참례(參禮), 천신물(薦新物) 등에 대해 말하고 있다. 사당지의는 "주자가례의 의례대로 한다"고 명시하고 있어 『주자가례』에 근거해 사당례(祠堂禮)를 거행하고 있음을 짐작할 수 있다.

시제지의에서는 율곡의 『격몽요결』을 인용하며 춘분 · 추분 · 하지 · 동지, 즉 1년에 4번 시제를 지내며 제사를 지내기 3일 전에는 재계하고 하루 전에는 주인과 주부를 비롯해 모든 식구, 비복들이 의복을 빨고 온 집안을 청소하며 그릇과 솥을 깨끗이 할 것을 말하고 있다. 또 제물에 대해서는 그릇 수를 계산해 정결하게 준비해 두고, 이외에 다른 반찬을 더 만들어 음복하는 데 보태 쓰고자 하면 별도로 준비해 다른 곳에 두도록 하고 있다. 시제 때 사용되는 고비 두 분에 대한 제수 마련은 별고(別庫)의 벼 1섬으로 할 것이며, 매 위마다 반(飯) · 갱(羹) · 병(餠) · 면(麵), 그리고 생선과 고기 한 그릇씩을 올려야 한다고 밝히고 있다. 아울러 제수는 생선이나 고기는 익힌 것과 생회를 같이 써도 된다고 하여 제한하지 않고 있다. 이처럼 제수의 조리 방법까지 상세히 밝혀 놓은 이유는 행례(行禮) 시 예법에 익숙하지 않은 후손들이 당황하지 않도록 하기 위한 현실적인 배려에서 나온 것으로 생각할 수 있다.

한편 제수의 종류는 적(炙) 서너 가지, 과일 여섯 가지, 그리고 포(脯)와 혜(醯) 각각 한 그릇, 청장(淸醬) 한 그릇을 채소 사이에 진설할 것을 말하고 있다. 또 옛 사람들이 제사에 끓이거나 볶은 음식을 쓰지 않았으므로 유밀과를 쓰지 않는 것이 좋다고 밝히고 있다. 유밀과는 예전에 없는 것이므로 쓰지 말라고 당시 대부분의 사대부 가훈에 명시되어 있다. 유황(尹愰)은 윤씨 가훈에서 자손에게 당부하고 있으며,[63] 이식(李植)도 이는 불교의 구습(舊習)이므로 쓰지 말 것을 가훈으로 당부하

63 尹煌, 文正公家訓, 金鍾權, 『명가의 가훈』, 414쪽.

고 있다.[64] 가훈에서 제수로 유밀과를 쓰지 말라고 당부하는 예가 많다는 것은 시속에서는 여전히 유밀과를 즐겨 사용하고 있음을 말해 주는 것이다. 이유태는 정훈의 시제지의에서 유밀과를 쓰지 말도록 당부하고 있지만, 화회문의 시제 제물 조항에서는 유밀과가 한 그릇 놓이는 것으로 기재되어[65] 있어 실제 제사에서는 유밀과를 사용하고 있었던 것으로 확인된다.

한편 제사에 무엇보다도 가장 중요한 것은 마음가짐이라고 강조하고 있다. 송인(宋寅)의 『계자손서』를 인용해 "많이 차리고 또 오랫동안 지내는 것이 중요한 것은 아니다. 사람들이 평소에 밥상을 대하고 식사를 할 때 밥에 티끌이 보이거나 국에 재가 보이면 수저를 던지고 식사를 그만두게 된다. 하물며 신도(神道)는 특히 정결한 것을 숭상하거니와 썩은 냄새와 더러운 것이 있게 되면 반드시 토하게 될 것이며 어찌 기꺼이 흠향하겠는가"라고 하여 제수를 마련할 때는 특히 위생에 신경쓸 것을 강조하고 있었다. 제수의 풍성함보다 제사에 임하는 자손들의 태도와 정성이 그 무엇보다도 중요하다고 훈계하고 있는 것이다.

한편 민간의 풍속에 전염병을 꺼려해 제사를 지내지 않는 사람이 있는데 율곡이 향약법에서 그 죄와 벌에 대해 논하고 있음을 상기시키고 있다. 제사의 주재자에 대해서도 말하고 있는데 "만약 종가가 어려워 손님을 접대하기 힘들면 자손 각자가 양식을 가지고 와서 제사를 지내야 하며 제사 전에는 편지를 써서 다른 곳에 떨어져 살고 있는 자손들이 제사에 참례할 수 있도록 알려야 한다"고 했다. 또 모든 제사에는 외손을 비롯해 방친(傍親)도 제사에 참여할 수 있다고 하여 외손을 배제하지 않고

---

64 李植, 『澤堂集』 別集 권16, 雜著, 家誡.
65 崔淳姬, 앞의 논문, 30쪽.

있었다.

기제지의에서는 가례의 재계(齋戒)를 인용하여 근신할 것을 당부하고 있다. 가례의 재계를 보면 이 날은 술을 마시지 않고 고기를 먹지 않으며, 저녁에는 밖에서 잔다고 되어 있으나, 우리나라 사대부가에서는 부모의 제사에는 3일간 소식(素食), 조부모의 제사에는 2일간 소식을 한다고 밝히고 있다. 또 "재계하는 날에는 그 어른께서 생전에 거처하심을 생각하고, 특히 좋아하고 즐기시던 것을 생각하며 즐기거나 잡숫고 싶어 하셨던 것을 생각하게 되면 병환으로 편찮으셨을 때와 돌아가실 때에 통곡하고 사모하던 마음이 다시 되살아나 슬픔은 더욱 커지고 음식의 맛도 모르게 될 것이다"라고 하여 기제사에 임하는 후손의 마음가짐에 대해 언급하고 있다.

기제사 때의 복장에 대해서도 주자는 흰 비단옷과 참건을 두른다고 했지만 현재는 흰옷과 포립(布笠)으로 평상복으로 갈아입는다고 하고 기제시 의복은 주자가례와 다름을 밝히고 있다. 한편 기제사 때에 남녀 자손들이 윤회 봉사하는 것은 아주 무례한 일이라고 꾸짖고 있으며, 만약 지차자손이 사정이 있어서 제사에 참석하지 못하게 될 경우에는 제삿날 자기 집에 자리를 마련하고 지내는 것을 주자도 허락했다고 하며 변통을 허락하고 있다.

묘제지의에서는 의례대로 한다고 밝히며 율곡의례를 인용하고 있다. 즉 묘제는 설날, 한식, 단오, 추석에 지내는데 한식과 추석의 차례에는 음식을 많이 준비하고 축(祝)을 읽고 토지신(土地神)에게 제사를 올리지만, 설날과 단오에는 음식을 간략하게 준비하며 술잔도 한 번만 올리고 축과 토지신에 대한 제사는 생략한다고 되어 있다. 또 여러 자손들이 번갈아가며 묘전(墓田)을 맡을 경우 각기 정성을 다해 제사 음식을 준비하도록 하고 종자(宗子)가 제사를 주재한다고 하여 윤회 봉사를 허용하고 있다. 묘제에 쓰이는 제수에 대해 정훈에서는 언급하고 있지 않지만, 화회문에는 "시제 때와 같이 하며, 다만 밀과(密果)가 없으며 토지신에 제사를 지낼 때는 반(飯), 갱(羹)을 제외한다"[66]고 기재되어 있다. 또 친진(親盡)이 되면 세일제(歲一祭)를 지내며, 세일제에는 외손이나 방계 후손들의 참여를 허용하고 일가 친척들이 모두 음복할 수 있도록 음식을 여유 있게 준비할 것을 권장하고 있었다. 또한 묘전(墓田)의 수확물, 관리, 운용 방법 등을 상세히 말하며 묘전은 100대가 지나더라도 움직여서는 안 된다고 명시하고 있다.

제구(祭具)의 종류와 보관 방법에 대해 설명하고 신도비(神道碑) · 갈석(碣石) · 표석(表石) · 상석(床石) · 석인(石人) 등과 같은 석물(石物)에 대해서도 상세히 언급하며 특히 표석을 너무 크게 하거나 사치스럽게 하지 말라고 당부하고 있다. 또 가난하여 표석을 할 수 없는 경우에는 상석을 조금 두껍게 하여 네 귀퉁이에 모공모씨지묘(某公某氏之墓)라고 새기도록 방법을 일러 주고 있다. 이어서 조상 묘소의 소재지, 석물 여부, 묘전의 상황, 관리법, 묘지기의 이름 등에 대해 상세히 서술하고 있으며, 특히 외조고비(外祖考妣)의 묘제를 지내는 의절을 부록으로 첨부하고 있다. 이처럼 정훈에서 외조 부모의 묘소의 소재지와 묘전 및 묘지기 등에 대해 밝힌 것은 후손들이 그 내용을 잘 알지 못할까 하는 우려에서였던 것으로 보인다. 실제로 이 시기 다른 사대부가의 가훈에서도 자손들이 선조 묘지의 소재지를 모르는 것을 걱정하는 기사가[67] 보이고 있기 때문이다.

한편 주자가례에서는 보이지 않는 돌아가신 분의 생일에 제사를 지내

---

66 崔淳姬, 앞의 논문, 29-30쪽.

67 李植, 『澤堂集』 別集 권16 雜著 遺戒數事. "(……)吾三兒尙未識墓地 殊極無謂 吾身後 須專以此爲大事 留念往來經營 則庶可成矣(……)."

는 생일제가 일부 사대부가에서 행해지고 있었다. 남평 조씨의 『병자일기』에는 며느리 · 양모(養母) · 양조모(養祖母) · 양부(養父), 아들의 생일에 생일다례[68]를 지내고 있음이 확인되며, 정제두(鄭齊斗)는 1682년에 지은 「임술유교」에서 "내 아래부터는 생일제를 지내지 말라"[69]고 당부하고 있어 생일제가 일부 사대부가에서 행해지고 있음을 보여 준다. 생일제는 퇴계 선생이 비례(非禮)라고 말한 까닭에 영남 지역에서는 행하지 않지만, 경중 사족가(京中士族家)에서는 18세기 중반까지도 여전히 행해진[70] 제례였다. 그러나 정훈에서는 생일제에 대한 언급을 찾아볼 수 없어 이유태가에서는 생일제를 지내지 않고 있었던 것으로 짐작된다.

이처럼 정훈에서 제례가 차지하는 비중이 크고 내용이 풍부한 것은 바로 사대부가의 실제 생활에서 제사가 차지하는 비중이 매우 컸음을 의미한다. 이 시기 사대부들은 가훈에서 자손들에게 삶의 방향에 대해 훈계하는 것에 그치지 않고, 실제 행례 시 도움이 될 수 있는 구체적인 방법을 제시하는 것이 일반적인 경향이었던 듯하다. 특히 제사와 관련된 부분에서는 더욱 그런 경향성이 두드러진다.[71]

이처럼 당시 가훈에 제례와 관련된 내용이 많고 풍부한 것은 제례가 선조와 후손을 이어 주는 주요한 의식일 뿐 아니라 가부장제에 입각한 종법의 확립과 밀접히 관련이 있기 때문이었다. 이유태는 기제(忌祭)뿐만 아니라 주자가례에서 제시하고 있는 각종 제례를 실천하려고 노력했

68 남평 조씨 지음, 전형대 · 박경신 옮김, 역주 『丙子日記』, 丁丑 5월 26일, 6월 20일, 6월 25일, 戊寅 9월 10일, 7월 29일, 己卯 11월 8일.

69 鄭齊斗, 국역 『霞谷集』 I, 詩書類, 壬戌遺敎(민족문화추진회, 1972).

70 權相一, 『淸臺日記』 下, 丙子 3월 초7일(국사편찬위원회, 2003).

71 17세기 사대부 金奉祖는 가훈에서 노비와 전토를 종가에 주어 奉先하게 한다는 내용과 함께 제사절목을 남기고 있다. 그는 제사절목에서 매년 수확하는 곡식의 양에 대해 기재하고 제사용으로 쓸 양을 명시하고 있었다. 또 四仲祭物品數, 正朝冬至茶禮品數, 朔望茶禮品數, 俗節茶禮時 물품 등에 대해 구체적으로 언급하며 제수는 그때그때 형편에 따라 차릴 것을 당부하고 있다(金奉祖, 『鶴湖集』 권3, 家訓, 祭祀節目).

다. 그러나 묘제에서 윤회 봉사를 행하고 불교적 유습인 유밀과를 제수에 쓰기도 하는 등 시속을 따르는 모습을 보여 주기도 한다.

2. 일상 생활 의례

정훈에서 일상 생활 의례와 관련된 항목은 바로 거실지의, 가연지의, 대빈지의이다. 거실지의는 옥(屋) · 방사(旁舍) · 중옥(中屋) · 청사(廳事) · 마구(馬廐) · 서실(書室) 등 건물의 구조와 규모, 그리고 그곳에서의 생활 규범, 독서법(讀書法), 남녀의 생활법, 동복(僮僕) 다스리는 법 등 크게 네 부분으로 구성되어 있다. 먼저 안채 · 아래채 · 헛간채 · 사랑채 · 마구간 · 서재 등 집안 건축물의 규모에 대해 이야기를 하고 안채 부분에서는 처녀는 건넌방을 쓰게 하고 용모와 언행을 단정하게 하고 바느질, 직조, 그리고 언해소학을 가르치도록 하고 있다. 또 친형제 간이라도 남자들은 여성의 방에 함부로 드나들지 말도록 하고 있다. 한편 사랑채는 가장이 거주하면서 집안일을 계획하고 항상 책을 가까이하며 손님을 공경으로 대접할 것을 말하고 있으며, 낮에는 안채에 들어가지 않는 것이 예법이라고 설명한다.

사랑채 옆의 서재는 아이들의 독서를 위한 곳으로 함부로 손님을 들이거나 공연히 나왔다 들어갔다 하는 일이 없도록 당부하고 있으며, 서재에서 책과 붓을 가까이하고 지내도록 하고 이는 자손 대대로 마음에 두고 힘써야 할 것이라고 강조한다. 또한 소학을 먼저 배워 마음과 뜻이 일정한 방향을 잡도록 함을 강조하고 있으며, 너무 일찍 과거 시험에 응시하는 것은 좋지 않다고 보았다.

또 남자는 열 살이 되면 사랑방에 나가 잠자며 여동생을 안방에서 보더라도 한자리에 앉지 않으며 장난하고 농담을 해서는 안 될 것을 말하고 있어 남녀유별을 철저히 강조하고 있음을 보여 준다. 남녀유별은 우물이나 변소 같은 공간의 사용에도 적용되었다. 즉 남녀가 우물을 함께 쓰지 않으며 변소를 함께 사용하면 안 된다고 하여 철저히 분리된 생활을 하도록 했다. 이러한 남녀 구별은 남복이나 여복에게도 해당되며, 이러한 규율을 어긴 비복은 종아리를 때려 다스리도록 하고 있다.

동복 다스리는 법에 대해서도 말하고 있는데 이는 양반가의 지속을 위해서 반드시 필요한 일이었기 때문이다. 사대부가에서 비복(婢僕)은 수족(手足)과 다름없는 존재였기 때문에, 비복에 대한 관리는 매우 중요했다. 이유태는 비복에 대해 은혜와 위엄을 같이 행할 것을 말하며, 비복이 태만하고 게으름을 피우면 부지런히 일하도록 유도하며 매질부터 하지 말고 타이르고 가르쳐야 한다고 하고 있다. 죄를 다스릴 경우에는 두세 가지 죄를 합해 다스리고 형벌을 지나치게 해 원망하고 배반하는 마음이 생기게 하지 않도록 할 것을 당부하고 있다. 또한 부지런한 비복에게는 더욱 후하게 대하며 모든 하인들에게 한 달에 3일의 휴가를 주도록 하고 있어 비복들을 인간적인 신뢰와 애정을 가지고 부릴 것을 말하고 있다.

거실지의에서 이유태가 마구간에 대해서까지 언급하고 있는 것이 특이하다. 마구간의 위치는 사랑채 옆에 총 3칸으로 하며, 2칸에는 말 한 필, 소 한 마리를 들이고 1칸은 목노(牧奴)가 자는 곳으로 설정하고 있다. 이는 조선 시대 양반들에게는 필수적인 교통 수단이 바로 말이었기 때문에[72] 사대부로서의 체면을 지키고 가문을 유지해 나가는 데 말이 반드시 필요함을 강조한 것이라 하겠다.

가연지의에서는 친족들의 모임에 대해 말하고 있다. 1년에 적어도 두

72 전경목, 「일기에 나타나는 조선 시대 사대부의 일상 생활: 오희문의 〈쇄미록〉을 중심으로」, 『정신문화연구』 65(1996).

번 즉 봄 · 가을의 가운데 달에 모임을 가질 것을 제시하고 있다. 각각 술과 양식을 가지고 종가나 혹은 가장 나이가 많은 사람의 집에 모이며 자제들 가운데 유사(有司) 2명을 정해서 해마다 교체하도록 하며 멀리 사는 사람에게는 유사가 먼저 안내문을 보내 참석하도록 했다. 한편 가까운 곳에 살면 친형제들끼리 매달 초하루에 모임을 가지며 이 날은 비복들도 옷을 깨끗이 빨아 입고, 각자 남녀와 장유(長幼)를 분별해 의례에 따라 순서대로 절하도록 하고 있다. 모임에 쓸 음식은 간략하게 준비하는 것이 좋으며 예의 본래 취지는 자주 모이는 것을 귀하게 여긴다고 하여 친족 간의 유대감 강화를 강조하고 있다.

대빈지의에서는 손님이 오면 맞이하고 보내는 것을 모두 의례와 같이 하도록 말하고 있다. 주지하듯이 사대부들의 일상 생활에서 제사를 받드는 것 다음으로 중요시되었던 것이 바로 손님을 접대하는 일이었다. 조선 시대 사대부들은 손님 접대를 예와 연결시켜 이를 현실 생활에서 구현하는 하나의 의례로 생각했다.[73] 이유태는 손님을 접대하는 비용은 대략 미리 준비한 것으로 하고 만약 다소 부족한 것이 있으면 자주 왕래하는 손님이나 과객(過客)은 그 노비나 말에게 먹이를 주지 않아도 된다고 하여 지나친 호의를 보이지 말 것을 당부하고 있다.

이처럼 정훈에서는 내외 구별, 반상 구별, 친족의 유대감 강조, 손님 접대의 중요성에 대해 서술하고 있어 성리학 이념에 입각한 생활 규범을 실천할 것을 강조하고 있었다. 즉 이유태는 관혼상제와 같은 의식 의례뿐만 아니라 일상 생활에서도 주자가례를 실천하려 노력하고 있었으며, 가훈의 실천을 통해 모범적인 사대부 가풍을 이어가길 희망했던 것이다. 그리고 이를 견고히 할 수 있는 현실적인 수단으로 제산지규(制産之規),

---

73 전경목, 앞의 논문, 62-65쪽.

숭절검(崇節儉), 불우지비(不虞之備), 매전지법(買田之法), 치포전법(治圃田法), 사상지계(四喪之契), 화수지계(花樹之契)와 같은 가정경제 운영법, 거향지도(居鄕之道), 대고구지도(待故舊之道), 처세지도(處世之道)와 같은 처세론의 항목을 정훈에 기재해 이에 따라 가문을 유지시켜 나가길 바랐던 것이다.

Ⅳ. 가례 의식의 특징

16세기 이래 성리학에 대한 이해가 심화됨에 따라 16세기 후반에는 가례를 집안의 실정에 맞게 변용하려는 예서들이 많이 나오게 되었으며[74] 실생활에서 가례를 쉽게 이해하고 실천할 수 있는 안내서로의 성격을 지닌 가훈이 만들어졌다. 이는 『주자가례』가 널리 보급되면서 이해가 심화되고 생활화되어 각 가문의 생활 규범이 만들어졌음을 의미하는 것이라 하겠다. 17세기 대부분의 사대부가에서는 가훈을 제정해 후손들이 준수할 것을 당부하고 또 이를 직접 실천하는 모습을 볼 수 있다. 즉 주자가례의 내용을 충실히 반영한 가훈을 작성하여 후손들에게 준수케 함으로써 가례의 생활화를 지향하고 있었는데, 그 대표적인 예가 바로 이유태의 정훈이라고 하겠다.

정훈을 통해서 본 이유태가의 가례 의식은 주자가례를 비교적 충실히 이행하고 있었다. 관 · 혼 · 상 · 제례의 절차나 내용면에서 주자가례를 그대로 따르려는 노력을 보여 주었다. 그러나 주자가례에서 제시하는 친영제에 의거해 혼례를 치르지 않고, 혼인 후 처가에 거주한다거나, 시속

74 김항수, 「16세기의 성리학 윤리와 禮書」, 『한국의 청소년문화』 2(2002), 85쪽.

(時俗)에서 행하는 여묘살이를 하고 있었던 점, 그리고 제수로 유밀과를 사용하기도 하고, 윤회 봉사를 하기도 하여 시속을 무시하지 못하고 따르고 있는 모습을 보여 주기도 했다.

정훈을 통해 본 이유태가의 가례 의식의 특징은 크게 두 가지로 정리될 수 있다. 첫째는 실용적인 의식을 엿볼 수 있다는 점이다. 정훈은 기존의 사대부 가훈과는 다르게 제례에 소용되는 제수의 양이라든가 선조 묘소의 소재지, 묘전(墓田) 상황, 묘지기의 이름 및 수까지 상세히 기록해 놓고 있다. 즉 실제 생활에서 바로 적용되고 쓰이는 예와 관련된 내용을 서술해 자손들에게 실질적으로 도움을 줄 수 있게 했던 것이다. 또 정훈에는 치산법(治産法), 매전법(買田法), 치포법(治圃法) 등 현실 생활의 경제적인 면을 강조하는 내용들이 많이 기재되어 있다. 이는 가세가 기울어 생활이 어렵게 되면 빚에 쪼들리게 되고, 이로 인해 자녀들은 혼기를 놓쳐, 선대로부터 이어진 가풍이 실추될까 우려했기 때문이다. 따라서 정훈에 제시된 가례는 사대부가의 경제적 상황이 고려된, 현실 생활에서 실천할 수 있는 최소한의 의례들이었다고 보는 것이 옳을 것이다. 그리고 이러한 최소한의 의례를 준수하고 가풍을 유지해 나가게 하기 위한 현실적인 수단으로서 치산법 등과 같은 가정경제 운영법이 첨부되었던 것이라 하겠다.

둘째는 조선 전기 가훈에 성리학적 영향이 별로 나타나지 않는[75] 것과는 달리 17세기 가훈에는 성리학의 이념을 실천하려는 모습이 강하게 나타나고 있다는 점이다. 이유태는 관혼상제와 같은 의식 의례뿐만 아니라 일상 생활에서도 주자가례를 실천하려 노력하고 있었으며, 가훈의 실천을 통해 모범적인 사대부 가풍을 이어가길 희망했다. 이유태는 주자가례

75 정구복, 「고문서를 통한 家訓 연구」, 『정신문화연구』 64(1996).

를 실생활에서 실천하려고 노력했지만, 예서의 내용 그대로를 현실 생활에서 실천하기는 힘들었을 것이다. 예의 절차와 내용이 너무 복잡하고 또한 경제적인 여건도 허락치 않는 경우가 있을 수 있기 때문이다. 그러므로 때로는 시속을 따르는 현실적인 모습을 보이기도 했던 것이라 생각된다. 이러한 문제는 이유태뿐만 아니라 당시 17세기 사대부가 전반에서 발생되는 문제였을 것이다. 당시 사대부들은 주자가례에 충실하려 했지만, 각 가문의 경제적 수준의 차이에서 생기는 가례의 실천 상황은 다를 수밖에 없었을 것이며, 그에 따라 각 가문의 예는 기본적인 형태의 차이를 가져오게 되었다. 따라서 가문에 따라, 지역에 따라, 사대부가의 가례의 내용이 조금씩 차이를 보이게 되는 것이라 생각된다. 17세기 사대부가의 가훈은 예서와 관행에서 보이는 의례 절차상의 차이, 각 가문의 경제력의 차이에서 생기는 가례의 실천 모습의 차이를 보여 줄 수 있는 유용한 자료로 활용될 수 있을 것이다.

Ⅴ. 맺음말

초려 이유태는 송시열과 함께 예학을 대표하는 인물로 평가되며 송시열, 송준길, 윤선거, 유계와 함께 소위 충청 5현으로 일컬어지는 조선의 대표적인 산림이다. 17세기에는 많은 예서들이 학자들에 의해 편찬되었고, 17세기 사대부들은 주자가례를 일상 생활 속에서 실천하려고 노력했다. 그러나 이론적인 예와 실제 생활에서의 예의 실천은 일치하기 힘든 문제라 생각한다. 17세기 사대부들이 이론적으로는 주가가례를 실천할 것을 주장했지만, 실제 생활에서 예서의 내용 그대로를 모두 실천했으리라고 생각하기는 어렵다는 것이다.

본고는 이러한 문제 의식 하에 명분과 현실에서의 예의 실천 문제를 17세기 사대부 이유태의 정훈을 통해 살펴보았다. 정훈은 기존의 가훈과는 달리 관혼상제 · 치가(治家) · 절검 · 처세 등에 대한 자세한 내용이 담겨 있어 이유태의 가례 의식을 살펴볼 수 있다.

정훈을 통해서 본 이유태의 가례 의식은 주자가례를 충실히 이행하고 있었다. 관 · 혼 · 상 · 제례의 절차나 내용면에서 주자가례를 그대로 실천하려는 모습을 보였다. 그러나 주자가례에서 제시하는 친영제를 따르지 않고 혼인 후 처가에 거주한다거나, 시속에서 행하는 여묘살이를 하고 있었던 점, 그리고 제수(祭需)로 불교의 유습인 유밀과를 사용한 점, 윤회 봉사를 허용한 점 등 여러 부분에서 시속을 그대로 따르는 모습을 보여 주고 있기도 했다. 즉 주자가례의 실천이라는 명분과 시속의 현실 사이에서 때로는 명분을 따르고 때로는 현실을 택하는 생활인으로서의 모습을 찾아볼 수 있다.

정훈은 기존의 훈계 위주의 가훈류와는 다르게 현실 생활의 경제적인 면을 강조하는 내용들이 많이 기재되어 있어 실용(實用)을 추구하는 사대부의 의식을 엿볼 수 있다. 또한 조선 전기 가훈에서는 성리학적 영향이 별로 나타나지 않는 것과는 달리, 정훈에서는 성리학의 이념을 실천하고 주자가례를 실천하려는 모습이 강하게 나타나고 있었다. 예학에 정통했던 이유태는 관혼상제를 치를 때나 일상 생활에서 주자가례를 실천하려고 노력했지만, 상황에 따라 시속을 따르기도 하는 융통성을 발휘했다. 당시 사대부들이 예서의 내용 그대로를 현실 생활에서 실천하기에는 경제적 수준이나 생활에 한계가 있었을 것이다. 따라서 17세기 사대부 각 가문의 경제적 수준의 차이에서 생기는 가례의 실천 상황은 다를 수밖에 없었고, 기본적인 형태의 차이가 생기기 마련이었다. 그 결과 가문에 따라, 지역에 따라, 경제적 상황에 따라 사대부가의 가례 내용이 조금씩 차이를 보이게 되며, 이것이 이른바 '가가례(家家禮)'의 형태로 등장한다고 말할 수 있다.

〈참고 문헌〉

■ 자료편

『朝鮮王朝實錄』.

『朱子家禮』.

주희 지음, 임민혁 옮김, 『주자가례』, 예문서원, 1996.

權相一, 『淸臺日記』, 국사편찬위원회, 2003.

權諰, 『炭翁文集』, 도산학술연구원, 1997.

金壽恒, 『文谷集』, 韓國文集叢刊 133, 민족문화추진회, 1994.

柳希春, 『眉巖日記草』, 국학자료원, 1982.

尹文擧, 『石湖遺稿』, 韓國文集叢刊 105, 민족문화추진회, 1993.

尹鑴, 국역 『白湖全書』, 민족문화추진회, 2004.

李端相, 『靜觀齋集』, 韓國文集叢刊 130, 민족문화추진회, 1994.

李植, 국역 『澤堂集』, 민족문화추진회, 2002.

李惟泰, 『草廬全集』, 한남대 충청문화연구소, 1984.

李珥, 국역 『栗谷全書』 Ⅵ, 한국정신문화연구원, 1988.

張顯光, 국역 『旅軒集』, 민족문화추진회, 1996.

鄭齊斗, 국역 『霞谷集』, 민족문화추진회, 1972.

■ **논저편**

고문서학회 엮음, 『조선시대생활사 1』, 1996, 『조선시대생활사 2』, 2000.

김경숙, 「16세기 사대부가의 喪祭禮와 廬墓生活 : 이문건의 『默齋日記』를 중심으로」, 『국사관논총』 97, 2001.

김문택, 「16~17세기 安東 眞城李氏家 墓祭 양상과 儒學的 이념」, 『古文書研究』 26, 2005.

김세봉, 「17世紀 後半 山人勢力의 動向 : 李惟泰의 活動을 중심으로」, 『동양고전연구』 3, 1993.

金鍾權, 『명가의 가훈』, 명문당, 1985.

김항수, 「16세기의 성리학 윤리와 禮書」, 『한국의 청소년문화』 2, 2002.

朴惠仁, 『韓國의 傳統婚禮研究』, 고대 민족문화연구소, 1988.

宋時烈, 『宋子大全』, 韓國文集叢刊 108-116, 민족문화추진회, 1993.

禹仁秀, 「朝鮮 後期 한 士族家의 生活樣式 : 草廬 李惟泰의 庭訓을 중심으로」, 『조선시대사학보』 12, 2000.

이해준, 「朝鮮 後期 湖西地方 한 兩班家의 奴婢 所有實態 : 公州中湖 慶州李氏家 所傳 戶口單子 分析」, 『호서사학』 8 · 9합집, 1980.

이해준 편저, 『草廬 李惟泰의 鄕約과 庭訓』, 신서원, 1998.

任先彬, 「草廬 李惟泰의 鄕村社會統制論 : 「기해봉사」와 「초려향약」을 중심으로」, 『滄海 박병국교수 정년기념 사학논총』, 1994.

장병인, 『조선 전기 혼인제와 성차별』, 일지사, 1997.

장병인, 「조선 중기 혼인제의 실상 : 半親迎의 실체와 그 수용 여부를 중심으로」, 『역사와 현실』 58, 2005.

전경목, 「日記에 나타나는 朝鮮時代 士大夫의 일상생활 : 吳希文의 〈瑣尾錄〉을 중심으로」, 『정신문화연구』 65, 1996.

정구복, 「고문서를 통한 家訓 연구」, 『정신문화연구』 64, 1996.

정긍식, 「『默齋日記』에 나타난 家祭祀의 실태」, 『법제연구』 16, 1999.
정승모, 「省齋 辛應純의 『內喪記』를 통해 본 17세기 초 喪葬禮 풍속」, 『장서각』 10, 2003.
정옥자, 「17세기 전반 禮書의 성립 과정 : 金長生을 중심으로」, 『한국문화』 11, 1990,
崔淳熙, 「草廬 李惟泰의 同生 和會文」, 『월간문화재』 3 · 4, 1982.
최효식, 「草廬 李惟泰의 軍事改革思想」, 『한국사연구』 47, 1984.
한기범, 「沙溪 金長生의 生涯와 禮學思想」, 『百濟研究』 20, 1989.
한기범, 「草廬 李惟泰의 政治思想 : '己亥封事'의 분석을 중심으로」, 『百濟研究』 22, 1991.
黃義東, 「草廬 李惟泰의 性理學과 近代精神」, 『儒學研究』 1, 1993.

『동양고전연구』 24집(2006년 6월)에 게재.

제3부

관 · 혼 · 상 · 제례

축사(祝辭)와 자설(字說)을 통해 본 관례(冠禮)

-17세기의 양상을 중심으로-

이은영

Ⅰ. 머리말

관례(冠禮)는 어린이가 성인이 되었음을 축하하면서 사회인으로서의 자부심과 책무를 일깨우기 위해 올리는 유교의 전통적인 의례로, 남자 아이가 상투를 틀어 올리고 관을 쓰는 관례(冠禮)와 여자 아이가 쪽을 찌고 비녀를 꽂는 계례(笄禮)를 아울러 말한다.

우리나라에 언제 관례가 들어왔는지는 명확치 않다. 고려 시대 때까지 왕실의 의례로 존속해 오긴 했으나 사대부 의례로 영향력을 행사하기 시작한 것은 『주자가례(朱子家禮)』의 보급과 때를 같이한다고 추정된다. 그러나 조선 전기까지는 국가적인 차원에서 그 중요성이 강조되고 있었음에도 아직 토착화의 단계에까지 이르지는 못했던 시기였고, 조선 후기로 가면 또 혼례 속으로 편입되어 의미가 약화되다가 단발령 이후 존재 자체가 없어지게 된다.

본고는 관례가 사회적 기능을 가장 왕성하게 수행하던 조선 중기의 동향을 중심으로 관례가 지닌 사회 문화적 의미를 짚어 보는 것을 목적으로 한다. 특히 의례 현장에서 낭송되었던 축사(祝辭)와 관례에 관한 논의, 관례 현장의 소회나 관례에 대한 소감을 적은 시편, 관례의 정점에서 가관자례(加冠字禮)와 관련을 맺고 지어지는 '명자설(名字說)', '명자사(名字詞)' 등 문학 작품들을 통해 이 문제에 접근하기로 한다. 이들 작품이야말로 관례의 상징적인 의미를 함축하고 있을 뿐 아니라 관례에 대한 인식, 관례가 이루어지던 당대적 풍습에 가장 직접적으로 접근할 수 있는 자료라고 가정하기 때문이다.

관례가 사대부들의 의식 속에 내재화되고 구현되는 양상을 밝히게 될 이 연구는 혼례나 상 · 제례에 비해 상대적으로 그 중요성이 덜 인식되었던 관례의 사회적 기능을 부각시킬 수 있을 뿐 아니라 의례와 관련을 갖고 지어지는 시문 양식의 의의를 규명하는 데도 일조할 수 있을 것으로 본다.[1]

Ⅱ. 관례의 수용(受容)과 행용(行用)

1. 예(禮)의 시작, 관례(冠禮)

『예기』에서는 관례를 "태어나서 가장 처음으로 치르는 공식적인 의례"[2]로 규정하고 있다. 또한 『가례』에서는 관례가 "성인의 예" 즉 "자식으로서, 아우로서, 신하로서, 연소자로서의 행동을 책임지우는"[3] 의미를 담고 있다고 말한다. 즉 관례는 부모의 보호를 받는 어린이의 단계에서

1 계례(笄禮)에 대해서는 일단 논외로 한다. 자료가 충분치 못할 뿐 아니라 의미 있는 자료를 발견하기 어려웠기 때문이다.
2 『예기』, 「관의」. "冠者, 禮之始也."
3 『가례』, 「관례」. "二十而冠, 將責人子人弟人臣人少者之行於其人, 故其禮不可不重也."

벗어나 가정과 사회에서 일정한 역할과 책임을 갖는 사회적 존재로 공인받는 의례라고 할 수 있다. 유교적 전통에서는 사회화 과정의 이러한 의미를 옷을 갈아입히고 관을 씌우는 상징 의례를 통해 표출해 왔다. 이 때 관과 의복은 인간의 인간다움을 드러내는 가장 적절한 정표다. 머리를 장식하는 관과 몸을 가리는 의복 제도는 사회 집단의 관습에 따라 각기 독특한 형태로 정착되어 왔으며, 따라서 관과 의복 제도를 공유하는 것은 그 문화 관습을 공유하는 것을 의미한다. 관례에서 관과 의복을 사용하는 것도 그 집단의 책임 있는 구성원으로 받아들인다는 의미를 담고 있다.[4]

관례는 구체적으로는 다음과 같은 세 단계의 절차를 거친다.

첫 번째는 관례 전 단계다. 관자의 할아버지나 고조를 계승하여 종자가 된 주인이 3일 전에 사당에 고하고[告于祠堂] 관례를 집전할 빈을 청하며[戒賓] 의례를 거행할 장소를 정돈하고[陳設] 관이나 의복 등을 갖추어 놓는 것[陳衣服], 그리고 참석자 전원이 위계 질서에 따라 자리를 정하는 것[序立], 빈이 도착하면 빈을 맞는 것[迎賓客] 등 일체의 준비 행위가 이 과정에 포함된다. 관자의 아버지가 아닌 가문의 종자가 예를 주관한다는 것과 어질고 예를 잘 아는 사람을 빈(賓)으로 삼아 집전하게 한다는 것, 그리고 사당에 고하는 절차를 필두로 예가 시작된다는 것 등은 관례가 단지 한 개인이나 한 가정의 차원에서 이루어지는 것이 아니라 가문 단위, 사회적 맥락에서 이루어짐을 시사한다.

두 번째는 관례 단계다. 다시 세 단계의 절차로 나뉘는데 늘어뜨린 머리를 빗겨 올려 상투를 틀어 주고 세 번에 걸쳐 옷과 관을 바꾸어 주는 가례(加禮) 단계, 술을 나누어 마시는 초례(醮禮) 단계, 그리고 관례자에게 새로운 이름인 자(字)를 지어 주는 자관자례(字冠者禮)의 절차를

4 정경주, 『고전의례상식』(신지서원, 2000), 135쪽.

거친다. 이 때 상투를 틀고 관을 씌워 주며 세 번 옷을 갈아입히는 행위는 어린이의 세계로부터 단절을 상징한다. 또한 술을 마시는 것은 새로운 지위나 관계 질서의 형성을 상징하는 것으로 '경과(經過)' 혹은 '정화(淨化)'의 의미를 갖고, 자를 지어 새로운 이름을 부여하는 것은 기성 사회로의 통합을 의미한다.[5]

마지막은 관례 후 단계다. 주인이 관자를 데리고 가 사당에 고함으로써 한 집안의 인원으로 편입되었음을 알리고 웃어른들을 뵙고 인사를 드림으로써 사회적 공인을 받는 단계다. 이 때 관자가 부모와 존장에게 절을 하면 부모와 존장은 일어서서 절을 받고 의례 후 마을의 어른들을 찾아가 절을 하면 어른들 역시 모두 답배를 한다. 관자가 성인으로서 대등한 지위를 획득했음을 보여 주는 상징적인 행위라고 할 수 있다.

통과 의례를 분리－전이－통합의 구조로 보고 있는 반 게넵(Arnold van Gennep)의 학설[6]에 대응시켜 본다면 관례가 거행될 것임을 사당에 알리고 준비를 갖추는 관례 전 단계는 분리 의례이고, 실제 의례가 이루어지는 관례 단계는 전이 의례이며, 관례 후 사당에 고하고 주변 웃어른에게 인사를 드림으로써 사회 성원임을 공식적으로 인정받는 관례 후 단계는 통합 의례에 해당한다. 관례 단계 중 가례－초례－가관자례를 각각 분리－전이－통합의 틀 속에서 이해할 수도 있다.[7]

이는 유교 문화권의 관례 역시 다른 문화권의 성인식과 마찬가지로 예전의 지위를 버리고 새로운 지위와 역할을 부여받는 과정을 상징화하고 있음을 보여 준다. 다만, 다른 문화권의 성인식이 가혹한 육체적 고통을

5 이문주, 「성인식으로서 관례의 구조와 의미 분석」, 『유교사상연구』, 제17집(한국유교학회, 2002), 38쪽.

6 A. 반 게넵 지음, 전경수 옮김, 『통과의례』(을유문화사, 1992), 107-162쪽.

7 도민재, 「유교 관례의 사회적 의미」, 『한국 유교 문화의 현장』(성균관대 동아시아학술원 유교문화연구소, 2003).

겪으면서 죽음에 가까운 단절을 경험하고 그로부터 새 삶을 얻게 되는 과정을 상징화하고 있는 것과는 다르게 관례에서는 육체적 의미가 거의 부여되어 있지 않다. 가례에 "15세부터 관례를 할 수 있다" 하여 관례에 적당한 나이를 명기해 놓고 있지만 이 역시 육체적 성숙의 의미보다는 "효경과 논어에 능통하여 조금이라도 예의를 알게 되는 나이"[8]라는 정신적 성숙에 더 큰 무게를 두고 있다. 『주자가례』의 말미에 언급된 다음 해설은 관례의 본질을 이해하는 데 중요한 시사점을 준다.

> 관례를 폐하면 세상에 성인(成人)이 없게 된다. …… 이미 관례를 했는데 성인의 일을 책임지우지 않으면 죽을 때까지 성인이 되기를 바랄 수 없다. 한갓 절문만 행한다면 무슨 도움이 되겠는가?[9]

즉 관례는 성인이 된 것을 표시하는, 폐해서는 안 되는 중요한 의례다. 그러나 정신적 성숙을 담보하지 않는 한 절문(節文)만 행하는 의례는 또 아무 의미가 없다. 절문 속에 정신을 담고 정신을 적절한 절문으로 표출하는 것, 관례가 갖추어야 할 조건이면서 의의라고 할 수 있다.

2. 『주자가례』의 수용(受容)과 변용(變容), 조선 중기의 관례

우리나라에서 관례에 대한 공식적 기록이 처음 등장하는 것은 고려 광종 16년(965년) 때다. 『고려사』 「세가」에 "봄 2월에 아들 주(伷)에게 관례를 하고 왕태자로 삼았다"[10]라는 언급이 보이고 이후 경종, 예종을

---

8 『주자가례』, 「관례」. "且自十五以上, 俟其能通孝經論語粗知禮義, 然後冠之, 其亦可也."

9 『주자가례』, 「관례」. "冠禮廢, 天下無成人. ……旣冠矣, 且不責以成人事, 則終其身不以成人望之也. 徒行此節文, 何益."

거쳐 원종, 충렬왕 때까지 약 10여 회에 걸쳐 태자의 관례가 이루어졌다는 기록이 확인된다. 그러나 고려 시대까지의 관례는 왕가의 의례로서 부분적으로 행해지고 있었을 뿐 일반 사대부나 서민이 관례를 했다는 기록은 찾을 수 없다.

관례가 일반인의 예로서 관심을 받기 시작한 것은 역시 『주자가례』가 들어온 여말 이후부터다. 특히 조선 시대에 들어오면 유교적 이념의 보급 및 예제의 확립과 관련해 관혼상제에 관한 관심이 지대해진다. 태조가 즉위 교서에서 "관혼상제는 나라의 큰 법이니 예조에 부탁해 경전을 세밀히 규명하고 고금을 참작해 일정한 법력으로 정하라"[11]라고 선언한 이래, 태조 4년에는 권근(權近, 1352~1409)에게 명하여 관혼상제의 예를 상정하게 한 바 있고,[12] 태종 4년에는 의정부에서 『주자가례』에 의거해 15세에 관례를 거행하게 할 것을 청하자 왕이 윤허를 내리기도 했다.[13] 그러나 문종 1년 신석조(辛碩祖, 1407~1459)가 올린 상소문에는 "지금 예제가 다 갖추어졌으나 단지 관례를 행사하지 못하는 것이 실로 궐전(闕典)입니다"[14]라는 내용이 발견된다. 예제가 갖추어져 있었음에도 불구하고 그 때까지 관례가 명목상의 의례로 존재할 수밖에 없었던 이유에 대해서는 중종 때에 와서 다시 이 문제를 제기하는 검토관 소세양(蘇世讓, 1486~1562)의 상소를 통해 유추해 볼 수 있다.

> 이와 같은 예는 폐지된 지 오래여서 실행하려는 사람이 있어도 습속 때문에 행하지 않습니다. 실행하는 사람이 있게 되면 반드시 많은 사람들이

10 『고려사』「세가」 권2, 광종 "春二月 加子伷元服 立爲王太子."
11 태조 1년 7월 28일(정미)(『온라인 조선왕조실록』, 국사편찬위원회), 이하 같음.
12 태조 4년 6월 6일(무진).
13 태종 4년 8월 25일(갑오).
14 문종 1년 11월 11일(을사).

괴이하게 여기기 때문에 실행하지 못합니다. 세종 때에도 시행하려고 했으니 지금 시행한다면 이것부터 시행하는 것이 좋겠습니다.[15]

당시 사대부 의례로 관례를 정착시키는 데 걸림돌이 되고 있었던 '습속(習俗)'에 대한 논의다. 워낙 많은 사람이 행하지 않다 보니 간혹 행하는 것이 오히려 괴이하게 되어 버린 것이다. 그러나 관례를 회복시켜야 할 필요성을 촉구한 이 날 논의는 오랫동안 굳어진 문제를 하루아침에 고칠 수는 없다는 것과 따라서 '위로부터 아래로' '점차로' 해결되어야 할 문제임을 확인하는 선에서 끝났다.

그 후 중종 11년과 13년에, 집의 성세창(成世昌, 1481~1548)과 사간 김희수(金希壽, 1475~1527)는 또 관례와 관련한 상소를 올린다. 그 내용은 "남자는 스무 살에 관례하고 여자는 열다섯에 관례를 하는 것이 예법인데 지금은 나이 열두셋만 되면 부모들이 머리에 관을 씌워 혼례를 거행"[16]한다는 것과 "관례가 정식이 없어서 겨우 열 살만 되면 가관하기도 하고 스무 살이 넘도록 가관하지 않는 일이 벌어지고 있어"[17] 정해진 법도를 만들어 시행하도록 해야 한다는 것이다. 이들 상소는 우선, 폐지되다시피 한 관례가 다시 사대부 의례로 복귀되고 있는 당시의 정황을 말해 준다. 그러나 그럼에도 불구하고 '예법'이나 '정식'과는 동떨어지게 거행되고 있던 상황이 간취된다. 특히 관례가 '성인의 도리를 책임지우기 위한' 본래의 독자적 취지를 살리지 못하고 혼례를 위한 조건으로 또는 혼례와 습합되어 잘못 운용되고 있던 상황은 당시 의식 있는 많은 선비들의 논란거리였다. 그러나 역시 이 날 논의에서도 군왕은 "풍속은

15 중종 7년 11월 22일(임진).
16 중종 11년 11월 18일(을미).
17 중종 13년 7월 13일(경술).

법으로 바로잡을 수 없다. 법으로만 하면 죄받는 사람이 많아질 뿐, 풍속을 변화시키지는 못할 것이다"라는 견해를 내었다. 그리고 이 문제는 한 차례 더 거론되고 나서야 비로소 『오례의주(五禮儀註)』와 『주자가례』에 의거해 시행하도록 하라는 전교로 나타난다.[18]

관례가 독자적인 의의를 획득하지 못하고 다른 의례에 종속되고 있는 데에 대한 논란은 왕실에서도 유사한 형태로 재현되었다. 중종 15년부터 17년까지 아직 성년에 이르지 못한 세자의 관례를 둘러싸고 지루하게 벌어진 논쟁이 그것이다.[19] 당시 조정 대신들은 세자의 나이가 아직 어리니 관례를 서두를 필요가 없이 책봉 후로 미루자는 의견과 관례를 올리지 않은 세자라면 비록 책봉되었더라도 중국과의 관계나 대신들을 대하는 문제에서 정당한 권위를 확보할 수 없기 때문에 미리 관례를 선행시켜야 한다는 의견으로 대립했다. 성인으로서 책임을 의식할 수 있는 나이가 되어야 관례를 거행할 수 있다는 원칙론(原則論)과 세자라고 하는 신분적 특수성이 우선 고려되어야 한다는 권도론(權道論) 사이에는 관례가 책봉례 속에 종속될 수 있는가에 대한 비판과 관례가 지닌 실효성과 상징성 가운데 어느 것을 우선시해야 하는가에 대한 고민이 나타나 있다.[20]

본격적으로 그리고 지속적으로 관례 시행의 필요성이 제기되고, 왕실 관례를 둘러싸고 그 조건과 의의가 심각하게 논의되며, 『주자가례』와 『오례의주』에 의거해 시행하라는 전교가 반포되는 중종조를 기점으로 해서 관례는 사대부 의례로 차차 자리를 잡기 시작한다. 그리고 이후 사

18 중종 13년 7월 27일(갑자).

19 관련 기사는 중종 15년 2월 1일(경신), 중종 15년 3월 8일(정유), 중종 17년 7월 17일(신유), 중종 17년 8월 1일(갑술), 중종 17년 9월 18일(신유) 등에서 볼 수 있다.

20 세자의 관례 문제는 그 이후로도 계속적으로 문제가 된다. 그러나 관례를 행하지 않았을 경우 제사나 하례에 참여하는 것이 문제가 되고 있고, 따라서 세자나 원손의 경우에는 8세나 9세에 관례를 올리는 경우가 상당히 많았다. 예컨대 인조 때는 8세의 원손에게 관례를 한 바 있고, 이 사례가 전거가 되어 현종은 11세에, 경종은 8세에, 숙종은 10세에 관례를 올렸다.

림파들이 정국을 주도하면서 유교식 상 · 제례가 보급되고 교화 활동이 적극적으로 전개되어 가는 추이와 함께 관례 역시 보급의 양상이 분명해지게 된다. 실제로 이 때를 기점으로 하여 문집에는 관례 관련 자료들이 점차 발견되기 시작한다.

그렇다면 당시 사대부들은 어떤 방식으로 관례를 거행했는가?

다른 의례와 마찬가지로 관례에서도 역시 교본의 역할을 한 것은 『주자가례』였다. 가례의 목적과 의의, 시행 세칙을 담은 16 · 17세기 가례서들도 관례 장소와 필요한 도구 및 의관으로부터 관례의 순서, 행례 방식, 관자에게 주는 축사의 내용에 이르기까지 거의 완전하게 『주자가례』의 내용을 취하고 있다. 그러나 실제 관례를 시행하던 선비들은 관례의 원칙에 대해 몇 가지 문제를 제기한다.

> 관례는 행하기 어려운 일이 아닌데 내가 시골의 가난한 선비들을 보니 매번 기구가 갖추어져 있지 않다고 하여 폐하고 행치 않는 자들이 많으니 진실로 한탄스러운 노릇이다. 삼가(三加)의 관복은 어렵게 얻을 필요가 없다. 그 시대의 복장으로 대신해 행한다면 무슨 어려운 일이 있겠는가?[21]

> 관례는 비록 매우 가난하고 누추하다 하더라도 하지 않아서는 안 되는 것이다……. 빈객을 많이 초청하고 선물을 과중하게 증정하는 것은 가난한 집에서는 온당치 못하다. 술 한 병이나 지폐(紙幣)만으로도 괜찮을 것이다.[22]

---

21 남계 박세채의 말이다. 김간, 「남계선생어록」, 『후재선생 별집』 권지4에 수록되어 있다. "先生曰, 冠禮不是難行底事, 而余觀近來鄉曲寒士, 每以器具未備, 多有廢不行者, 誠可歎也. 三加冠服, 不必求其難得者, 若以時服代而行之, 則何難之有哉."

22 이식, 「家戒」, 『택당선생별집』 권지16. "冠禮 雖甚貧陋, 無不可行. …… 多請客重贈弊, 非貧力所宜. 壺酒紙幣亦可."

당시 관례를 하는 사대부들이 가장 부담스러워 했던 문제 중의 하나가 '기구'를 갖추고 '의관'을 구비하는 것이었다. 특히 관례를 하면서 세 번씩이나 갈아입게 되어 있는 옷과 관, 신발 등의 의례용 의관은 일상복과 별도로 마련해야 하는 것이었기 때문에 경제적으로 구하기 어렵거나 여건상 쉽게 구해지지 않는 경우가 많았다.

그런가 하면 관례에는 또 제법 많은 경비가 소요되었다. 관례를 하기 위해서는 빈을 초청하고 사례를 해야 했으며 참례한 사람들을 위해 접대해야 하는 것 역시 주례자의 몫이었다. 관례를 참관한 사람이 100여 명에 달했다고 하는 성대한 관례의 기록[23]도 있지만 빈을 초청하면서 "한 그릇의 고깃국으로밖에 사례하지 못하는" 송구스러움을 담은 글[24]도 있는 것을 보면 관례가 형편에 따라 얼마나 다양한 방식으로 치러졌는지를 짐작할 수 있다.

이에 당시의 선비들은 "고례에 어긋나지 않으면서 시의(時宜)에도 맞는"[25] 방법을 모색한다. 필요한 물품을 별도로 마련하지 않고 관례를 치른 집에서 빌려 쓰거나 의례용 의관을 일상복으로 대치해서 입는 방법 등은 바로 시의를 고려한 방법이다.

> 관례에서 『가례』에 의거해 복두를 쓰는 것은 분명히 근거가 없지 않다. 다만 구경산(丘瓊山)의 『의절(儀節)』과 김사계(金沙溪)의 『문해(問解)』에 모두 이르기를 "지금 제도에는 관직이 있는 자가 아니면 공복을 쓸 수 없다. 그래서 유건(儒巾)으로 대신한다"고 했으니 그렇다면 아마도 이를

23 송시열, 『송자대전』 부록 권8, 「연보7」 "九月 …… 仍長曾孫冠禮 …… 遠近士友觀禮者百有餘人."
24 권두경, 「與鄭善長」, 『蒼雪齋先生文集』 권지8. "敢請兄作賓, 或可光臨否, 貧家未有療飢之物, 待客不過一楪豆腐湯而已."
25 허목, 「南宮億問目」, 『미수기언』. "冠禮 禮之重者, 而時俗行之者鮮矣. 考之家禮, 節目疏略, 何以則不悖於古禮, 亦合於時宜歟."

어기면서 『의례』의 내용과 『가례』의 형식만을 좇기는 어려운 것으로 보인다. 대개 예가(禮家)에서 중히 여기는 것으로는 시의(時宜)가 가장 크다. 정자와 주자도 주례(周禮)를 다 회복할 수 없었고 퇴계와 율곡 역시 송례(宋禮)를 모두 회복할 수는 없었다. 오직 대체적인 시속(時俗)의 제도와 사례에 금지를 당하지 않았을 따름이다.[26]

박세채(朴世采, 1631~1695)의 『남계집』「문답(問答)-강학논례(講學論禮)」편 가운데 있는 글이다. 문의에 답하는 글의 형태로 되어 있지만 집안에 성동(成童)이 된 조카들이 셋이 있어 곧 관례를 하게 될 것이므로 미리 강구한다고 하면서 의복과 관을 사용하는 문제를 깊이 있게 논했다. 논의의 쟁점은 세 번째 가례 단계에서 복두와 공복을 사용하는가에 대한 문제다. 앞서 『가례』에서 그렇게 한다고 규정하고 있고 또 김우수(金友壽) 옹(翁) 역시 그렇게 썼으니 문제가 될 바 없다고 언급한 내용이 보인다. 그러나 관직을 가지고 있지 않은 사람은 공복을 쓸 수 없다는 제도상의 문제에 부딪힌다. 이에 대해 구경산(丘瓊山)의 『의절(儀節)』과 김사계(金沙溪)의 『의례문해(疑禮問解)』를 고증해 보고는 "그렇게 할 수 없으므로 유건으로 대신한다"는 설을 끌어낸다. 그리고 결국 예가에서는 시의를 중히 여긴다는 논리로 해법을 찾는다. 정자와 주자, 퇴계와 율곡의 행례(行禮) 역시 고례의 회복보다는 시제와 속례에 어긋나지 않도록 하는 방향으로 이루어졌음을 부연함으로써 논지를 강화한다.

당시 의관을 무엇으로 하는지 하는 문제는 관례를 치르는 사람들에게

---

26 박세채, 「答崔汝和問 家禮」, 『南溪先生朴文純公文正集』 권제40. "冠禮依家禮用幞頭, 非不井然有據. 第丘瓊山儀節金沙溪問解, 皆言今制非有官者, 不可用公服, 乃以儒巾代之. 則恐亦難以違此, 而直從儀禮之義家禮之文也. 蓋禮家所重, 以時爲大. 程朱旣不能盡復周禮, 退栗亦不能盡復宋禮.. 唯其未嘗見禁於時制俗例之大體."

논란거리였다. 본래 『주자가례』의 규정에 나와 있는 복건, 모자, 복두는 관직을 가지고 있는 '대부(大夫)'의 복장으로서 보통의 '사(士)'로서는 구할 수 없는 경우가 많았을 뿐더러 명분에도 어긋나는 일이었기 때문이다. 이에 일반 사대부 집안에서는 구하기 쉬운 정관(程冠), 입자(笠子), 유건(儒巾)으로 대신하는 일이 많았다.[27] 시속이 그러할진댄 대용(代用)을 선택하는 것이 예를 폐하는 것보다는 낫다는 것이 중론이었다.

의례의 절차를 아예 줄이고 간소화하는 것도 당시 관례의 한 형태였다. 이러한 경우 사대부들은 도구나 절차보다 정신과 의의를 부각시킴으로써 형식적 결함으로 보완하려고 했다.

> 후세에 내려오면서 의문(儀文) 도수(度數) 역시 상세해졌다. 이른바 날짜를 점치고, 빈을 초빙하며, 세 번에 걸쳐 관을 씌우는 삼가의 절목을 진신(搢紳) 세가들은 잘도 행한다. 그러나 자식으로서, 아우로서, 신하로서, 연소자로서 행해야 할 것을 책임지우는 일에 대해서는 거개가 어둡다. 왜 그런가? 의문 도수가 성인이 되기에 부족해서 그런 것이겠는가? 고금 사람의 어질고 불초함이 같지 않아서 그런 것이겠는가? …… 돌아보건대 내가 죄를 얻어 변방 고을에 있으니 가묘가 멀어 서초(筮醮)를 할 수도 없고 어진 붕우를 모셔다가 빈으로 맞을 수도 없다. 의문과 도수가 너무도 간략하다고 할 만하니 내 마음에 어찌 걸리지 않겠는가. 그러나 나는 생각한다. 현단(玄端)을 입고 행동거지를 익히며 가묘에서 빈(賓)과 찬(贊) 노릇을 하고 읍양하는 것은 성인의 도구(道具)이지 성인의 도(道)가 아니다. 성인

27 좀더 후대의 기록인 이익(李瀷)의 『성호사설(星湖僿說)』에는 관례를 하려고 띠와 심의를 빌려 왔는데 서로 같지 않으니 어찌된 일이냐고 묻는 내용이 발견된다(『성호사설』 20 26권, 「경사문」). 이를 통해 유추컨대 조선 후기까지도 관례의 의관은 집안에 따라, 신분에 따라 조금씩 다른 형태로 사용되었던 것으로 보인다.

의 도라는 것은 효제충신을 닦으며 그 윤리를 잃지 않음을 일컫는다. 고인에게는 도구가 있으면 이 도가 있었으나 요즘 사람에게는 한낱 도구만 있지 도는 없어졌다. 한낱 도구가 어찌 성인이 되게 하겠는가? 옛사람과 지금 사람의 어질고 불초함은 이래서 같지 않은 것이다. 그러하니 도가 행해진다면 도구는 소략해도 괜찮다. 너는 도구가 소략하다고 하여 못마땅하게 생각하지 말고 도가 행해지지 못함을 걱정하여라.[28]

사강(士剛) 김집(金集, 1574~1656)의 조카인 김익희(金益熙, 1610~1656)가 아들의 관례를 치르고 자(字)를 지어 주며 쓴 설(說) 가운데 일부다. 짐작컨대 김익희는 멀리 유배되거나 좌천되어서 가묘에서 예를 행할 수도 빈객을 초빙할 수도 없었던 처지였던 것으로 보인다. 이러한 상황에서 간소하게 관례를 거행하면서 그는 의문과 도수로 대표되는 '관례의 도구'와 효제충신(孝悌忠信)으로 요약되는 '관례의 도'를 거론한다. 그리고 한낱 도구만 있을 뿐, 도가 없는 현실이야말로 의문 도수가 상세해지고 이들 절목을 충실히 지키고 있는데도 불구하고 자식으로서, 신하로서, 연소자로서 갖추어야 할 행동을 제대로 갖추지 못하는 이유라고 말한다.

念吾淪棄罟　생각하면 내 죄에 걸린 지가
今焉八載闋　지금 팔 년이 다 되었으니

28 김익희, 「冠子萬增說」, 『滄洲先生遺稿』 권지15. "降至後世, 儀文度數, 亦旣詳矣. 所謂筵戒三加之節薦紳家類能行之. 然責以爲人子爲人弟爲人臣爲人少者之行, 槩乎昧昧, 其故何也. 豈儀文度數不足成人而然耶. 抑古今人賢不肖不同而然耶. …… 顧吾待罪荒郡, 遠家廟不能行筵醮之禮, 無賢朋友可以戒宿焉. 儀文度數, 可謂太略. 吾之心 不其介介乎哉. 抑吾思之. 服玄端習容儀賓贊揖讓廟門, 迺成人之具, 非成人之道也. 成人之道也者, 修其孝悌忠信, 不失其序之謂也. 古人有其具, 斯有其道, 今人徒有其具, 道則蔑聞. 徒具豈能成人. 古今人賢不肖所以不同也. 然則苟其道之能行, 卽其具略焉亦可. 爾無以其具之略焉爲歉, 惟不能行其道是懼."

那意尙保存 어찌 뜻했으랴 아직껏 살아서

得延絲縷息 실낱 같은 목숨을 연장할 줄을.

覯爾冢孫冠 그리하여 맏손자의 관례를 보니

喜慶寧際極 기쁘고 경사스러움 어찌 끝이 있으랴.

所恨客寓荒 한스러운 건 객지의 거처 황량하여

冠儀違古則 관례 의식 옛 법도에 어긋남일세.

未遑戒賓贊 빈(賓)을 모셔오고 찬(贊)을 세울 겨를도 없거든

況議三加節 더구나 삼가(三加)의 절목을 의논하랴.

徒然突而弁 부질없이 너에게 관만 씌우노니

規度嗟太缺 아, 법도가 너무 결여되었구나.

去年阿全冠 작년에 아전의 관례 때에도

亦曾嘆儉略 일찍이 검약함을 탄식했었노라

儉略奚暇言 검약함이야 말할 겨를이 있으랴

成人非在物 성인이 되는 건 물건에 있지 않는 법.[29]

상촌(象村) 신흠(申欽, 1566~1628)이 맏손자 면(冕)에게 관례를 올려 주고 지어 준 99구 장편 시 중 일부다. 계축화옥(癸丑禍獄)이 있고 난 후 신흠은 선조로부터 영창대군(永昌大君)의 보필을 부탁받은 유교칠신(遺敎七臣)의 한 사람이라는 이유로 춘천에 유배된 바 있으며 손자 면의 관례는 아버지를 따라 잠시 할아버지를 배알하러 온 차에 치러졌다. 이런 사정이었기에 맏손주의 관례는 빈(賓)과 찬(贊), 삼가(三加)의 예 어느 하나 제대로 갖추지 못하고 관 하나만 씌우는 형태로 간략히 이루어졌다. 그뿐만 아니라 당시 건강이 좋지 않았던 할아버지 신흠은 붓을

29 신흠, 「冠孫冕」, 『象村稿』 권지6

잡을 수조차 없어서 입으로 읊고 이를 또 다른 손자에게 옮겨 적게 하여 시를 완성했다. 그렇기 때문에 우선 시에는 성대하게 손자의 관례를 치르지 못하는 할아버지의 비통한 심정이 짙게 드리워져 있다. 그러나 성인이 되는 것은 물건에 있지 않다고 위안하며 이어가는 구구절절한 당부는 어느 형식적인 축사보다도 간절하면서 기상이 있다.

택당(澤堂) 이식(李植, 1584~1647)의 집안에서 만들어져 축사 대신으로 사용했다고 하는 다음 시 역시 당시 관례 현장의 또 다른 면모를 보여 준다.

畢娵吾全老 음력 정월 이 날, 아비는 벌써 늙었는데
加冠汝亦丁 머리에 관 썼으니 이제 너도 어른이라.
詩書先世業 시와 서에 힘써 선세의 업을 잇고
廉節本心靈 청렴과 절조로 본래의 마음 지키라.
學善非干譽 어찌 명예를 얻고자 학문을 하리오
修容要踐形 용모를 닦으면서 하늘이 주신 삶을 완성하라.
唯思鹿門計 어느 때나 녹문의 계책을 생각하며
終始保脩齡 몸 건강히 오래오래 살기를……

將備成人禮 장차 성인의 예를 갖추려 하는데
其如若考喪 어버이를 잃은 듯한 상사, 어이 할까
三加雖有缺 삼가례엔 비록 결함이 있으나
四責可無忘 네 가지의 책무는 잊을 수 없어라.
孝弟居家行 효제는 집안에서 해야 할 행실이고
忠恭處世方 충공은 세상에서 처하는 방법.
先君鹿門計 아버님께서 주신 녹문의 교훈

此日思還長　오늘 오래도록 생각하네.

위의 시는 택당 이식이 아들인 외재(畏齋) 이단하(李端夏, 1625~1689)에게 지어준 것이고 아래의 것은 이단하가 조카인 이여의 동생에게 지어 준 것이다. 택당의 손주이자 외재의 조카인 이여(李畬, 1645~1718)가 또 그 조카의 관례를 당하여 쓴 「서수종질도진설(書授從姪道鎭說)」[30]에 수록되어 있다.[31] 이 글은 아버지의 상중이라 관례를 치르지 못하는 것이 원칙이지만 부모님의 면명(面命)을 따라 할 수 없이 아들의 관례를 치르는 사촌동생이 "예를 제대로 갖추지는 못했으나," "성인의 시작임을 중요하게 인식시키도록 한 마디 말을 부탁했다"는 내용으로 시작된다. 부탁을 받은 이여 역시 거듭된 상(喪)을 환기하고 "말이 글이 되지 않는다"고 하면서도 "집안의 훈계를 간직하고 후세에 전하는 일이니 비록 이러한 때라고 그만둘 수 있겠느냐"고 하면서 말문을 열고 있다. 그리고는 '한 마디' 말을 하기 전에 관례와 관련된 두 가지 사연과 두 편의 축사를 소개한다. 각각 계부(季父)와 동생이 관례를 치를 때 있었던 일이다. 계부가 관례를 할 때에는 우거하던 집이 누추해서 제대로 갖추어 예를 치르지 못했고 동생이 관례를 할 때는 국상이 끝나지 않아 길례를 치를 수 없는 형편이었다.[32] 비록 돌아가신 부모의 명으로 관례 자체를 폐하지는 않았던 것으로 보이지만 할아버지와 계부는 특수한 상황을

30 이여, 『수곡집』 권지11에 수록되어 있다.

31 위의 시는 택당 이식의 문집인 『택당선생속집(澤堂先生續集)』에 「兒端夏將婚加冠 適棲寄隘陋 不能備禮 書此以代祝辭」라는 제목으로 실려 있고 아래 시는 이단하의 문집인 『외재집(畏齋集)』에 「昔在庚辰正月, 余年十六, 將婚加冠. 先府君以棲寄隘陋, 不能備禮. 書授一律, 以代祝辭曰, 畢娶吾今老, 加冠汝亦丁, 詩書先世業, 廉節本心靈, 作善非干譽, 修容要踐形, 須思鹿門計, 終始保脩齡. 不肖每敬誦之, 而於六句之訓, 無以奉行其一二, 到今顚沛還鄕, 益有感於鹿門之戒矣. 今姪子簹年十五, 亦將婚加冠, 而時當國恤, 不能備三加之禮. 第講家禮冠禮章, 仍取司馬公責以四者之行之義, 並及先訓鹿門之意, 成一律以贈之. 簹也其勉服此訓, 無若余不肖而隳失訓辭也. 詩曰」이라는 긴 제목으로 수록되어 있다.

당해 성대한 관례를 올리지 못하게 되자 대신 훈계의 시를 남기는 것으로 그 뜻을 전했다.

첫 번째 시에서 택당은 형주 자사(荊州刺史) 유표(劉表, ?~208)의 간곡한 요청도 뿌리치고, 처자를 데리고 녹문산(鹿門山)으로 들어가 약초를 캐며 살았던 방덕공(龐德公)의 고사를 끌어오고 있다. 이를 통해 전달하려고 하는 것은 세파에 휩쓸리지 않고 자신의 신념을 지키며 사는 삶이다. 이단하도 조카를 위한 시에서 아버지가 남겨 준 녹문산 고사를 환기하고 있으며 글을 지은 이여 역시 "이 두 편의 축사야말로 우리 집안에서 아들의 관례를 하면서 남겨 준 큰 교훈이니 삼가의 축사를 굳이 기다릴 필요가 없다"고 말하고 있다. 그리고 자신도 간략하게 축하의 말을 남겼다.

택당가에서 자손들의 관례 때 남겼다고 하는 축사는 관례를 거행할 때의 상황, 관례를 거행하는 사람의 심정, 집안에서 특별히 주고 싶은 교훈 등을 포함, 구체적 문맥을 형성하고 있다는 점에서 서식으로 마련되어 있는 일률적인 축사와는 구별된다. 무엇보다도 집이 가난해서, 또는 여러 가지 사정으로 집을 떠나와 있거나 관례의 정식 요건을 구비하지 못했을 때, 포기하기보다는 간소화하거나 변용하는 방식을 택했고 형식보다는 의미를 부각시키려 했던 의식 있는 선비들의 태도를 잘 보여 준다. 이러한 측면은 관례가 단지 혼례를 위한 전제 조건이나 형편이 나은 사대부들만이 선별적으로 행하던 국지적인 의례에서 벗어나 생활 의례로서, 그리고 형식보다는 의의가 부각된 사대부 의례로서 폭넓게 수용되고 있음을 의미한다.

---

32 중한 흉례가 길례와 겹쳤을 때 길례를 미루는 것은 예의 기본적인 조건이었다. 특히 주례자가 기년 이상의 상복을 입었을 때 자식의 관례는 치를 수 없었다. 국상시에 관례를 거행하지 못한다는 것 역시 『가례』에는 세목화되어 있지 않지만 신하된 도리로 받아들여지던 것이다.

Ⅲ. 확산과 점층의 변주, 축사와 자설의 구성 방식

주지하다시피 관례는 우리나라의 사례 가운데서 가장 정착이 늦었을 뿐 아니라 정례(正禮)보다는 변례(變禮)에 주로 의지해 있던 의례였다. 그러나 조선 중기 사대부들은 관례가 가지는 상징적인 의미, 정신적인 의의는 높이 평가해 의례의 형식은 간소화하거나 때로 생략하는 일까지 있었어도 그 필요성과 의의만큼은 적극적으로 부각시키려 노력했다. 그 의의를 부각시키기 위해 가장 보편적으로 활용되었던 것이 관례의 의미와 교훈을 '글에 담아 주는' 방식이었다.

관례와 관련해서 지어지는 글로는 관례의 현장에서 각 절차마다 낭송되는 축사(祝辭)와 자관자례(字冠者禮)와 관련해서 따로 지어 주는 자설(字說, 또는 字詞)이 있다. 축사가 공식적인 글이고 양식화된 글이라면 자설은 사적 성격을 띠면서 개성적인 면모를 보인다. 이들 글을 통해 당시 관례가 지향했던 의미에 접근해 보기로 한다.

1. 축사(祝辭)

유교의 모든 의례 과정에는 축사(祝辭, 또는 祝詞) 또는 축문(祝文)이 있다. 사당에 고하거나 후토(后土)에 고할 때도 일정한 서식의 축사(축문)를 올리게 되며 이는 규범화되고 양식화된 유교 의례의 특징을 보여 준다. 관례 역시 각 단계마다 축사가 있다. 다만 관례의 축사는 신에게 고하는 양식이 아니라 관자(冠者)에게 권고의 의미를 담아 전언하는 형태를 취한다. 이는 사당에 고하고 신에게 제사를 지내는 절차를 포함하면서도 관례의 중심이 관자에게 놓여 있음을 시사한다.[33]

『주자가례』에 실린 삼가례(三加禮)의 축사는 다음과 같다.

좋은 달 좋은 날에 처음으로 원복을 입히노라. 너의 어린 마음을 버리고 성인의 덕을 따르라. 장수하는 상서로움이 있고 큰 복을 받게 되기를.【시가(始加)】[34]

좋은 달 좋은 때에 옷을 거듭 입히노라. 너는 위엄 있게 행동을 삼가고 너의 덕을 맑게 하라. 오래도록 살아서 큰 복을 누리기를.【재가(再加)】[35]

좋은 해 좋은 달에 너의 옷을 모두 입혔노라. 형제와 함께 살면서 그 덕을 이루라. 머리가 누렇게 되도록 오래 살며 하늘의 경사를 받기를.【삼가(三加)】[36]

삼가례는 세 번에 걸쳐 옷과 관을 바꾸는 형식으로 진행된다. 옷은 현단복, 피변복, 작변복으로 바뀌며 관은 복건, 모자, 복두로 옮겨간다. 이때 현단복, 피변복, 작변복은 각각 집에서 부모를 섬길 때 입는 옷, 조정에서 임금을 섬길 때 입는 옷, 그리고 사당에서 조상을 섬길 때 입는 옷을 상징한다. 관 역시 나중으로 갈수록 관의 높이는 높아지고 의미 역시 전의 것보다 한 등급 귀하게 된다. 이렇게 관과 의복을 점점 높고 귀한 것으로 갈아입히는 행위는 "뜻을 일깨우는 것[諭其志]"이고 뜻을 일깨우는 것은 "덕을 진보시키기 위한 것[欲其德之進也]"이다.[37]

---

33 이는 특이한 측면이다. 『주자가례』를 포함, 이를 해석한 예서에는 관혼상제 모든 의례에 대한 축사 양식이 구비되어 있는데 대부분은 신에게 고하는 내용이다. 혼례만 하더라도 당사자들에게 주는 축하는 없고 납채를 할 때 사당에 고하는 축사만이 수록되어 있다.

34 『주자가례』, 「관례」. "吉月令日, 始加元服. 棄爾幼志, 順爾成德. 壽考維祺, 以介景福."

35 『주자가례』, 「관례」. "吉月令辰, 乃申爾服. 謹爾威儀, 淑愼爾德. 眉壽永年, 享受遐福."

36 『주자가례』, 「관례」. "以歲之正, 以月之令. 咸加爾服, 兄弟俱在. 以成厥德, 黃耉無疆, 受天之慶."

37 『의례』, 「사관례」. "三加彌尊, 諭其志也." 이에 대한 정현의 주에 "諭其志者, 欲其德之進也"라는 해설이 있다.

축사는 이러한 각 절차의 마지막 지점에 놓여 '덕의 진보'라는 삼가례의 상징성을 함축적으로 드러낸다. 그 중심 내용을 간추리면 '(어린 마음을 버리고) 어른의 덕을 따르라' – '(위엄 있게 행동을 삼가고) 덕을 맑게 하라' – '(형제와 함께 살면서) 그 덕을 이루라'다. 모든 축사의 앞부분에는 좋은 날과 달을 경축하는 문구가 놓여 있고 마지막에는 복을 받으라는 축원이 첨부되어 있다. 이 부분은 되풀이의 형식을 취하는데 동종 구문의 반복은 강조의 효과를 동반한다. 이렇게 되풀이되고 더해지는 축사를 통해 덕의 진보 단계가 분명하게 드러나고 '마음가짐'에서 '행동거지로' 그리고 '개인적인 차원'에서 '형제가 함께 하는' 공동체 내의 관계 차원으로 그 의미가 확대된다. '경복(景福)', '하복(遐福)', '천지경(天之慶)'으로 복의 크기 역시 진보의 양태를 보여 준다.

삼가례가 끝나고 이어지는 초례의 축사는 다음과 같다.

> 맛있는 술이 이미 맑게 되었으니 좋은 안주와 향기로운 술, 절하고 받고 제사 지내어 너의 상서로움을 안정시키라. 하늘의 아름다움을 이어받아 오래 살면서 잊지 말기를.[38]

초례는 빈이 관자에게 술을 내려 주고 관자는 이를 받아서 제를 올린 후에 맛을 보는 의례 절차다. 이 때 빈이 술을 내려 주면 관자는 상 앞으로 나아가 무릎을 꿇고 좨주하고 일어나 자리의 끝으로 물러나 맛을 본다. 이는 천지신명에 대한 제사의 의미를 포함한다. 인간 사회의 질서가 자연의 질서에 기초함을 전제하고 관자가 성인됨을 인간 사회뿐 아니라 천지신명께 인정받는 상징적 절차라고 할 수 있다.[39] 따라서 축사 역시

38 『주자가례』, 「관례」. "旨酒旣淸, 嘉薦令芳, 拜受祭之, 以定爾祥. 承天之休, 壽考不忘."

'상(祥)', '천지휴(天之休)' 등 일반의 복과 덕을 확장시킨 어휘들이 사용된다.

관례의 마지막 순서는 빈이 관자에게 자를 내려 주는 자관자례다. 축사는 다음과 같다.

> 예의를 다 갖추었으니 좋은 달 좋은 날, 분명히 너에게 자(字)를 알려 주노라. 자가 매우 아름다워 뛰어난 선비에게 합당하고 복에도 마땅하니 오래도록 보전하기를.[40]

자관자례의 축사는 의례가 완비되었음을 선포하는 것으로 시작된다. 그리고 자를 내려 주는 것이 뛰어난 선비에게 합당하고 복에도 마땅한 것임을 선언하면서 그 영속성을 축원한다. 삼가례와 초례의 축사가 덕을 갖추어 가고 이것이 공인되어 가는 과정을 그리면서 경계와 당부의 톤을 유지하고 있다면 자관자례의 축사는 덕의 완성태를 형상화하면서 선언의 어조를 취한다. 이는 자관자례 자체가 자(字)라고 새 이름을 부여하면서 사회 성원으로 받아들이는 이른바 '완결', '통합'의 의미를 지향하고 있는 것과 맥락을 같이하는 측면이다.

이렇듯 관례의 축사는 관을 더해 가는 절차를 통해 높고 아름답고 복에 충만한 인간의 모습을 상징적으로 표현한 관례와 동일한 의미 구조를 갖는다. 높고 크고 긴 것을 지향하는 화려하고 아름다운 어휘, 반복과 심화의 구성 방식 등은 의례를 성대하고 아름답게 꾸밀 뿐 아니라 덕의 진보와 완성이라는 관례의 의미를 형상화하는 데 효과적인 기법이라고 할

---

39 도민재, 앞의 논문(2003), 72쪽.

40 『주자가례』「관례」. "禮儀旣備, 令月吉日, 昭告爾字. 爰字孔嘉, 「士攸宜 宜之於」 永受保之."

수 있다. 후일 성호(星湖) 이익(李瀷, 1681~1763)에 의해 삼가례 대신 일가(一加)로 간소화하는 예식이 보급되고 나자 한 후진이 "세 번에 걸쳐 관을 씌울 때마다 읽는 축사가 이치에 닿고 말이 간곡한데 이를 사용하지 못하는 것이 아쉽다"[41]라고 했던 언급은 관례에서 축사가 가진 의미를 단적으로 보여 준다.

2. 자설(字說)

> 내 친구 유무중은 몇월 며칠 그 아들의 관례를 거행하려 하면서 나에게 빈이 되어 줄 것을 청해 왔다. 빈은 희공의 『의례』에서는 '점친다'고 하고 회옹의 『가례』에서는 '택한다'고 했던 것이다. 제대로 역할을 못하면서 또 근실한 우의까지 어긋나게 될까 두려워 거절을 못했다. 삼가례가 끝나고 계단 아래의 자리로 나아가 그 아들에게 다음과 같이 고했다.[42]

이유태(草廬 李惟泰, 1607~1684)가 친구 아들의 관례에 빈으로 초빙받고 삼가례를 마친 뒤, 자를 지어 주면서 붙인 설명의 글이다. 흔히 이러한 글을 '자설(字說)'이라고 한다. 『문체명변』에는 "남자가 관을 쓸 때 삼가례와 삼초례가 있고 자사(字辭)로 신칙(申飭)한다. 후인들이 이로 인해서 자설(字說), 자서(字序), 자해(字解) 등의 글을 짓게 되었다"[43]라고 설명하고 있다. 흔히 빈으로 초청된 사람이 자관자례 때 자를

---

41 안정복, 「答李最壽問目」, 『순암선생문집』 제9권, "星湖一加 旣有著法 後生實宜遵行 而古之三祝 理到辭懇 此而不用 人情有欠."

42 이유태, 「俞命丙字說」, 『草廬先生文集』 권지23. "吾友俞武仲, 以月日冠其子, 請余賓, 賓 姬公儀禮之所筮也, 晦翁家禮之所擇也. 懼不能供事, 而重違事契之勤, 不得以辭也. 三加畢, 就階下席告其子曰."

43 서사증, 『문체명변』, 「산문편, 字說條」, "士冠三加三醮 而申之字辭 後人因之 遂有字說字序字解等作."

주면서 자를 짓는 의미와 그 자의 상세한 뜻을 전달할 목적으로 지어지던 글이다. 후대에 오면 운문의 '자사' 보다는 산문의 '자설'이 위주가 되어 활용되었다.[44]

그러나 때로 자설은 여러 가지 이유로 관례가 성사되지 못하거나 형식적인 절차만으로 간소하게 치러졌을 때 그 간소함을 보완하고 의미를 심화시키는 방향으로 활용되기도 했다.

> 자식의 관례를 거행할 때에, 주인은 하루 전에 빈에게 알리고, 관례를 치르고 나면 빈은 관례를 치른 자에게 자를 지어 주는 것이 예다. 지금 윤씨의 아들 행경이 관례를 치르려 할 때에 그 아버지가 앞서 나에게 와서 빈이 되어 주기를 청했는데 내 병이 들어 가지 못했으니 이래서 막중한 예를 치르지 못했다. 그런데 또 심부름꾼을 보내 자를 지어 줄 것을 청하고 그에 대한 설을 지어 달라고 하니 아마도 내 가지 못했어도 간 것으로 여기고 싶어 한 것이리라. 감히 사양할 수 있겠는가?[45]

> 맏아들 도연이 동평 정공의 집에서 데릴사위로 살고 있는데 정공이 도연을 시켜 와서 청했다. "제가 아들이 있는데 이름이 효선입니다. 관례를 하고 장가까지 들었으나 아직도 자(字)가 없습니다. 원컨대 공께서 자를 지어 주시고 또 나아가 가르쳐 주십시오."[46]

---

44 서사증의 앞의 책에 "然近世多尙字說 故今以說爲主"라는 언급이 있다.

45 이여, 「尹行敬字希靖說」, 『睡谷先生集』 권지11. "凡冠子, 主人宿賓, 旣冠, 賓字冠者, 禮也. 今尹氏子行敬將冠, 其父已前期戒余, 余病不能赴, 則爲之罷縟禮. 又走价請命字, 求爲之說, 其意以不赴猶赴也. 其敢辭諸."

46 김석주, 「鄭生孝先字說」, 『息庵先生遺稿』 권지9. "家督道淵旣贅於東平鄭公之室, 鄭公使道淵來請曰. 僕亦有子, 名孝先. 旣冠而娶, 然尙未有字. 願公命以字, 且進而誨之."

앞의 자설에서는 빈이 되기로 약속해 놓았는데 병으로 가지 못하고 이 때문에 의식을 치르지 못하자 후에 심부름꾼을 보내 자와 자설을 청하는 경우를 볼 수 있다. 뒤의 자설에서는 관례를 이미 하고 장가까지 들었으나 자가 없다가 뒤늦게야 자와 자설을 청하는 예가 간취된다.

그런가 하면 자는 아버지나 관례 현장의 빈(賓)이 짓고 그 자에 대한 깊이 있는 해석은 덕망 있고 문명 있는 이에게 따로 부탁해서 자설이 이루어지는 경우도 있었다. 예를 들어 이여는 "아이의 이름을 명(溟), 자를 자심(子深)이라고 지어 주기를 청합니다"라고 부탁하는 조카에게 그 아들의 자설을 지어 준 바 있고,[47] 최석정(崔錫鼎, 1646~1715)은 "시생이 관례를 하고 자를 대이(大而)로 하려 합니다"[48] 하면서 직접 자설을 부탁한 이에게 자설을 지어 준 바 있다. 어떤 방식이든 새로 부여된 이름, 관명과 관자에 의미를 부여하는 역할을 했던 자설은 자칫 간소하여 그 의미가 축소될 수 있었던 당시 관례에 무게를 얹고 좀더 자상하고 분명하게 관례의 의미를 전달하는 역할을 맡았다.

그렇다면 자와 자설은 어떤 방식으로 지어졌는가?

우리나라 문집에서 자설이 나타나기 시작하는 것은 여말부터다. 여말과 선초의 문인인 이색, 이곡, 권근, 변계량 등의 문집에는 남에게 자를 지어 주고 함께 지어 주었다는 자설이 상당수 전해 내려오고 있다. 그런데 당시 자설에는 관례와 관련된 언급을 볼 수 없다. 이름과 함께 자를 보유하는 유교적 전통이 수용되고는 있으나 관례를 통해 자를 지어 주지는 않았음을 시사한다.[49] 자설이 관례와 관련해서 본격적으로 의미를 갖

47 이여, 「從孫溟子深字說」, 『睡谷先生集』 권지11. "堂姪泰鎭, 以吾家繼五世之宗, 將冠其子, 以書告余曰, 兒以溟名, 請命字以子深, 爲說以訓之."

48 최석정, 「趙生駿命字義」, 『明谷集』, 권지11. "趙生駿命訪余常山謫舍, 請曰, 侍生冠而字大而."

49 신용호, 강헌규의 『선현들의 자와 호』(전통문화연구회, 1994)에 의하면 우리나라에서 최초로 자를 가졌던 사람은 신라 때 김인문이다. 그 밖에 연남생(淵男生), 최치원, 설총, 김양(金陽) 등 당(唐)에

게 되는 것은 관례가 보편화되기 시작하는 조선 중기 이후로 보인다. 당시 대표적인 예서라고 할 수 있는 사계(沙溪) 김장생(金長生, 1548~1631)의 『가례집람』에는 「따로 글을 지어 자를 지어 주는 뜻을 알린다(別作辭 命以字之之意)」라는 항목이 마련되어 있다. 여기에서 사계는 남송 때 유병산(劉屛山)이 주희에게 지어 준 자사(字詞)와 송원(宋元) 교체기 이학자 오징(吳澄)이 그 제자 우채(虞彩)와 우집(虞集) 형제에게 지어 준 자사를 소개하고 있다. 당시 『가례집람』의 영향력으로 보았을 때 이 두 편의 글은 자를 짓는 방식과 자를 통해 권고하는 방식에서 하나의 모범이 되었을 것으로 보인다.

字以元晦	그대의 자를 원회라고 지어
表名之義	이름의 뜻을 드러내고자 하네.
木晦於根	나무는 뿌리에 감추었다가
春容曄敷	봄이 오면 아름답게 잎을 피우고
人晦於身	사람은 몸 안에다 깊이 감추었다가
神明內腴	심령스런 맘 안에서 살을 찌우네.

주희의 아버지와 친구지간이자 주희의 스승이었던 유병산은 주희에게 '원회(元晦)'라고 하는 자를 지어 주었다. 그리고는 뿌리에 정기를 감추었다가 잎을 피우고 몸에 덕을 감추었다가 마음을 살찌우는 '감춤'의 미덕으로 권고의 말로 남겼다. 도덕적 규범이나 당위적 실천 명제를 삶 속

서 장기 체류를 하거나 당의 중국의 영향을 받은 사람들도 자를 사용했다. 고려 시대에 오면 사회가 안정되고 문화가 발달한 숙종, 예종, 인종 연간에 자를 가진 사람의 수가 대폭 늘어났고 무신 집권기에 들어서면 잠시 침체를 보이다가 성리학 도입 이후 자의 사용이 급격히 높아진 것으로 파악되고 있다.

에서 자주 접하는 용어, 특히 일상의 동작이나 태도와 관계 있는 단어를 통해 함축적으로 제시하는 것은 자를 짓는 방식 가운데 가장 일반적인 형태였다.[50] 화두를 던지는 듯한 이러한 명명의 방식 때문에 한두 글자에서 의미를 끌어내고 논리화하며 이를 설득력 있게 풀어내는 자설의 역할은 무엇보다 중요했다.

자설의 몇 가지 유형을 제시해 보면 다음과 같다.

우선 자는 이미 지어진 '이름'—초명, 관명을 포함—과의 관련성을 가지고 지어졌다. 『연감유함(淵鑑類函)』에는 "자는 이름에 의거하여 짓는 것이니 이름은 자의 본(本)이고 자는 이름의 말(末)이다"[51]라고 했고 『백호통의(白虎通義)』에는 "그 이름에 의거해서 자를 지으니 이름을 들으면 그 자를 알 수 있고 그 자를 들으면 곧 이름을 알 수 있다"[52]라고 했다. 이는 "이름을 공경하여 자를 짓는다"[53]는 인식과도 맥을 같이하는 것으로, 성년식이 유년으로부터의 단절이 아니라 유년을 포함, 일생을 관통하는 가치의 수립에 더 큰 의미를 두고 있음을 말해 준다.

> 물로는 바다보다 깊은 것이 없다. 깊기 때문에 으뜸이 될 수 있는 것이니 모든 물과 양자강, 회수, 황하와 한수도 그리로 귀의한다. 처음 하늘의 기를 얻은 것으로 보자면 길에 고인 물과 마찬가지지만 모여서 바다가 되는 데 이르면 그 크기가 천지와도 함께 할 수 있다 …… 그러나 바다가 깊을

50 실제로 조선 중기에 지어진 자와 자설을 보면 생활 속 행태를 나타내는 단어가 가장 많은 비중으로 등장한다. 예컨대 김익희의 「冠子萬增說」에서는 '增'을, 윤선거의 「俞命弼字直之說」에서는 '直'을, 이현일의 「金粹然字說序」에서는 '淸'을, 이여의 「從孫溟子深字說」에서는 '深'을, 이유태의 「俞命丙字說」에서는 '明'을, 윤증의 「朴泰漢字喬伯說」에서는 '喬'를, 최석정의 「李生澳字詞」에서는 '達'을 넣어 자를 지었다.

51 『淵鑑類函』 제262, 「人部」, "字依乎名, 名字之本, 字名之末也."

52 반고, 『白虎通義』 「德論 下」, "旁其名, 爲之字者, 聞名卽知其字, 聞字卽知其名."

53 『의례』 「사관례」, "冠而字之, 敬其名也."

수 있는 까닭은 도가 있기 때문이다. 바다는 아래에 있기에 더 많은 물을 받아들인다. 아래에 있으면 있을수록 더더욱 많은 물을 받아들인다. 먼 데 있는 물이나 가까운 데 있는 물이나 졸졸 흐르는 물이거나 고여 있는 작은 물까지 천하의 물이 버려지지 않고 바다로 나아갈 수 있는 것은 바다가 아래에 있기 때문이다. 군자가 바다를 보면서 겸손히 그 덕을 쌓지 않을 수 있겠는가? 바다는 모든 물들을 모아, 나아가고 또 나아가면서 하루도 멈추어 있지 않는다. 한 잔의 물이 세차고 도도하게 흘러 밭도랑에 모여 내와 도랑이 되고, 내와 도랑이 모여 바다가 되는 것은 쉬지 않고 흘렀기 때문이다. 군자가 바다를 보면서 부지런히 학업을 진보시키지 않을 수 있겠는가? 바다는 안고 있는 것이 지극히 넓어 대지의 밖과 하늘가까지 끝 간 데 없이 두르고 있다. 천하의 크기를 다할 수 있기에 천하의 깊이를 다할 수 있는 법이다. 온갖 냇물이 흘러들어도 다 채워지지 않고, 크고 넓게 어떤 것이든 받아들이지 못하는 것이 없는 것은 포용을 할 수 있기 때문이다. 군자가 바다를 보고 너그럽게 그 도량을 넓히지 않을 수 있겠는가?[54]

이름이 명(溟)인 종손에게 자심(子深)이라는 자를 지어 주면서 쓴 자설이다. 이 때 '자심'은 이름인 '명(溟)'이 갖추고 있는 덕목으로서의 의미를 갖는다. 그리고 그 둘의 관계는 '바다[溟]'가 물을 받아들이면서 '깊이[深]'를 더하는 과정으로 설명된다. 즉 바다가 바다일 수 있는 것은 깊기 때문인데 바다가 깊을 수 있는 것은 아래에 있으면서 어떠한 물이든

54 이여, 「從孫溟子深字說」, 『睡谷先生集』 권지11. "夫水莫深於溟. 深故能宗乎, 衆水江淮河漢咸歸焉. 其始得乎天一之氣, 則與行潦類也, 而積而至於爲溟, 則其大與天地參矣. …… 然溟之所以深, 亦有道焉. 溟處下而受益, 其所處愈下而所益愈多. 凡天下之水無遠無近, 不遺涓涔之細, 惟溟之趨者, 以其能下也. 君子觀於溟, 可不謙謙焉以蓄其德乎. 溟之會衆流也, 進而又進, 非一日之積也. 夫自一勺之多, 混混滔滔, 集畎澮而川瀆, 集川瀆而爲溟者, 以其能不息也. 君子觀於溟, 可不俛俛焉以進其業乎. 溟所包至廣, 環乎大地, 外與天際, 無畔岸可尋. 極天下之大, 故能極天下之深. 萬川注之而不加盈, 浩浩漫漫, 無所不受者, 以其能容也. 君子觀於溟, 可不恢恢焉, 以弘其量乎."

받아들였기 때문이다. 또한 하루라도 멈추지 않고 흘렀기 때문이며 무엇보다도 대지의 밖과 하늘가까지를 두르는 지극히 넓은 포용력을 가졌기 때문이다. 바다의 이러한 속성은 '겸손히 덕을 쌓을 것', '부지런히 학업을 진보시킬 것', '도량을 넓힐 것'이라는 군자의 덕목으로 귀착된다.

> 옥은 광택이 나지만 방치하면 빛을 잃고 거울은 맑지만 먼지가 끼면 흐려진다. 반드시 사람이 깎고 갈아 준 다음에야 옥도 윤기가 생기고 거울도 맑아지는 법이다. 사람이 사람이 되는 데도 바탕이 아무리 두텁고 용모가 출중한들 진실로 다듬고 윤색하는 공이 없다면 옥이 빛을 잃고 거울에 때가 낀 것과 무엇이 다르겠는가? 너의 이름은 닦을 식(拭)이니 그 뜻은 진실로 크다. 그러나 '닦는 것'에는 도가 있다. 밖을 닦는 것은 안을 닦느니만 못하고 외양을 닦는 것은 마음을 닦느니만 못하다. 옥에 곧고 굳센 덕이 없다면 흰 빛만을 취해 무엇 할 것이며 깨끗한 덕이 없다면 둥근 것만을 취해 무엇 할 것인가? 사람에게 내면의 곧은 덕이 없다면 다만 외모만으로 무슨 쓸모가 있겠는가? 『역경』에서 말했다. "군자는 그 아름다움이 속에 있으면 사지에 펴지고 사업에 발휘된다"고. 이에 너에게 미중(美中)이라는 자를 지어 준다.[55]

윤선거(尹宣擧, 1618~1669)가 쓴 「윤식자미중설(尹拭字美中說)」이다. 글에 의하면 관자의 이름은 '식(拭)'이고 윤선거가 지어 준 자는 '미중(美中)'이다. 글에서 작가는 사람의 본성을 방치하거나 먼지가 끼면

55 윤선거, 「尹拭字美中說」, 『魯西先生遺稿』 권지16. "玉之光也而置之則沈, 鏡之明也而塵之則昏. 必待人刮磨之發揮之而後, 玉乃潤鏡乃淸. 若夫人之爲人, 質雖厚矣, 貌雖揚矣, 苟無修治潤色之功. 則何異於玉之沈鏡之塵也. 汝名曰拭, 其義固大. 然拭之有道. 事乎外者, 不若事乎內, 修其容者, 不若修其心. 玉無貞剛之德, 則奚取於白, 鏡無瑩澈之德, 則何取於圓. 人無直內之德, 則顧安用夫外之貌也. 易曰君子美在其中而暢於四支, 發於事業. 玆用字汝以美中."

광택이 없어지고 흐려지는 옥과 거울에 비유한다. 그리고 아무리 바탕이 두텁고 출중하더라도 다듬고 윤색하는 공이 없으면 빛을 잃고 말기 때문에 늘 닦아야 하는 노력이 필요함을 역설한다. 그렇다면 무엇을 닦으며 어떻게 닦는가? '미중(美中)'이라는 자는 곧 이름인 '식(拭)'의 본질에 접근하는 방식이다. '닦는 것'으로는 밖을 닦는 것이 안을 힘쓰느니만 못하고 용모를 닦는 것이 마음을 닦느니만 못하다. 설사 옥의 흰 빛과 거울의 둥근 모습이 아름답더라도 속을 채우는 곧고 굳센 덕이나 맑고 깨끗한 덕이 없으면 참으로 아름다운 것이 아니다. 따라서 아름다움은 안에 두어야 하는 법, 그러면 그 아름다움은 절로 밖으로 드러난다.

이렇듯 자는 흔히 이름과 유기적으로 관련을 갖고 이름의 뜻을 확대시키거나 강화시키는 쪽으로 지어졌다. 이 때 자설은 이름과 자를 연결시켜 개인의 정체성을 드러내는 역할을 했으며, 순차적으로 의미를 확산시켜 일생을 관통하여 지켜야 할 규범과 가치로 새로 부각시키는 역할을 했다.

한편, 자는 형제들의 자와 결합하여 가족 구성원으로서의 지위를 드러내고 가족 공동의 가치와 규범을 밝히는 역할을 하기도 했다. 동일하거나 유사한 의미로 형제들의 명자(名字)에 일관성을 부여하거나 형제의 명자와 합해져 의미를 이루는 명명 방식은 주로 이러한 기능에 기여했다.

> 도망(道望)의 자는 '의(毅)'로 하고 덕망(德望)의 자는 '행(行)'으로 한다 …… 도는 멀고도 중하니 굳세지 않으면 무엇에 쓸 것이며 덕의 근본은 나에게 있으니 행해야 옳은 것이다. 내 너 도망에게 고하니 네 마음을 크게 가지라 …… 내 너 덕망에게 고하니 일에 따라 힘을 기울이라 …… 다만 굳셈은 마음속에 있는 것이지만 행위에 드러나야 할 것이고 행동은 일에 있는 것이지만 생각에 근본을 두어야 할 것이다. 일과 행위, 마음과

생각은 표리가 되어 서로 도와야 할 것이다.[56]

형제의 자를 함께 설명하는 형태로 되어 있는 자설이다. 글에 의하면 김씨의 두 아들이 관례를 하고 자를 물어오자 이유장(李惟樟, 1624~1701)이 '도망(道望)'이라는 아이에게는 '의(毅)' 자를 넣어서, 그리고 '덕망(德望)'이라는 아이에게는 '행(行)' 자를 넣어서 자를 지어 주었다. 그리고 '도'는 멀고 중하기에 굳세어야 하고 '덕'은 나에게 있는 것이기에 행해야 한다고 뜻의 대강을 알려 주었다. 그러나 그 두 개의 자는 따로따로 의미를 갖지 못한다. 즉 굳셈은 마음속에 있는 것이지만 행위에서 밝혀야 할 것이고, 행위는 일에 있는 것이지만 생각에 근본을 두어야 하는 것이다. 안에 있는 것과 밖에 있는 것, 마음속에 있는 것과 행위로 이루어야 할 것, 즉 형제의 자를 결합해야만 완전한 의미가 구성된다. 형제의 이름은 다른 형제의 이름을 통해 보완되어 이상적 인격체로서의 의미를 획득하는 것이다.[57]

이렇듯 자설은 작은 지점에서 출발, 의미의 확산과 심화를 거쳐 말하고자 하는 궁극의 지점에 다다르는 서술 방식을 보여 준다. 이는 한두 글자로부터 논의의 출발을 삼아야 하는 자설 특유의 조건과 설득을 조건으로 하면서 논리적 순차성을 갖추어야 하는 설체(說體)의 문체적 조건[58]이 결합되어 이루어진 특징이라고 할 수 있다.

---

56 이유장, 「金道望德望字說」, 『孤山先生文集』 권지5. "字道曰毅, 字德曰行. …… 道遠且重, 匪毅曷以德本在我, 行之則是. 予告汝道, 洪大其膽. …… 予告汝德, 隨事勉力. …… 維毅在心, 發之於爲, 維行在事, 本之乎思. 事爲心思, 表裏相資."

57 형제의 자를 함께 짓거나 자설에서 형제의 자와 연결지어 설명하는 방식은 자설 서술에서 일반적인 유형을 보여 준다. 예컨대 황호는 「二孫名字說」에서 '龍瑞'와 '龜瑞'라는 자를 지어 주면서 '도서의 이치를 천명하고 성인의 이치를 밝히라'는 뜻을 담았고, 허목(許穆, 1595~1682)은 「鄭君兄弟字說」에서 東益, 東稷, 同卨, 東龍 등의 네 아들에게 이들 현신의 덕을 상징하는 의미로 伯虞, 文翁, 玄叟, 言叔이라는 자를 지어 주면서 백대에 모범이 될 만한 사람이 되기를 당부했다.

그렇다면 확산과 심화를 통해 자와 자설이 다다르는 궁극 지점은 어디인가?

> 옛 성현들이 바라던 것이 하나가 아니었는데 지금 네가 바라는 것은 증씨의 노둔함 하나이니 왜인가? 대개 공자의 제자 가운데 자공은 천부적인 자질이 영특해서 재산을 잘 모았고, 자장은 뜻과 기가 높고 멀었지만 더불어 인을 실천하기는 어려웠다. 자하는 문학을 널리 잘하여 작은 덕에는 힘쓰지 않았다. 그런데 증씨만큼은 자질은 자공의 민첩함을 따르지 못했고 뜻은 자장의 고원함을 따르지 못했으며 학문은 자하의 풍부함을 따르지 못했다. 그러나 진실하게 스스로를 닦았고 정성을 다해 홀로 지극한 경지에 이르렀으며 친척들에게는 독실하고 벗에게는 신의가 있었다. 얼음 언 못을 밟는 듯한 경계를 늙어 죽을 때까지 풀지 않았고 결국 일이관지(一以貫之)의 뜻을 알았으니 성도(聖道)가 전해짐을 터득한 사람은 여기에 있다. 이것이 공자께서 그 노둔함을 칭찬하고 정자가 "결국 이로써 그것을 얻었다"라고 칭찬하신 이유다.[59]

최석정(1646~1715)이 '희로(希魯)'라는 이름의 청년의 관례에 빈이 되어 관을 씌우고 '성득(聖得)'이라는 자와 함께 지어 준 글이다. 글은 우선 '노둔함을 사모한다[希魯]'라는 이름에 대해 묻는 것으로부터 시

58 이주해는 「중국 고전산문에서의 설체(說體)」, 『중국어문학논집』(중국어문학연구회, 제19호, 2002)에서 설이 전국 시대 책사들의 유세에서 유래했다고 보고 있다. 우언(寓言)이나 과장을 동원해서 수사에 신경을 쓰고 직접적인 설명이 아닌 간접적인 의사 표현의 방법을 쓰는 것 등도 상대방의 마음을 움직여야 하는 유세의 기능에 그 뿌리가 있다는 것이다.

59 최석정, 「金生希魯字說」, 『明谷集』 권지11. "古聖賢人可希者匪一, 而今爾之所希, 獨於曾氏之魯何哉. 蓋孔門諸子, 子貢氏天資穎悟而貨殖焉, 子張氏志氣高遠而難與爲仁. 子夏氏文學博洽而不矜於小德. 惟曾氏則資不如賜之敏也, 志不如師之遠也, 學不如商之富也. 然慥慥乎自修, 肫肫乎獨詣, 篤於親而信於友. 臨履淵氷之戒, 至老死而不少解, 以卒聞一貫之旨, 得夫聖道之傳者在是焉. 此所以夫子稱其魯, 而程子贊其竟以是得之者也."

작한다. 그리고 공자의 제자 중에서 다른 제자들의 민첩함이나 고원함, 풍부함을 따르지 못하고 노둔하기만 했던 증삼을 전면에 내세운다. 역설적이게도 증삼에게 '노둔함'은 자신의 수양에 엄격하고 친척이나 벗들에게 독실할 수 있었던 조건이었고 평생 얼음 언 못을 밟는 듯한 경계의 삶을 실천하게 함으로써 결국 일이관지(一以貫之)의 성도(聖道)를 터득할 수 있게 한 원천이었다. 자설은 바로 이 '노둔함'을 '성득(聖得)'이라고 하는 형이상학적인 가치와 연결한다. 그리고 이어 다음과 같은 말로 '득(得)'의 의미를 구체화하면서 그 방법을 제시한다.

> 삼왕을 겸하기를 궁구하면서 얻은 것이 있으면 앉아서 아침 오기를 기다린 자는 주공이고, 중용을 택하여 한 가지 선이라도 얻으면 복응하면서 잃지 않은 자는 안씨이다. '들어가는 곳마다 자득하지 않음이 없다'는 것은 자사의 가르침이고 '이 구한다는 것은 얻음에 유익함이 있다'는 것은 맹자의 말씀이다. 증씨가 만든 설에 이르면 '그칠 것을 알고 능히 얻을 수 있는 것에 이른다'는 것을 요체로 삼는다. 그렇다면 군자가 배우는 것 역시 힘쓸 바를 아는 것이면 된다.[60]

글은 작가가 『중용』과 『맹자』 등 경전에서 찾아 의도적으로 넣어 구성한 '득(得)'이라는 글자로 점철되어 있다. 이른바 '(성도를) 얻은' 사람들의 행실과 어록이다. 성현으로 추앙되는 인물의 행실을 나열하고 경전의 문구를 그대로 끌어오는 이러한 서술 장치를 통해 '성득'이라는 한 청년은 시공을 넘어 주공과 안연, 자사, 맹자 등 옛 성현과 만난다. 그리

60 앞의 글. "其究與思兼三王, 有得則坐以待朝者周公也, 擇乎中庸, 得一善, 則服膺不失者顔氏也. 無入而不自得, 子思子之訓也, 是求有益於得, 鄒孟氏之言也. 至其曾氏之所以爲說, 則以知止而至於能得爲要. 然則君子之所學, 亦可以知所務矣."

고 경전의 말로, 성현들의 삶으로 의미를 가졌던 그것은 '지금', '이곳'의 청년이 명심하고 실천해야 할 규범으로서 새로운 의미를 확보한다. 즉 '한 가지 얻은 것만으로도' 가치 있고, '어떤 곳에서도' 얻을 수 있으며, '(자신에게 있는 것을) 구하려는' 노력을 통해서 얻을 수 있는 것,[61] 그것이 성도(聖道)다. 또한 '그칠 것을 알고 얻을 수 있는 것에 이르는 것', 즉 '힘쓸 바를 아는 것'이야말로 성도를 터득할 수 있는 방법이다.[62]

다음의 글 역시 한 글자의 자를 통해 지향해야 할 삶의 모습에 이르도록 하는 자설의 서술 방식을 잘 보여 준다.

> 「요전(堯典)」에서는 "능히 큰 덕을 밝히어"라고 말했고, 「강고(康誥)」에서는 "능히 덕을 밝히어"라고 했으며 『대학』에서는 "모두 스스로 밝히는 것이다"라고 했다. 공자는 "그것을 밝게 분별하고"라고 하고는 또 "(이 도는) 아무리 어리석은 사람이라도 밝힐 수 있다"라고 했다. 자사는 "밝아지면 성실해진다"라고 했다. 마음의 덕 역시 그것을 밝히는 데 있을 따름이다. 아, 천명은 환하여 안팎이 따로 없다. 사람의 마음이라는 것도 모두 다 얻는 것이어서 성인과 범인의 구분이 따로 없으니 본체의 밝음은 그친 적이 없다. 오직 기품이 그것을 얽어매고 물욕이 가렸을 뿐이다. 얽었기에 통하지 못하고 가렸기에 열리지 못한 것이니 통하지 못하고 열리지 않았기에 때때로 어두워지는 것이다. 그렇다면 어떻게 해야 하는가. 주자는 "발하는 것을 따라서 드디어 밝혀 (처음을 회복하라)"라고 했고, 사씨는 "(자신을 이기는 것은) 먼저 본성이 편히 여기는 곳으로부터 나아갈 수 있어야 한다"

61 이 대목은 『맹자』「진심장구 상」, "孟子曰, 求則得之, 舍則失之, 是求有益於得也, 求在我者也."에서 인용한 것이다.

62 『四書蒙引』 卷一에서는 이 대목에 대해 "必知止而后能定靜安慮, 以至於能得, 此所以必貴於知止也, 不然終無得於道矣."라는 해설을 붙였다.

고 했다. 처음 공부하는 사람에게 이는 대략 요체가 될 것이다. 그러나 예부터 명덕을 밝히고자 하는 자는 반드시 궁리(窮理)로 우선을 삼았고 정자 역시 일찍이 격물치지(格物致知)의 공효를 말했다. 그 뜻은 부지런히 독서를 하는 데 있다. 병(丙)아! 시와 예의 교훈에 뜻을 다할 수 있겠는가.[63]

이유태가 '명병(命丙)'이라는 이름을 가진 사람에게 '경명(景明)'이라는 자를 지어 주면서 쓴 글이다. '병(丙)'이라는 이름 속에 이미 '밝다'는 뜻이 포함되어 있거니와 자 역시 '밝음'의 의미를 넣어 지었음을 알 수 있다. 글의 내용을 살펴보면 앞부분에서는 크다는 뜻의 '경(景)'과 일월(日月)을 아우른 뜻의 '명(明)'이 간략히 설명되어 있다. '명'이라는 글자에서 궁극적으로 도출해 내고 있는 메시지는 '명명덕(明明德)'이다. 역시 경전의 문구를 재조합하는 형태의 설명 방식을 취한다. 즉 기품이 얽어매고 물욕이 가렸기 때문에 밝혀지지 못한 덕의 중요성을 설파하고 덕을 밝히고자 하는 의지를 깨우치며, 궁리–격물치지–독서로 구체화되는 명명덕의 방법을 제시하는 일련의 과정이 별도의 설명 없이 모두 경전의 문안이나 성현의 말로 설명되고 있다. 이러한 표현 방식은 경전의 권위를 드러내면서 동시에 이를 수용하는 관자(冠者)의 인격과 위상을 높이는 역할을 한다. 그리고 이러한 과정을 통해 '명명덕'은 형이상학적으로만 존재하는 관념이나 성인만이 가지고 있는 특수한 능력이 아니라 관자의 삶의 목표와 구체적인 실천 과제로 형상성을 얻는다.

---

63 이유태, 「俞命丙字說」, 『草廬先生文集』 권시23. "帝典曰, 克明俊德, 康誥曰, 克明德, 而大學曰, 皆自明也. 孔子曰, 明辨之, 又曰, 雖愚必明. 而子思曰, 明則誠矣. 夫心德亦在乎明之而已. 噫, 天命赫然, 罔有內外. 人心同得, 無分聖狂, 則本體之明未嘗息也. 惟其氣稟拘之, 物欲蔽之. 拘故不通, 蔽故不開, 不通不開, 是以有時而昏也. 然則如之何而可也. 朱子曰, 因其所發而遂明之, 謝氏曰, 先從性偏處克將去. 初學入頭, 莫此爲要. 然古之欲明明德者, 必以窮理爲先, 而程子亦嘗言格致之功矣. 其意拳拳於讀書之間. 丙乎, 其能致志於詩禮之訓乎."

성현의 말과 행실은 곧 관자에게 기대되는 모습이자 관자가 추구해야 할 당위의 형상으로 투영되는 것이다.

이렇듯 축사와 자설은 관례의 목적과 의미를 관자에게 구체적이면서도 선명하게 전달하는 역할을 했다. 더하고 나아가는 삼가례(三加禮)의 과정이 '성인(成人)'을 경험하도록 하는 과정이라면 그 마지막 단계인 자관자례는 '성인(聖人)'을 경험하도록 하면서 덕의 완성을 선언하는 과정이다. 그 과정에서 자설은 자관자례의 축사를 부연하고 구체화하며 이를 관자의 의식 속에 내면화하도록 하는 역할을 맡았다. 그 덕은 일생을 관통해야 하는 덕이고 사회 구성원들과 공유해야 하는 덕으로 나타나며, 무엇보다 경전의 말씀과 성현들의 삶을 토대로 이해해야 하는 덕으로 그려진다. 이름으로 새겨지기에 평생 간직해야 하는 덕이며 남들이 부르기에 늘 각성하며 지켜야 하는 덕이기도 하다.

Ⅳ. 17세기 관례의 사회적 의미와 그 이후의 동향

주지하다시피 관례는 성인으로서의 지위와 역할이 시작되는 지점에서 치러졌다. 이 지점은 한 개인으로서는 의존적인 단계에서 벗어나 주체적인 인간으로서 도약하는 시점이며 한 집안, 한 사회의 구성원으로 공인받고 역할과 책무를 부여받는 지점이기도 하다. 그런 의미에서 사회 성원으로 지켜야 할 규범을 전수하고 새로운 마음 자세를 당부하는 것은 어느 문화권의 성인식에서도 볼 수 있는 기본적인 절차다. 관례 과정에서 축사로 당부하고 자설로 신칙하는 것도 그런 맥락에서 크게 벗어나지 않는다. 다만, 관례의 특이성은 출발의 중요성을 주지시키면서 완성태를 현시하고 있다는 점에 있다. 그 완성태는 유교 사회가 지향하는 이상적

인간형으로 나타난다. 『주자가례』에서는 관례가 "아들로서, 신하로서, 아우로서, 연소자의 역할을 책임지우는 것"이라고 간단히 설명하고 있지만 실상 관자에게 요구되는 덕목은 생활 규범이나 교양 수준을 훨씬 넘어서 인식과 수양, 실천의 영역 모두를 포괄하여 이상적인 '유자(儒者)'를 만드는 데 있었다.

관례가 가진 이러한 관념적이고 고차원적인 성격은 관례가 사례 가운데서도 유독 실행률이 낮을 수밖에 없었고 서민층으로까지 폭넓게 파급되지 못하고 사대부 의례로만 남을 수밖에 없었던 이유라고 할 수 있다. 또한 사림파가 등장하면서 성리학에 대한 학문적 이해가 심화되고 이를 생활에 정착시키기 위한 노력이 본격화하기 시작하는 16 · 17세기에 와서야 활성화될 수밖에 없었던 이유이기도 하다. 유교 국가의 건국과 함께 당시 만연해 있던 불교식, 민간 신앙식 유습을 일소하고 유교적 생활양식을 정착시키기 위해 사례(四禮) 중심의 유교 의례가 정책적으로 보급되지만 당장 결혼이나 사망 등 존재의 변화를 수반하지 않아 실용성이 적을 뿐 아니라 그 뜻에 대한 이해가 선행되어야 하는 관례의 경우, 유교식 삶에 대한 이해와 믿음이 깊어진 시점에 와서야 시행이 가능했을 것이기 때문이다. 즉 관례는 도덕의 문제를 탐구하고, 수양을 통해 인격의 도야를 강조하며, 예라는 형식을 통해 이를 구현하려고 했던 조선 중기 사대부들의 신념이 모여 이루어졌던 의례였다. 당시 관례의 현장은 유교 사회가 요구하는 가장 바람직한 인간을 만들어 내기 위한 엄숙한 교육의 장이었으며 같은 이념을 공유하고 향유하는 사대부들이 삶의 가치를 확인하고 다지는 결속의 장이기도 했다.

그러나 17세기까지 사대부 의례로서 큰 기능을 했던 관례는 가례(家禮)의 저변이 확대되는 18세기에 오면 오히려 파행과 위축의 양상을 띠게 된다. 이에 대해 18세기 사대부들은 다음과 같이 말하고 있다.

관례는 성인이 되는 큰 예로서 폐지해서는 안 되는 것인데도 불구하고 지금 가정에서는 행하는 사람이 매우 드뭅니다. 비록 가난을 핑계대지만 사실은 무식해서 그런 것입니다. 그래서 성호 선생이 이처럼 지극히 간략한 의절을 만들어 사람마다 시행시키고자 하신 것이니 그 뜻이 또한 슬픕니다.[64]

이최수(李最壽)라는 사람이 아들의 관례를 치르기 힘들었던 정황을 이야기하고 이를 간소화하여 보급한 성호의 예식에 대해서 묻자 순암(順菴) 안정복(安鼎福, 1712~1791)이 여기에 답한 글이다. 당시 성호는 "궁벽한 시골, 가난한 선비들이 의물을 갖추기 힘들고 들어가는 비용 역시 많다는 것을 핑계로 예를 시행하지 않는다"[65]고 진단하고 세 번에 걸쳐 가관(加冠)하는 절차를 한 번으로 간소화한 바 있다. 그러나 이에 대해 순암은 "관례를 행하는 사람이 절대적으로 드문 것은 집안이 가난해서가 아니라 무식해서"라고 단정지어 말한다. 즉 의물이 구비되지 못해서가 아니라 관례의 본뜻을 이해하지 못하는 것이 문제라는 지적이다. 성호가 간단한 의절을 만들어 그나마 시행하고자 한 뜻 역시 사실은 슬플 뿐이라는 언급은 당시 관례가 어느 정도로 홀시되었는지 하는 정황을 말해 준다.

역설적이게도 관례는 혼례나 상 · 제례가 기층화되고 생활 의례로 정착되어 가는 추세와 반비례하여 급속히 쇠퇴한다. 관례의 쇠퇴는 예(禮) 자체가 매너리즘에 빠지고 형식화되어 가는 경향과 맞물려 있다. 여기에

64 안정복, 「答李最壽問目」, 『순암선생문집』 제9권. "冠 是成人之大禮, 不可廢者, 今人家行之者絕少. 雖委於貧窶, 而實則無識而然也. 先生爲此至簡之儀, 欲使人人行之 其意亦悲."

65 이익, 「刪節冠儀」, 『星湖先生全集』 권지48. "冠者成人之始, 其禮甚重. 然窮鄉貧士, 儀物未備, 費則亦多, 有不可準禮, 故人皆諉此而不行.……冠禮亦宜參古酌今, 刪其繁縟, 使人得以易行, 單門寒族, 方始畢擧而無歉矣. 其不然者, 自合如儀."

조혼의 풍습이라는 외부적 요인까지 가세하자 관례는 정신적인 의미가 제거된 채 혼례의 전 단계로만 명맥이 유지되다 단발령이 반포되는 갑오경장을 계기로 해서 폐지되기에 이른다.

그러나 당시에도 개화를 반대하고 단발에 반항하는 사람들의 대부분은 머리를 길렀고 관례의 의식을 강행했다.[66] 그들에게 머리를 기르고 관을 쓰는 것, 관례를 치르는 것은 단지 살아가는 과정에서 형식적으로 치르는 의식이거나 수구적인 고집이 아니라 투철하게 삶의 좌표를 설정하고 신념을 실천하는 방식이었던 것이다.

Ⅴ. 맺음말

이상에서 살펴본 바와 같이 관례는 관혼상제 가운데서 가장 정착이 늦었고 또 가장 먼저 쇠퇴의 길로 접어들어 요즘은 그 명맥조차도 사라진 전통 의례다. 그러나 성리학적 믿음에 투철했던 사대부들이 그들의 이념을 투사하고 그들의 신념대로 올바르게 살기 위해 무엇보다 강조하고 실천하려 했던 의례이기도 했다.

조선 시대 사대부들에게 성인(成人)이 된다는 것은 육체적 성숙을 의미하는 것이 아니라, 바르고 이상적인 삶을 위해 갖추어야 하는 준비를 의미했다. 따라서 관례를 진정으로 이해하는 사람들은 의관을 구하기 어렵다고 해서 관례를 포기하지 않았고, 절차를 생략하는 일은 있었어도 반드시 그 뜻만은 지키고자 했다. 17세기는 특별히 관례가 그 본연의 의미를 포함하면서 사회적 기능을 충분히 수행하던 시기였다. 당시 관례는

66 양재연, 『한국풍속지』(을유문화사, 1971), 207쪽.

도덕의 문제를 학문적으로 탐구하고 수양을 통해 실천하려 했던, 그리고 이를 예라는 형식으로 구현하려 했던 조선 중기 사대부들의 신념을 선명하게 표출하던 의례였다.

당시 관례와 관계를 맺고 지어지던 글들은 그러한 정신을 함축적으로 담았다. 삼가례(三加禮)가 성인의 역할 전부를 단계적으로 체험하면서 덕(德)의 완성을 구현해 보이는 절차이고, 가관자례(加冠字禮)가 완성된 덕을 선포하면서 영속성을 축원하는 절차라면 이 과정에서 축사(祝辭)는 덕의 진보 과정을 형상화했고, 자설(字說)은 수준 높은 도덕적 경지를 향해 가고 이를 내면화하는 과정을 구체화했다. 관자를 어린아이로 보기보다는 오히려 도덕을 완수한 성현의 가능태로 표현하면서, 관자에 대한 무한한 믿음과 기대를 보여 주는 축사와 자설의 표현 방식은 오늘날에도 시사하는 바가 크다. 비록 유교적 이념이 사회적 통제력을 갖는 시대는 지났지만 사회에 첫발을 내딛는 관자를 대우하고 권고하는 방식, 삶의 좌표를 제시하고 목적 의식을 갖도록 하는 관례의 정신은 현대인의 삶에도 유용한 지침을 마련해 주기 때문이다.

〈참고 문헌〉

■ **자료편**

『예기』.

『의례』.

『주자가례』.

『온라인 조선왕조실록』, 국사편찬위원회.

권두경, 『蒼雪齋先生文集』.
김석주, 『息庵先生遺稿』.
김익희, 『滄洲先生遺稿』.
김장생, 『沙溪遺稿』.
박세채, 『南溪先生朴文純公文正集』.
송시열, 『宋子大全』.
송준길, 『同春堂集』.
신흠, 『象村稿』.
윤선거, 『魯西先生遺稿』.
윤증, 『明齋遺稿』.
이식, 『澤堂先生集』.
이여, 『睡谷先生集』.
이유장, 『孤山先生文集』.
이유태, 『草廬先生文集』.
이현일, 『葛庵集』.
최석정, 『明谷集』.
허목, 『眉叟記言』.

■ **논저편**

고영진, 『조선 중기 예학사상사』, 한길사, 1995.
도민재, 「유교 관례의 사회적 의미」, 『한국 유교문화의 현장』, 성균관대 동아시아학술원 유교문화연구소, 2003.
박대순, 「조선 시대 관례의 사적 연구」, 단국대 석사논문, 1987.
신용호 · 강헌규 외, 『선현들의 자와 호』, 전통문화연구회, 1994.
양재연, 『한국풍속지』, 을유문화사, 1971.

이문주, 「성인식으로서 관례의 구조와 의미 분석」, 『유교사상연구』 제17집, 한국유교학회, 2002.

이주해, 「중국 고전 산문에서의 설체(說體)」, 『중국어문학논집』 제19호, 중국어문학연구회, 2002.

정경주, 『고전의례상식』, 신지서원, 2000.

A. 반 게넵 지음, 전경수 옮김, 『통과의례』, 을유문화사, 1992.

『정신문화연구』 29권 2호, 통권 103호(2006년 6월)에 게재.

주자가례의 수용과 17세기 혼례의 양상

-친영례를 중심으로-

김경미

Ⅰ. 머리말

한 국가에서 행해지건 한 가문에서 행해지건 간에 의례는 하나의 이미지를 만들어 내며, 시간이 지나면 이것은 하나의 전통으로 굳어진다. 이때 행해지는 의례는 국가나 가문에서 늘 일어나는 일, 즉 죽음이나 결혼, 제사나 성인식과 같은 일들을 어떤 방식으로 형식화할 것인가의 실제적인 필요성에서 출발한다. 이처럼 실제적인 필요에서 출발하지만, 의례는 그것을 행하는 주체의 정체성을 확인하게 해 주는 역할도 한다. 더욱이 의례는 한 번에 그치는 것이 아니라 거듭 반복되기 때문에 국가나 가문의 정체성과 전통을 확인시켜 주는 역할을 하며, 이에 따라 국가와 국가 간의, 가문과 가문 간의 위계가 생기기도 한다. 실제로 행해지는 의례에서 본래의 정신보다는 형식적인 면이 더 드러나는 것도 이러한 이유에 기인한다.

조선이 건국되면서 조선 사회 역시 불교적 잔재를 버리고 유교 국가로서의 정체성을 확인하고 새로운 전통을 만들어야 했다. 조선 사회와 고려 사회를 구분지어 주는 것은 다름 아닌 유교였고, 따라서 조선은 유교국가라는 정체성을 중국에 확인시키고[1] 또 내부적으로도 확인하기 위한 노력을 기울였다. 조선은 양반이나 일반 백성들에게는 생애에 중요한 계기가 되는 몇 가지 의례를 관혼상제(冠婚喪祭)로 정하고 이를 고려 말에 들어온 주자(朱子)의 『가례』를 모범으로 해서 그대로 따르도록 했다. 그러나 그 동안 계속 시행되어 오던 불교적 의례 및 토속적 의례를 유교적 의례로 대체하려는 시도가 실현되기까지는 오랜 시간이 필요했다. 이러한 시도들은 개별 가문 및 개개인이 유지해 온 일상 생활의 내용을 바꾸는 것이었고, 이는 경제적인 조건과도 밀접한 관련을 가지는 것이었기 때문이다.

관혼상제 가운데서도 주자가례식의 의례가 정착하는 데 가장 오랜 시간이 걸린 것이 바로 혼례였다. 주자가례식 혼례의 핵심은 친영(親迎)으로서 친영의 정착은 혼례를 치르는 장소의 변화가 아니라 결혼한 부부의 주거 공간이 여자 집에서 남자 집으로 바뀌는 변화를 뜻한다. 친영의 정착은 여자의 삶이 시집 중심으로 이루어지면서 친정에서의 지위나 경제력, 부부 관계 등 전반적인 면에서 변화를 가져오게 되기 때문이다. 따라서 친영은 조선 시대의 혼례 제도를 살피는 데 가장 중요한 부분이며, 주자가례의 수용이 속례(俗禮)와 어떤 갈등을 일으키며 이루어졌는지를 잘 보여 주는 부분이기도 하다. 이런 이유로 조선 시대의 혼례에 대한 연구는 주로 서류부가혼(婿留婦家婚)의 변화와 친영례의 정착 과정에 맞추어져 있다.[2] 지금까지의 연구 결과에 의하면 16세기까지도 이 친영례

---

1 "우리나라의 의관 문물이 한결같이 중국 제도를 준수하는데 유독 혼례만은 오히려 구습을 따르니 미편하다. 마땅히 고금의 제도를 참작하여 제도를 정해야겠다."는 태종의 말(태종 14년 10월 18일 실록)은 중국의 제도를 의식하며 제도를 만들려고 했던 한 사례를 보여 준다.

2 1933년 손진태의 「朝鮮 婚姻의 主要 形態인 率壻婚俗考」, 『朝鮮民族文化의 硏究』로부터 서류부가혼 연구가 이루어졌다. 비교적 최근 논의로는 박혜인, 『韓國의 傳統婚禮 硏究: 壻留婦家婚俗을 中

는 제대로 정착되지 못하고 전통적인 서류부가혼의 성격이 강한 반친영(半親迎)이 행해지다가 17세기에 이르러 주자학적 가부장제가 강화되면서 정착된다는 것이다. 장병인은 명종대 이후에 시행되었다고 보는 반친영이 실제로는 삼일상견례가 당일상견례로 바뀐 것에 불과하며, 거주제의 변화와는 무관한 것으로 여전히 처갓집에서 신혼 생활을 시작했던 것으로 보았다. 그리고 17세기 이후에도 남귀여가제는 존속했던 것으로 보았다.[3] 이를 통해 반친영이 어떻게 이루어졌는지 어느 정도 그 실상이 드러났다고 생각된다. 그러나 이 연구는 명종대 이후로부터 선조대까지의 혼속(婚俗)을 주로 다루고 있어 정작 친영제가 정착했다고 간주된 17세기의 실상이 자세하게 다루어지지는 않았다. 따라서 그간의 연구는 17세기를 중심으로 양반 사회에서 혼례가 구체적으로 어떻게 행해졌으며, 혼례에 대한 담론이 어떻게 구성되어 갔는지에 대해서는 구체적으로 다루지 못했던 것으로 보인다.[4]

본고는 17세기 양반 사회에서 주자가례식 혼례가 정착되는 과정을 17세기에 나온 혼례에 대한 담론 분석과 양반 가문에서의 혼례의 양상을 통해 고찰하고자 한다. 이를 위해 17세기 문인의 문집에 실린 혼례 관련 자료와 개인의 일생을 정리한 행장, 제문, 묘지명 및 당시의 일상 생활을 반영하고 있는 17세기 서사 문학 작품을 자료로 활용할 것이다. 지금까지의 연구가 주로 실록을 중심으로 하면서 일부 문집 자료를 활용해 국

心으로』(고대민족문화연구소, 1988); 이순구, 「종법제의 보급과 가족제도의 변화」, 『한국사』 31(1998); 장병인, 『조선 전기 혼인제와 성차별』(일지사, 1997); 장병인, 「조선 중기 혼인제의 실상」, 『역사와 현실』 58(2005) 등을 들 수 있다.

3 장병인, 위의 논문, 2005, 288-289쪽.

4 김경미, 「『주자가례』의 정착과 『소현성록』에 나타난 혼례의 양상」(『한국고전연구』 13, 한국고전연구학회)에서 친영제의 실천 여부를 다루었으나 주로 17세기를 대표하는 소설인 『소현성록』에 어떻게 재현되고 있는가를 살피고 있어 17세기 전반에 걸쳐 사대부의 혼인에 대한 인식이나 친영의 실행 양상에 대해 구체적으로 다루지는 못했다.

가의 정책과 관련한 전반적인 흐름을 보여 주었다면, 이 연구는 좀더 미시적이고 구체적인 자료를 통해 각 가문에서 실제로 행해진 혼례의 실상을 드러낼 뿐만 아니라, 서사 문학 작품에 재현된 혼례의 양상까지 고려함으로써 주자가례식 혼례에 대한 당대인의 의식을 보여 줄 수 있을 것이다. 이를 통해 중국식 혼례 모델로서 수용한 친영이 조선의 가옥 구조나 경제적 상태 및 각 가문이 처한 형편에 따라 얼마나 다르게 운용되었는가를 확인하는 동시에 17세기에도 여전히 친영은 불안정한 형태로 정착되었음을 확인하게 될 것이다.

Ⅱ. 『주자가례』를 통해 본 혼례의 의미

실제로는 많은 물질적 조건들을 계산한 가운데 이루어지는 혼인이라 해도 오늘날 혼례는 사랑을 형식화하는 자리로 간주되며 사랑은 혼인의 중요한 요소로 인식되고 있다. 다시 말해 현대 사회의 혼인에 대한 통념에는 사랑이라는 변수를 중요하게 고려하고 있으며, 사랑은 남녀 개인의 의사가 혼인을 결정하는 데 중요한 고려 사항으로 간주된다. 그러나 유교 사회에서 혼인은 "만세(萬世)의 시작"[5]이자, "예의 근본"[6]으로 인식되었기 때문에 남녀 개인의 의사보다는 가문의 의사가 더욱 중요하게 작용했다.

이처럼 혼인이 인간 사회의 첫출발이자 모든 관계의 근본으로 인식되게 된 것은 혼인의 가장 중요한 기능이 자손을 생산하기 위한 것으로 보

5 이상옥 역저, 「郊特牲」, 『禮記』(2003), 729쪽. "夫昏禮, 萬世之始也."
6 이상옥 역저, 「昏義」, 『禮記』(2003), 1530쪽. "昏禮者, 禮之本也."

았기 때문이다.[7] 따라서 결혼을 하지 않고 자손, 그 중에서도 특히 부계 혈통을 이을 자손을 생산하지 못하는 것은 불효 중 가장 큰 것으로 여겨졌다. 『예기』에서 규정하고 있듯이 혼인은 위로 종묘를 섬기고 아래로 대를 잇는 것이기 때문에 혼례를 공경하고 삼가 행하며 바르게 하려 했다.[8] 이런 생각을 바탕으로 혼인의 예는 흔히 육례(六禮)라고 불리는 '납채(納采)－문명(問名)－납길(納吉)－납징(納徵)－청기(請期)－혼례(昏禮)'의 순서로 형식화되었다.

『예기』에 정리된 것을 통해서 볼 때 유교의 혼례는 크게 두 가지 의미를 갖는다.

첫째, 혼례는 세대 교체를 하는 자리로서의 의미를 갖는다. 아들이 혼인을 한다는 것은 아버지의 뒤를 이어 자신이 선조의 대를 잇는 것으로 세대 교체를 뜻한다. 따라서 혼례에는 음악을 쓰지 않고 남이 축하하지도 않는 것이 예라고 했다.[9] 유교에서 혼인의 예가 축하하는 의례가 아니었다는 점은 혼인으로 상징되는 지위 변화로 인해서 더욱 분명해진다. 즉 『예기』「혼의(昏義)」를 보면 혼례를 치른 다음날 시부모가 새로 들어온 며느리에게 음식을 대접하는 예가 있는데, 이 때 의례를 치르러 대청으로 오를 때는 시부모가 주인의 계단인 동쪽 계단으로 먼저 오르고 후에 며느리가 손님의 계단인 서쪽 계단으로 오르는 반면, 내려올 때는 반대로 시부모가 서쪽으로 며느리가 동쪽으로 내려오는 것으로 되어 있다. 이것은

---

7 중국 고대의 혼인 담론에 대해서는 이숙인, 「동아시아의 혼인 사상」, 『동아시아 고대의 여성사상』(도서출판 여이연, 2005), 209-247쪽 참조.

8 이상옥 역저, 「昏義」, 禮記」, 1526쪽. "昏禮者, 將合二姓之好, 上以事宗廟, 而下以繼後世也 故君子重之, 是以, 昏禮納采問名納吉納徵請期, 皆主人筵几於廟, 而拜迎於門外, 入揖讓而升, 聽命於廟, 所以敬愼重正昏禮也."

9 이상옥 역저, 「曲禮」 上, 『禮記』, 86쪽. 여기에 대해 사마온공은 이렇게 해석했다. "'음악을 쓰지 않는다'는 구절의 주석에 '「증자문(曾子問)」에는 며느리를 맞이하는 집은 3일 동안 음악을 연주하지 않았으니, 부모의 대를 잇는 것을 생각하는 것이다'라고 했다. 지금 세속의 혼례에는 음악을 사용하는데, 예가 아니다." 주희, 「혼례」, 『주자가례』 권3 ,임민혁 옮김(예문서원, 2003), 183쪽.

혼례를 통해서 집안의 주도권이 며느리에게 넘겨졌음을 의미한다.[10]

둘째, 혼례는 부부 관계가 남성 중심적이라는 것을 분명히 하는 자리다. 혼례의 과정을 보면 혼인에서 누가 주도권을 가지며, 혼인이 어떻게 이루어지는가를 알 수 있는데, 근본적으로 유교의 혼례는 "남자가 여자에 우선하는 것[男先於女也]"이며, "친히 신부의 부모로부터 신부를 받는[蓋親受之於父母也]" 것이다.[11] 이처럼 유교의 혼례는 남성 중심적인 것이었으며,[12] 배우자를 결정하는 방식에는 낭만적 사랑이 개입될 여지를 두지 않고 있다. 이는 주자가 제시한 혼례에서도 그대로 나타난다.

『주자가례』에서 형식화한 유교적 혼례는 기본적으로 『예기』와 『의례』를 근거로 한다. 그러나 『주자가례』에서 주희는 육례의 기본적 형태를 취하면서도 문명과 납길을 생략하고, 의혼(議昏)－납채(納采)－납폐(納幣)－친영(親迎)－부현구고(婦見舅姑)－묘현(廟見)－서현부지부모(壻見婦之父母)로 혼례의 과정을 제시하고 있다.

각각의 과정을 좀더 자세히 살펴보면 혼인을 할 수 있는 나이는 남자는 16세에서 30세, 여자는 14세에서 20세이며, 반드시 중매쟁이가 왕래하면서 말을 통하게 하고 여자의 집에서 허락하기를 기다린 후에 납채를

---

10 『예기』「혼의」에 시부모가 먼저 서쪽 계단으로 내려가고 며느리는 동쪽 계단으로 내려가니, 대를 이름을 나타내는 것이라고 했다. 방씨는 말했다. "조(阼)는 주인의 계단이다. 아들은 아버지를 이어 장차 밖에서 주인이 되고, 며느리는 시어머니를 이어 장차 안에서 주인이 될 것이므로 이것은 관례와 함께 '대를 이음을 나타내는 것'을 말한 것이다." 주희, 「혼례」, 『주자가례』 권3, 임민혁 옮김(예문서원, 2003), 187쪽.

11 이상옥 역저, 「昏義」, 『禮記』 1528쪽.

12 "혼인의 예에 표현된 고대인의 혼인 사상은 첫째, 혼인은 인간의 관계가 만들어지는 시작으로 간주되었다. 물론 이 때의 인간 관계는 철저하게 남성 중심적이다. 무엇보다 혼인은 남성의 계보를 확인하고 생산하는 것에 그 목적이 있었으며 이로부터 군신, 붕우, 상하 등 중요한 사회 관계의 주체들이 나왔다. 둘째, 친영례로 표출된 바 혼인은 여자가 남자 집으로 시집을 가는 형태, 즉 가취혼(嫁娶婚)의 형태를 취했다. 셋째, 혼인은 질서 확립의 맥락에서 남녀의 자연적인 상태를 문화적인 형식으로 바꾸는 데 그 의미가 있었다. 이 질서는 여자에게 몸의 순결, 태도의 부드러움, 굳은 의지 등을 요구했고, 남편이 부인보다 우선적인 지위를 갖도록 구성했다." 이숙인, 앞의 책, 243-244쪽.

하게 되어 있다.

혼례를 주관하는 사람은 한 가문의 적자인 종자(宗子)다. 납채는 자제를 사자(使者)로 삼아 여자 집으로 가게 한다. 납폐를 할 때는 색 비단을 사용하고 빈부에 맞춰 적당하게 하되 적어도 한 필을 넘지 못하게 하고, 많아도 열 필을 넘지 못하게 그 한도를 정하고 있다.

친영은 신랑이 친히 신부를 맞이해 오는 예다. 먼저 신랑이 신부를 집으로 데려가면, 다음날 새벽에 일어나 며느리는 시부모를 뵙는다. 사흘째 되는 날 주인은 신부를 데리고 사당을 알현하며, 이튿날 신랑은 신부의 부모를 가서 뵙고 마지막으로 신부 집안의 여러 친족을 뵙는다. 친영의 예에서 혼인은 남자 중심이라는 것이 명백하게 드러난다. 먼저 신랑이 신부의 집으로 떠나기 전에 신랑의 아버지는 "가서 너의 내상(內相)을 맞이하여 우리 종묘의 일을 잇고 힘써 공경으로 이끌어라. 그리하면 떳떳함이 있을 것이다."라고 명함으로써[13] 혼인이 종묘, 즉 남자의 혈통을 잇는 것임을 강조한다. 주희는 신랑이 신부의 수레를 인도하여 오는 대목에서 "남자가 여자를 거느리고 여자가 남자를 따라가니, 부부강유(夫婦剛柔: 남자는 굳세고 여자는 부드럽다)의 뜻은 여기에서 비롯되었다."[14]는 사마온공의 말을 인용해 남자 중심의 혼인임을 분명히 하고 있다.

『주자가례』에 의하면 혼례의 주관자는 결혼 당사자의 아버지가 아니라 종자(宗子), 즉 가문의 적자이며, 남녀의 만남은 반드시 중매쟁이를 통하되, 남자 집에서 여자 집으로 보내게 되어 있다. 사당은 『주자가례』대로 의례를 행하기 위해서 반드시 필요한 공간이다. 혼례 과정에서도 사당은 역시 중요한 공간이다. 납채, 친영 과정에서 반드시 사당에 고하

13 주희, 「혼례」, 『주자가례』 권3, 172쪽. "父命之曰, '往迎爾相, 承我宗事, 勉率以敬, 若則有常.'"
14 위의 책, 179쪽. "司馬溫公曰, '男率女 女從男 夫婦剛柔之義 自此始也.'"

게 되어 있으며, 신부가 시집에 가면 시부모를 뵌 뒤에 사당에 고하게 되어 있기 때문이다.

혼례 과정에서 중요하게 다루어지는 것은 친영 부분으로 분량상으로도 가장 많은 비중을 차지하고 있다. 이는 친영이 초례를 포함한 절차이기 때문이기도 하지만, 친영의 절차가 혼례의 중심임을 보여 준다. 즉 신부를 신랑집으로 데려오는 것을 혼례의 핵심으로 보았기 때문이다. 친영을 혼례의 중심으로 놓은 것은 『주자가례』의 핵심이 종법을 바로잡는 데 있음을 의미한다.[15] 주희는 가례는 종법을 위주로 하고 있으며, 관혼상제에 이르러서도 종법으로 행하지 않음이 없다고 했다.[16] 이는 혼례가 남녀의 개인적이고 자유로운 만남이 아니며, 가문과 가문이 만나는 의식임을 강조하는 것이다. 주희의 종법 강조는 송대에 들어와 새로운 혈연주의의 재편성이 일어나고 동족 결합이 강화된 것과 밀접한 관련이 있다.[17]

따라서 조선 사회가 건국 초기부터 아무리 유교적 사회 질서를 확립하기 위해 가례를 준수할 것을 강조해도 사당의 설치, 종법 중심의 가족 관계로의 변화, 생활 양식의 변화와 같은 외부적인 조건이 변화하지 않으면 실현 불가능한 것이었다. 그러나 가례가 정착했다는 것은 이제 조선 사회가 종법 질서를 중시하는 가문 중심의 사회로 변화했다는 것을 뜻하며, 이는 가족 관계나 남녀 관계에 중요한 변화가 일어났음을 뜻한다.

---

15 주희, 「통례」, 『주자가례』 권3, 50쪽. 여기서 주희는 "천하의 인심을 다스려 종족을 거두고 풍속을 후하게 하여 사람들로 하여금 근본을 잊지 않게 하려면 모름지기 계보를 밝히고 세족을 거두며 종자법(宗子法)을 세워야 한다. 송자법이 무너지면 사람들은 자신이 온 곳을 알지 못해 사방으로 떠돌아다니고, 왕왕 친화가 끊어지지 않았는데도 서로 알지 못하게 된다."는 정자의 말을 인용해 종법의 중요성을 강조했다.

16 주희, 「통례」, 『주자가례』 권1, 54쪽. "朱子云, …… 然家禮以宗法爲主, 所謂非嫡長子, 不敢祭其父, 皆是意也. 至於冠婚喪祭, 莫不以宗法行其間云."

17 김현영, 『고문서를 통해 본 조선 시대 사회사』(신서원, 2003), 16쪽.

Ⅲ. 『주자가례』식 혼례의 수용과 17세기 혼례의 실상

1. 『주자가례』식 혼례의 수용과 저항

앞서도 보았듯이 주자가 제시한 혼례의 핵심은 친영의 실천에 있었다. 그런데 지금까지 여러 연구에서 지적되어 왔듯이 이 제도는 우리나라의 전통적인 혼속으로 조선 전기까지도 강하게 남아 있던 서류부가혼(婿留婦家婚)과 대치되는 것이었다. 서류부가혼과 친영제의 차이는 우선 혼례를 치르는 장소에서 두드러진다. 서류부가혼이 여자 집에서 혼례를 치르는 데 반해 친영제는 남자 집에서 치르게 되어 있기 때문이다. 그런데 이 둘 사이의 좀더 근본적인 차이는 서류부가혼이 신랑이 신붓집에 들어가서 사는 것인데 반해, 친영제는 신부가 신랑집으로 들어가서 산다는 것이다. 이는 곧 거주제의 변화를 의미하는 것으로 생활 양식 자체를 바꾸어야 한다는 현실적인 문제가 뒤따르기 때문에 쉽게 바뀌기 어려운 것이었다.[18]

서류부가혼에서 친영제로의 변화는 특히 여자의 삶에 큰 변화를 초래하는 것으로 여자의 입장에서는 친정과의 거리, 남자의 입장에서는 처가와의 거리가 달라지는 것을 의미했다. 따라서 국가 차원에서 친영제의 실천 문제가 거론될 때는 으레 복제(服制) 문제가 함께 거론되었다. 그 결과 세종대에 이르러 처의 부모의 복제를 개정하고,[19] 일품부터 서인에

18 장병인, 앞의 책, 120–124쪽. 친영제를 수용하는 데 따르는 현실적인 어려움으로 첫째, 여자 집에서의 경제적 어려움, 둘째, 남자 집에서 신부의 지대(支待)를 당장 마련해야 하는 어려움 및 남자 쪽에서 볼 때 처가의 지원이 줄어드는 점을 들고 왕실을 제외한 사서인(士庶人)의 혼인의 경우 마지막 성혼(成婚) 절차인 친영만은 전통적인 서류부가혼을 따름으로써 그 시행을 보지 못하고 말았다고 했다.

19 『세종실록』 7년 5월 12일.

이르기까지 지켜야 할 혼례의(婚禮儀)를 정했는데 여기에 친영을 포함한 사례도 규정되었다.[20] 그럼에도 친영은 제대로 행해지지 않았던 것으로 보인다. 중종 7년의 기사에 보면 시강관 윤은필이 "혼인에는 친영이 지극히 중대한 것이나 폐지된 지 이미 오래되니, 만일 혼인이 바르지 못하면 사람의 도리가 폐지되는 것"이라고 하고 있고, 같은 해 11월 24일에는 중종이 "『오례의(五禮儀)』에도 종친(宗親)과 문 · 무 관원 1품(品) 이하 모든 사람의 혼인에 친영하는 의식이 실렸는데, 습속에 버릇이 되어 버려두고 거행하지 않으니 결여된 법"이라고 하면서 "경대부(卿大夫)의 집에서 혼인할 때에는 친영의 의식을 한결같이 예문(禮文)에 따라 하면 사서(士庶)의 집들 또한 본받게 될 것"이라고 하면서 이를 의논해 올리라고 하고 있다.[21] 이러한 예들은 16세기에 이르도록 친영이 제대로 자리잡지 못했음을 분명하게 보여 준다. 중종조는 연산군의 패륜적 정치에 대한 반동으로 유교적 이상주의가 고조되었던 시기로 국왕인 중종이 자신의 혼례를 친영의 방식으로 거행해 모범을 보였고, 이를 본 사대부 사회에서도 친영을 실천하는 사람들이 하나둘씩 생겨나기 시작했다. 그러나 중종 14년의 기묘사화로 신진 사류들이 몰락하자 유교적 이상주의는 급격히 쇠퇴하고 친영도 한동안 끊어졌다가 명종조에 이르러 실제 내용은 서류부가혼이라 할 수 있는 반친영(半親迎)의 형태가 시행되었다.[22]

이처럼 국가가 적극적인 의지를 가졌음에도 친영이 정착되지 못한 것은 앞서 언급했던 현실적인 어려움 때문에 사대부가에서도 실행하기를 꺼려했기 때문이다. 결국 『주자가례』에 준한 혼인 절차로 의혼, 납채,

---

20 『세종실록』 17년 2월 29일.

21 『중종실록』 7년 11월 22일.

22 박연호, 「조선 전기 사대부례(士大夫禮)의 변화 양상」, 『淸溪史學』 7(한국정신문화연구원 청계사학회, 1990), 217쪽; 장병인, 앞의 논문, 288-289쪽.

납폐, 친영 등의 의례가 세종 연간에 마련되기는 했으나 왕실을 제외한 일반 사서인의 경우 혼례만은 전통적인 서류부가혼의 절차를 그대로 따름으로써 그 시행을 보지 못했던 것이다.[23]

2. 친영을 둘러싼 17세기 사대부들의 태도

16세기를 거쳐 17세기 초반에 오면 친영을 행하는 것이 예를 잘 지키는 것으로 간주되어 연보나 묘지명에 기록되기 시작한다. 이처럼 친영을 행하는 것이 모범적인 사례로 간주된다는 것은 여전히 친영이 행해지지 않았음을 의미한다.

> 4년 경오 선생의 나이 47세 되던 정월에 사위를 맞았는데 친영례를 행했다. 당시 혼례를 치르는 집에서는 모두 속례를 쓰고 있었으나 선생께서 개탄하시고 고례를 따르고자 하여 퇴계 선생께 여쭈어 정한 뒤에 한결같이 『가례』의 절목대로 행하니 원근의 향리에서 다투어 본받으려 했다.[24]

위 예문은 월천(月川) 조목(趙穆, 1524~1606)의 연보에 기록된 것으로 사위를 맞으면서 친영례를 행했음을 밝히고 있다. 이 자료를 보면 조목이 사위를 맞을 당시인 16세기 후반 당시 속례대로 혼례를 치렀으며, 조목의 경우가 예외적인 경우였음을 알 수 있다. 이러한 상황은 이후에도 지속되었던 것으로 보인다.

---

23 장병인, 앞의 책, 124쪽.

24 조목, 「월천선생연보」, 『월천집』. "四年庚午先生四十七歲正月, 迎女壻, 行親迎禮. 時婚家皆用俗禮, 先生慨然欲遵古禮, 稟定於退溪先生, 一依家禮節目行之. 遠近鄉里, 爭相慕效."

> 시속에서 예를 알지 못하니 공께서는 이를 병통으로 여기시어 자녀들의 혼례를 치를 때에는 반드시 예에 의거하여 친영을 행하시고 이를 집안의 법도로 삼았다.[25]

위 예문은 오억령(吳億齡, 1552~1618)이 쓴 경성 판관 한효윤(韓孝胤, 1536~1580)의 묘지명이다. 한효윤은 『동국지리지(東國地理誌)』를 저술한 구암(久菴) 한백겸(韓百謙, 1552~1615)의 아버지로 16세기 후반 서울에서 관직을 지낸 인물이다. 한효윤의 경우나 조목의 경우 모두 당시 시속에서 속례를 따랐던 데 반해 주자가례대로 혼례를 행했다는 점, 이들의 사후 연보나 묘지명에 그 점이 기릴 만한 점으로 부각되고 있다는 점에서 공통점을 보인다.

> 일찍이 우리 동방의 상례와 제례가 구차하고 소략함을 면치 못하고, 관례와 혼례에 이르러서도 고금이 차이가 나서 능히 행하는 자가 드문 것을 병통으로 여기시고, 발분하여 몸소 앞장서 행하셨다. …… 며느리를 보고 딸을 시집보낼 때는 반드시 친영의 예를 행하시고 납채, 납징, 청기는 모두 예를 아는 사람을 보내서 했으며, 나머지 절목들은 모두 의례에 따라 행했다.[26]

위 예문은 이후경(李厚慶, 1558~1630)이 기록한 한강(寒岡) 정구(鄭逑, 1543~1620)의 언행록의 일부다. 이후경은 영남의 예학을 대표

---

25 오억령, 「경성판관 한효윤 묘지명」, 『만취문집』 5. "時俗不知禮, 公病之, 子女婚嫁, 必據禮親迎, 仍成家法."

26 이후경, 「유명조선국가선대부 사헌부 대사헌 겸 세자보양관 한강선생언행록」, 『외재선생문집』 3. "嘗病吾東方喪祭之禮未免苟簡, 至於冠昏之禮, 則寥寥古今, 鮮能行之, 嘗發憤以身先之. …… 其娶婦嫁女, 必行親迎之禮, 納采, 納徵, 請期, 皆遣知禮者爲之, 使其餘節目, 竝依儀禮而爲之."

하는 학자답게 한강은 관혼상제를 예에 따라 행했는데 특히 혼례를 치를 때는 반드시 친영의 예를 행했다고 기록하고 있다. 여기서 혼례를 이야기하면서 친영의 예를 행했다고 굳이 밝히는 것은 그만큼 친영이 혼례에서 중요한 것이었음을 의미한다.

이상의 예들은 16세기 후반에서 17세기 초반에 이르기까지 시속에서 주자가례대로 혼례가 행해지지 않았음을 보여 준다. 혼례의 경우 특히 친영을 잘 지킨 것을 거론하는 것은 친영이 그만큼 행하기 어려운 것이었음을 의미하는 것으로 생각된다. 앞서 언급한 대로 친영은 혼인을 치르는 장소의 변화뿐만 아니라 신부가 신랑집에서 생활할 수 있는 환경이 마련되어야 하는 등 경제적인 면과도 밀접한 관련을 맺는 문제였기 때문이다. 따라서 실제로 혼인을 결정하고나서 두 집안이 혼례 과정을 논의하는 과정에서도 친영이 가장 중요하게 다루어졌던 것으로 보인다.

다음은 17세기의 혼례에서 친영이 어떻게 이루어졌는지를 17세기를 대표하는 몇 가문을 예로 들어 구체적으로 살펴보기로 한다. 첫 번째 예는 연안 이씨 가문의 이단상과 안동 김씨 가문인 김수항 집안 간의 혼례에서 친영에 대해 보인 태도다.

이단상(李端相, 1628~1669)의 둘째딸과 김수항(金壽恒, 1629~1689)의 둘째아들 김창협(金昌協, 1651~1708)이 혼인을 한 것은 1665년으로 이 때 이단상은 교외에 있었고, 김수항은 서울에 있었다. 이단상의 집안은 대대로 서울에 살던 집안이었으나 1665년부터 경기도 양주에 집을 지어 은거했고, 김수항의 집은 서울에 있어 친영을 행하기가 어려운 입장이었다. 그런데 이단상은 첫째딸의 혼례에서는 이미 친영을 행했던 터였다. 그래서 혼인이 결정되자 이단상은 송준길에게 편지를 보내 두 딸의 혼례를 각각 다르게 치르게 될지도 모르는 데 대해 의논하고, 또 계속해서 김수항에게 편지를 보내 혼례 절차에 대해 의논했던 것으로 보인다. 이 편지들은 이단상, 김수항이라는 17세기의 대표적인 집안의 혼례가 어떻게 이루어지고 있었는지를 보여 줄 뿐만 아니라 당시 친영이 어떻게 실행되고 있었는지, 또 친영의 뜻을 어떻게 이해하고 있었는지를 보여 주고 있다는 점에서 흥미로운 자료다. 다음은 혼인이 결정된 뒤 이단상이 송준길에게 보낸 편지로 두 딸의 혼례를 다른 형식으로 치러야 하는 난감함이 잘 드러난다.

> 혼례는 친영이니 간단히 쉽게 행할 수 있는데도 우리나라 사대부들이 행하려 하지 않은 것이 오래되어 이미 풍속이 되었습니다. 앞서의 선현들도 또한 풍속을 따르는 것을 면치 못하는 것을 저는 평소에 의아하게 생각했습니다. 근래에 호중 지방에서 이 예를 행하기 시작했으니 고례의 회복을 오늘날 보게 된 것 같습니다. 연전에 큰딸을 결혼시킬 때 제가 친영의 예를 행하고자 했는데 이일경 영공이 사돈집으로 또한 일찍이 이런 뜻이 있어서 서로 마음이 맞아 드디어 이 친영의 예를 행했습니다. 그 사이의 소소한 절목과 신부의 복색 및 동뢰(신랑신부가 서로 절을 나눈 뒤 술과 찬을 나누고 첫날밤을 치르는 의식)의 찬품 등의 일은 시속을 따라 줄이기도 했습니다. 대개 친영의 뜻은 남자가 여자보다 앞서며 여자가 남자를 따른다는 데 그 중요함이 있습니다. 복색이나 찬품 등의 절목은 또한 모두 고례대로 하는 것이 좋습니다. 그러나 그 사이에 또한 갑자기 시속의 제도를 다 바꿀 수는 없는 것입니다. 그래서 옛날의 현인들도 시속의 제도를 따르기도 했던 것입니다. 그러므로 우선 그 큰 것을 먼저 하고 차례로 점점 변화하는 것이 좋겠습니다.
>
> 이번에 제가 또 둘째딸의 혼사를 행하려 하는데 김구지(金久之) 영공이 사돈집으로 정해졌습니다. 제가 성 안에 있다면 이전처럼 서로 의논부터 하고 행하는 게 좋을 것 같습니다. 그러나 지금은 교외로 나가 있고 집안

식구들도 모두 나와 있는데, 결혼할 때가 얼마 남지 않았으니 형편상 이곳에서 혼례를 치러야 할 것 같습니다. 비록 구지 영공과 미처 의논하지 못했지만 제가 이미 들어갈 형편이 못 되고 구지 영공 집안 또한 나오기 어렵습니다. 구지 영공께서 아들만 데리고 오시어 모두 속례에 따라 행하면 실로 혼례를 치를 수 있습니다. 다만 저의 본뜻은 반드시 속례를 행하지 않겠다는 것이 아닙니다. 하물며 큰딸 혼례 때 이미 친영을 행했으니 이제 와서 둘째딸 혼례에 도로 속례를 행하려 하는 일은 지극히 근거가 없으나 지금 두 집의 형편이 모두 양쪽 다 마침 이러해서 이쪽은 들어갈 형편이 못 되고 저쪽은 또한 나올 형편이 못 됩니다.[27]

이단상의 위 편지를 통해 이단상이 혼례의 핵심을 친영에 두고 있고, 친영의 뜻을 남자가 여자에 앞서는 것으로 보고 있음을 알 수 있다. 또한 조선의 사대부들이 친영을 행하지 않았으나 당시 호중(지금의 충청도)의 선비들이 이를 지키기 시작했음을 알 수 있다. 이단상은 큰딸 혼례에서 이미 친영의 예를 행했다. 그러나 둘째딸의 혼례에는 친영을 그대로 행할 수 없게 되었다. 따라서 송준길에게 어떻게 해야 하느냐고 묻고 있다. 그리고 자신의 뜻은 친영을 지키는 데 있지만, 그러나 변례도 있으니 두 딸을 결혼시키면서 두 가지 예를 행할 수도 있다는 입장을 취하고 있다.

---

27 이단상, 「상송동춘(上宋東春)」, 『정관재선생집』 8. "昏禮, 親迎也. 自省徑易行, 而我國士大夫不肯行, 久已成俗. 先正諸賢, 亦或有未免隨俗者, 端相尋常爲訝, 而近來, 湖中始行此禮. 庶幾古禮之復見於今日也. 年前長女昏時, 端相欲行親迎之禮, 李一卿令公以壻家, 亦嘗有此意, 與之相合, 遂行此禮. 其間小小節目及新婦服色與同牢饌品等事, 有些從俗降殺者, 蓋親迎之義, 重在於男先女女從男也, 若其服色饌品等節, 亦皆一如古禮則好矣. 第於其間, 亦有不可猝然盡變時制者. 此則昔賢, 亦有從其時制之處, 故姑先其大者而行之, 以爲次第漸變之地矣. 今者, 端相又將行次女之昏, 金久之令公, 卽壻家也. 端相在城裏, 則自可如前相議而行之. 今此出在郊外, 一家眷屬, 亦皆出來, 昏期不遠, 勢將行禮於此處, 雖未及與久令相議, 而端相旣無入去之勢, 久令家亦難出來, 久令只率其子而來, 一依俗禮而行之, 則固可爲之. 而第端相本意, 必不欲行俗禮, 況旣行親迎於長女婚時, 則到今還行俗禮於次女之婚, 事極無據, 而卽今兩家事勢, 俱適如此. 此無入去之勢, 彼亦無出來之勢矣.

이는 혼례가 기본적으로 두 집안이 관련되어 있는 문제이고, 신랑의 입장과 신부의 입장이 다르기 때문에 한쪽의 입장만 고수할 수 없음을 인식한 데서 나온 말일 것이다. 여기서 이단상이 고민하면서 송준길에게 질문한 해결책은 다른 곳에 처소를 마련한 뒤에 그곳에 가서 데려오는 것, 즉 가관친영(假館親迎)을 어떻게 해야 하는가 하는 문제다.

> 주부자께서 이른바 "처가로 하여금 가까운 곳으로 나와 한 처소를 마련하게 한 다음 그곳에 가서 맞이하여 객사로 돌아와 예를 행한다. 또는 처가가 나와 한 곳에 이르면 신랑이 그곳에 가서 맞이하여 돌아와 집에서 예를 이룬다"라고 한 두 구절은 모두 여의치 않아 행할 수 없는 바가 있습니다. 형편이 이렇게 여의치 않으니 어떻게 변통해야 할지 모르겠습니다. 중국은 말할 것도 없고 우리나라로만 말해도 두 집안이 거리가 상당히 먼 곳에 있어 가까이 갈 형편도 못 되면 어떻게 해야 할지요? 주부자께서 이른바 "가까운 곳으로 나와 한 처소를 마련하게 한 다음 그곳에 가서 맞이하여 객사로 돌아와 예를 행한다"고 한 것은 그 절목이 어떻게 되어야 합니까? 들으니 대감께서 일찍이 이미 이를 행하셨다고 하던데 자세한 가르침을 주시기 바랍니다. 제가 오늘 처해 있는 것은 이미 상도(常道)를 바꾼 것입니다. 상도와는 다른 처지에 있으니 권도를 행하여 경전에 부합하게 하는 합당한 방법이 또한 없지 않을 것입니다. 두 딸을 결혼시키면서 각각 따로 예를 행하는 것이 비록 근거가 없어 보이지만 형편이 이와 같으니 잠시 뜻을 굽혀 이번 한 번은 다시 속례를 행하는 것도 괜찮지 않겠습니까? 엎드려 바라건대 다시금 특별한 가르침을 주심이 어떠하신지요?[28]

이 질문에 대해 송준길은 친영의 예는 선유(先儒)들이 정한 것이니 덧붙일 필요가 없다고 하면서도 이단상의 형편이 그러하다면 가까운 곳에 한 집을 빌려 친영을 하게 하면 주부자의 논의에 맞을 것이라고 하고, 만약 그것이 어렵다면 속례를 따르라고 충고하고 있다. 또 두 집안이 모두 성 안으로 들어가기가 어렵다면 두 집안이 성 밖의 한 집에서 잠시 만나는 것도 좋겠다고 했다.[29] 이단상이 이러한 뜻을 전하자 김수항은 집안에 전해 오는 구식(舊式)대로 하겠다고 했다. 그러자 이단상은 속례를 행하자는 뜻으로 받아들이면서 어찌해야 좋을지 모르겠다고 하며 김수항이 이렇게 할 줄은 생각지도 못했다[30]고 했다. 이 문제와 관련해서 편지가 계속되는데 이단상은 큰딸은 친영을 행하고, 둘째딸은 속례를 행하는 일이 극히 근거가 없다고 하면서, 이단상이 있는 곳과 멀지 않은 곳에 좋은 집이 있으니 혼례일에 신랑을 데리고 오면 일일이 갖추어서 친영의 예를 행하겠다고 했다. 그리고 이렇게 되면 두 딸의 혼례에 모두 한 가지 예를 행한 것이니 예에도 실정에도, 신랑집에도 신붓집에도 모두 흡족할 것이라고 하면서도 만약 그렇게 하는 것이 어렵다면 두 가지 예를 섞어서 행한 근거 없는 사람이 되더라도 김수항의 뜻을 따르겠다고 했다.[31] 이 예

28 이단상, 「상송동춘(上宋東春)」, 『정관재선생집』 8. "朱夫子所謂令妻家就近處設一處, 却就彼往迎, 歸館行禮, 及妻家出至一處, 壻卽就彼迎歸, 至家成禮. 此兩節, 皆有所難便不可行者, 伏未知事勢難便如此, 則將如何變通耶? 中國則固勿論, 以我國言之, 兩家或在相距絕遠之地, 無就近之勢, 則未知何以爲之. 朱夫子所謂就近處設一處却就彼往迎歸館行禮云者, 其節目當如何? 聞大鑑曾已行之云, 伏乞詳細回敎也. 端相今日所處, 旣變常道, 居變常之地, 則亦不無行權合經之宜. 兩女婚時, 各行兩禮, 雖似無據, 而事勢如此, 姑且屈意, 此一番則還行俗禮, 亦無不可耶? 伏望特賜反復指敎, 如何?"

29 송준길, 「답이유능(答李幼能)」, 『동춘당집』 14. "別紙示意, 謹悉. 親迎之禮, 已有先儒定論, 無用更贅. 但以卽今尊家形勢言之, 則得一舍館於所寓之近, 令彼家親迎, 實合朱夫子之論. 如以此爲難, 則只有俗禮而已. 抑左右雖以入城爲難, 而昏時暫到城外一家相會, 令久台便於親迎, 亦恐無不可. 如對久台, 當說及盛意也."

30 이단상, 「답김구지(答金久之)」, 『정관재선생문집』 11. "兄示中所謂乃反無難於行先祖之所未行云者, 未知兄意何以如此也. 以此見之, 則雖入城行禮, 亦將必從家間舊式, 仍行俗禮之意也. 弟於此實不覺惘然失圖. 此乃世俗凡人之言, 初不料兄之亦爲此也."

31 이단상, 「여김구지(與金久之)」, 『정관재선생별집』 3. "長女則行親迎, 次女則行俗禮, 事極無據, 兩家相遠, 則朱夫子有設假館就彼迎行之語, 此處相望地有好家, 兄於婚日, 只率新郎而來, 則自弟家一一整備, 仍行親迎之禮, 俾令弟前後兩女之婚, 皆行一禮, 則於禮於情, 於兄家於弟家, 恰好無欠. 如此爲之, 固大善. 兄若以設假館行之及屈意而從弟爲難, 則弟雖爲雜行兩禮無據之人, 而當屈意從兄而已. 此外則更無他策. 幸兄反復詳思, 從容回示, 如何?"

를 통해 알 수 있는 것은 이단상이 친영의 뜻을 남자가 여자보다 앞서며 여자가 남자를 따른다는 데 중요함이 있다고 이해하고 있다는 점, 결국 이단상이 신랑 쪽인 김수항의 입장을 따르고 있다는 점이다. 이는 혼인에서 남자 쪽의 결정이 더 비중을 차지했음을 의미한다. 즉 주자가례에서 말하고 있는 친영을 그대로 따르지 않는다 할지라도 주자가례에서 의미하고 있는 남자 중심의 혼례로 변해 가고 있었던 것으로 이해된다.

이단상과 김수항의 예는 당시 혼례를 치를 때 계속 일어났던 문제였던 것 같다. 이는 아직까지 친영이 확고한 전통으로 자리잡지 못했음을 의미한다. 그래서 혼인이 결정되면 그 집안이 친영을 따르는지, 속례를 따르는지를 확인하는 것이 우선이었던 것으로 보인다.[32] 그런데 이단상이 송준길에게 물어 하룻밤 다른 집을 빌려서 친영의 예를 행하는 것이 보편적인 경우였는지, 아니면 예외적인 그야말로 모범적인 경우였는지를 따져보아야 실제로 친영이 행해졌는지의 여부를 짐작할 수 있다. 이단상이 언급하는 바에 의하면 호중(湖中), 즉 충청도에서는 점차 실현되고 있었음을 알 수 있지만, 이는 모범적인 경우로 보편적이라고 보기는 어려웠을 것으로 짐작된다. 그 근거로 두 가지 예를 들 수 있다. 하나는 송준길이 사돈이 될 나명좌에게 보낸 편지이고, 또 하나는 권시(權諰, 1604~1672)가 윤선거에게 보낸 편지다.

송준길에게는 나명좌에게 시집간 딸이 있었는데 혼례를 앞두고 나명좌에게 보낸 편지에서 친영 절목만은 행하고 싶다는 의견을 표한 바 있다.

> 관을 설치하고 친영을 하는 것은 정자, 주자가 이미 행하고 가례에 실려

32 민유중은 혼인이 결정되자 아들에게 친영을 따르는지 속례를 따르는지를 묻고 있다. 민유중, 「답아진후」, 『문정공유고』 9. "彼家亦從禮親迎耶, 抑用俗禮否?"

있는 내용입니다. 근세의 여러 노선생들이 행하려고 하다가 미처 못한 것을 여러 사우들이 이미 주창하여 행해서 이미 통용되는 규범이 되었으니 이는 좋은 뜻입니다. 이제 형과 제가 도리어 이를 폐하고 하지 않는다면 혹 아름답지 못한 일이 아닌가 걱정되니 어찌하면 되겠습니까? …… 돌아가신 영감과 장인이 혼의를 논의해서 정한 것을 이미 돌아가신 영감으로부터 이어받았으니 대부분의 절목들은 모두 그대로 따르도록 하겠습니다. 다만 친영 절목 하나만은 고례에 의거하고 싶습니다. 찬품 또한 고례를 따라 박(朴)에게 되갚는 뜻을 보이고 싶습니다. 대개 이 일절은 장인이 늘 행하고자 했으나 머뭇거리기를 마지않은 것이고, 돌아가신 영감께서도 행하시고자 했으나 미처 못했던 것이라 합니다. …… 이제 오늘의 일은 마땅히 큰 가르침을 받들어 하겠습니다만 참작해서 다시 알려 주시기 바랍니다. 근래에 한 선비가 한 관인(官人)과 혼인을 맺었는데 선비가 고례를 행하고자 하니 관인이 놀라 머리를 흔들었답니다. 억지로 하려고 하니 떨치고 가려고 해서 할 수 없이 속례대로 행했는데 인근에서 이를 전하며 웃음거리로 삼았습니다. 형과 제가 이 사람들과 이름을 나란히 하지 않으면 다행이겠습니다.[33]

이 편지에서 송준길은 따로 관을 설치하고 친영을 행하는 것[設館親迎]이 통용되는 규범이 되었다고 전하면서 친영 절목 하나만은 고례대로 행하고 싶어한다. 자신의 혼례 때 장인[정경세]도 아버지[송이창]도 행

33 송준길, 「답나우천(答羅于天)」.『동춘당집』 12. "設館親迎, 是程朱兩夫子之所已行而載之家禮者. 近世諸老先生之所欲行而未遑者, 諸士友旣倡行之, 已成通規, 自是好意. 今乃自兄我而還廢之, 恐或不雅, 如何如何. …… 先令監與妻父講定昏儀者, 曾已承敎於先令監, 凡干節目, 皆當遵行. 只親迎一節, 願依古禮, 饌品亦從古以示返朴之義. 蓋此一節, 妻父之常所欲行吃吃不已者, 而先令監亦欲行之而未遑云. …… 然今日之事, 只當惟盛教是承, 幸乞參量更示. 近有一士人, 與一官人結親, 士人欲行古禮, 而官人驚駭掉頭, 强之則欲拂去, 不得已依俗行之. 隣近傳爲笑囮, 兄與我毋與此人齊名, 幸矣."

하고자 했으나 머뭇거리거나, 미처 행하지 못했다고 하면서 자신만은 이 친영 절목만은 지키고 싶다는 뜻을 간절하게 표하고 있다. 그리고 선비와 관인의 일화를 통해 이렇게 웃음거리가 되지는 말자고 이야기하고 있다. 이 일화는 친영이 보편적으로 행해지지 않았던 양상을 보여 준다. 고례대로 행하겠다는 선비의 말에 깜짝 놀라며 머리를 흔들었다는 관인이 웃음거리가 되었는지, 혼례에 대한 입장이 전혀 달랐던 두 집안의 대비가 웃음거리가 되었는지는 정확하지 않지만, 송준길이 친영을 지키고 싶어한 맥락에서 보면 관인이 웃음거리가 되었다는 것으로 이해된다. 이 편지는 송준길도 자신도 친영례를 행하지 못했다고 하면서 딸의 혼례에 친영례를 행하고 싶어한다는 점, 또 친영을 둘러싸고 두 집안 사이에 의견이 전혀 달랐던 예를 보여 준다는 점에서 송준길 당시 친영을 행하려는 시도가 계속되기는 했지만 속례가 여전히 완강하게 남아 있었음을 보여 준다.

또 하나의 예는 권시가 윤선거에게 보낸 편지다. 이 편지에서 권시는 가관(假館), 즉 집을 빌려서 친영을 치르는 데 대해 다음날이면 바로 여자 집으로 갈 텐데 굳이 그렇게 하는 것은 보이기 위한 것이니 거짓에 가까운 예라고 비판하고 있다. 그는 문장 제도는 조금 지나치거나 미치지 못하는 것은 의례에 해가 되지 않으니 속례를 따르는 것도 무방하며, 일의 형편에 따라 적당하게 하는 것도 무방하다고 하여 융통성을 보이고 있다.[34] 권시의 말은 당시 친영례를 행한다고 하면서 형식적인 것만 따르는 것에 대한 비판으로 보이며, 이는 실제로 친영례가 정착되지 못했음을 의미한다. 이는 실제 혼례를 치른 뒤의 거주 문제나 여자의 친정과의 관계를 살펴보아도 드러난다.

---

34 권시, 「여윤미촌논혼례(與尹美村論婚禮)」, 『탄옹선생집』 10. "夫婦之心, 皆知其不卽歸也, 皆知其明日必還也, 而苟爲一夜假館之文, 是將示之信乎, 示之誠乎? 愚恐其或示之僞也, 旣非古又非今, 徒矯俗而爲無益之多事, 謂之何哉? 君子行禮, 不求變俗, 得非此之謂乎?"

3. 17세기 혼례의 실상

17세기에 오면 실록에 친영에 대한 기사가 이전에 비해 줄어들고 있는 현상을 보이는 한편, 17세기에 기록된 남성 행장이나 묘지명을 보면 관혼상제를 주자가례대로 했다는 기록이 나오기 시작하며, 17세기에 기록된 여성 행장이나 묘지명을 보면 혼인 후에 시집에 들어가서 산 것으로 기록되는 경우가 많이 나타난다. 그러나 이것이 일시적인 것이었는지, 지속적이었는지에 대해서는 좀더 세밀한 고찰을 요한다. 그러나 앞서도 언급했지만 이로써 친영이 정착되었다고 보기는 어려울 것 같다. 송시열은 김수증(金壽增, 1624~1701)에게 보낸 편지에서 묘현(廟見)의 예를 행하지 않아서 시집 묘에 묻히지 못한다는 것은 시집간 지 3개월이 안 된 며느리를 말한다고 하면서 후세에 친영을 하지 않는 자가 많아서 혹 자식을 낳고도 친정에 있는 사람이 있으니 친영을 하지 않아 시집 사당에 인사를 올리지 못하고 죽은 여자들이 며느리가 아닐 까닭이 있겠느냐고 했다. 그리고 자식까지 낳은 며느리에게 고례를 거론하며 시집 묘에 묻히지 못하는 것은 오히려 도리를 해치는 것이라고 했다.[35] 이처럼 시집간 뒤에도 친정에 머물러 시부모의 얼굴을 보지 못하고 죽은 경우도 왕왕 있었다. 대표적인 예로 김수항의 딸은 시집간 지 얼마 되지 않아 죽었는데 그 때까지 시부모를 보지 못하고 죽었다.[36] 그런가 하면 시집간 뒤 친정에 일이 생기면 친정으로 돌아와서 친정 부모를 모신 경우도 보인다. 조지겸(趙持謙, 1639~1685)의 부인 심씨는 15세에 결혼을 했으나 친

35 송시열, 「답김연지(答金延之)」, 『송자대전』 51. "未廟見之女, 不遷於祖云者, 指未三月之婦也. 後世不親迎者多, 故婦或生子, 而尙在其室者有焉. 豈有生子而猶未成婦之理也. 嘗聞嶺外一先賢, 答生子婦之問曰, 古禮如此, 不可祔於夫黨, 愼齋聞之, 以爲極害理."

36 정형지 외, 『17세기 여성생활사자료집』 1(보고사, 2006), 326쪽.

정아버지가 무고를 당해 감옥에 갇히고, 나중에 청도로 귀양을 가게 되는데 따라가서 3년 간 친정아버지를 보살피고 주로 친정에서 생활했다.[37] 이외 오달제(吳達濟, 1609~1637), 박세당(朴世堂, 1629~1703), 김석주(金錫胄, 1634~1684) 등은 장가들어 데릴사위로 왕래하거나 처가에 의지해 살았다는 기록이 나오는 것으로 보아 친영은 형식적으로 강조된 측면이 강한 것으로 보인다.

영남을 대표하는 선비였던 이휘일(李徽逸, 1619~1672)은 "친영의 예가 없어진 지 이미 오래여서 여자가 혼인을 한 뒤 시집에 가지 않고 혹은 3, 4년에 이르기도 한다"[38]고 했다. 이휘일의 아우인 이현일(李玄逸, 1627~1704)도

> 국속에 친영의 예가 없어서 시부모 얼굴을 보지 못하고 죽는 신부가 왕왕 있다. 만약 고례를 따른다면 시집 묘에 묻히지 못하고 남편 묘에 합장되지 못하며, 부인을 쫓아내는 예를 따른다면 매우 난처한 일이 생길 것이니 이러한 것들은 마땅히 변통해서 행해야 할 것이다.[39]

라고 하여, 시집간 뒤에도 여전히 친정에 머무는 관습이 지속되고 있음을 짐작케 한다. 따라서 표면적으로는 『주자가례』에 기록된 바대로 행하는 것이었지만, 실제 가옥 구조나 조선적 현실은 중국의 실상에 맞게 형식화된 주자가례대로 행한다는 것이 무리였기 때문에 조선식으로 정착되거나 아니면 정착되는 과정에서 속례(俗禮)와 갈등을 빚을 수밖에 없었

---

37 김경미 외, 『17세기 여성생활사자료집』 4(보고사, 2006), 204-205쪽.

38 이휘일, 「답남시백」, 『존재선생문집』 2. "且親迎之禮, 廢已久矣, 女子成昏, 未歸夫家, 或至三四年之久."

39 이현일, 「답정개춘곤중」, 『갈암선생문집』 16. "且國俗無親迎之禮, 新婦未見舅姑而死者, 比比有之. 若從古禮, 不得祔於祖而配於夫, 遽從黜妻之例, 則極有難處之勢. 此等處, 且當變而通之."

고, 조선의 선비들은 별다른 저항 없이 속례를 택하는 것을 볼 수 있다. 실제로 가옥 구조의 변화는 18세기에 와서야 확실하게 이루어진 것으로 보인다. 양반가에서 관혼상제를 주자가례대로 행하기 위해서는 먼저 사당이 필요했다. 그러나 실제로 의례를 행하는 주된 공간은 정침, 즉 안채였다. 가옥 구조의 변화는 17세기에 이르러 보이기 시작한다. 특히 17세기에 이르러 안채의 구조가 변화하는 양상을 보이는데 이는 주자가례의 시행과 관련이 있다. 김기주는 16 · 17세기에 건립되었던 양반가의 안채는 '대칭형'과 '비대칭형'으로 나눌 수 있는데, 16세기 말 이후 17세기에 건립된 양반가 가운데 현존하는 안채를 대상으로 보면 대칭형 안채와 비대칭형 안채의 수가 거의 대등한 수준이 되며 18세기 이후는 비대칭형 안채가 더 많아진다고 보았다. 그런데 비대칭형 안채는 가례서의 정침과 유사한 형태를 보인다고 한다. 김기주는 이러한 변화에 대해 혼례와 상례를 가례대로 행하기 위해 가례서의 도설(圖說)에 보이는 정침의 방을 공간화할 필요에서 나온 것으로 해석했다.[40] 가옥 구조뿐만이 아니라 실제 경제 형편에 따라 처가에 머물 수밖에 없었던 경우도 있었던 것으로 보인다.

이 같은 거주의 문제뿐 아니라 친정과의 유대도 여전히 강하게 남아 있는 양상을 보인다. 송시열의 경우 어린 외손녀가 죽은 뒤에 이를 마음 아파하며 자신의 집에 상청을 차려 주기도 하고, 김수항의 경우 시집간 딸이 죽은 뒤 이를 슬퍼하여 딸의 묘를 자신의 선영에 묻으려 했으나 시집의 반대로 할 수 없이 시집 선영에 묻고 있는 것을 볼 수 있다. 이 밖에도 시집간 부인이 죽어서 친정어머니 옆에 묻히기를 원해서 그대로 들

---

40 김기주, 「조선 시대 중기 이후 반가(班家)의 공간 사용과 평면 형식에 미친 가례(家禮)의 영향」(연세대학교 박사학위 논문, 1994), 151-154쪽.

어 준 경우도 있다.[41]

이처럼 친정에 들어가 살거나 죽은 뒤에 친정 쪽에 묻고 싶어하는 것 외에도 17세기 여성 행장이나 묘지명을 보면 시집간 뒤에도 계속해서 친정 부모를 잘 모시고, 친정의 일에 관여하는 것을 볼 수 있으며, 친정으로부터 유산을 받아 살림 밑천으로 삼는 경우들이 보인다. 그런 한편으로 친정에서 주는 유산을 받지 않고 친정으로 되돌려 주는 여성을 칭송하고 있기도 하다. 이는 여성들이 친정의 재산권을 포기하는 것이 미덕으로 여겨졌던 것을 보여 주는데, 실제로 17세기에 들어오면 여성들의 물질적 기반이 약화되는 과정을 보여 준다고 할 수 있다. 다음 자료는 17세기 여성의 위치가 달라지는 것을 보여 주며, 시집간 딸에 대해 차별을 두는 모습을 볼 수 있다.

> 딸들은 출가한 이후에는 곧바로 다른 가문의 사람이 되어 버리니 그 지아비를 따르는 의리가 다른 무엇보다 중요하기 때문에 성인들이 예법을 만들면서 (출가한 딸은) 한 등급 낮추었으며 정(情)과 의(義) 모두를 가볍게 했다.
>
> 세간의 사대부 집안 제사에는 사위에게 제사를 돌려가며 지내도록 하는 경우가 매우 많이 있다. 내가 일찍이 다른 사람 집안의 사위와 외손들이 제사를 지내는 것을 보니 서로 미루다가 빼먹는 경우가 많았다. 또 비록 제사를 지낸다고 해도 제물이 정결치 못하고 정성과 경외의 마음이 없어서 차라리 지내지 않는 것만 못했다.
>
> 우리집에서는 일찍이 이 일로 아버님께 아뢰어 정하고 또 우리 형제들이

41 조혜란, 「17세기 조선의 규방 현실에 대한 보고」, 『한국고전연구』 9(한국고전연구학회, 2003), 360-363쪽.

> 논의하여 정하기를 여러 차례 했으니 이제부터는 제사를 결단코 사위나 외손의 집에 윤행하지 않도록 하는 것을 정식으로 삼아 대대로 준행하도록 하라.
>
> 애비와 자식 사이의 정리(情理)라는 면에서 본다면 아들과 딸 사이에 차별이 없겠지마는 딸들은 부모 생전에 봉양하지도 않고 사후에 제사도 지내지 않는데 어찌 유독 유산만은 남자와 균등하게 나누어 가질 수 있겠는가? (그러므로) 딸들은 남자 형제들이 물려받는 재산의 1/3만 나누어 갖도록 해도 정(情)이나 의(義)라는 면에서 따져보아도 조금도 잘못된 점이 없다.[42]

위 예문은 현종 10년(1669) 김명열에 의해 작성된 부안 김씨 집안의 후손에게 전하는 문서[傳後文書]다. 이 문서에 의하면 재산 분배에서 남아 우대, 장자 우대를 실천하라는 것으로 사위나 외손의 제사 윤행을 금지하고 있고, 재산 분배에서도 딸은 아들의 1/3만 주라고 하고 있다. 김현영은 이것으로 제사 윤행과 재산 분배에서 여성이 배제된 것으로 일반화하기는 이르다고 하면서도 가훈이나 분재기에 나타난 가족과 친족 의식의 변화를 검토한 결과 해남 윤씨의 경우 18세기 후반에, 부안 김씨, 영월 신씨의 경우 17세기에 부계 중심의 가계 전승으로 변화한다고 보았다.[43] 친정의 재산을 받지 않는 여성이 칭송받는 것은 단지 청렴함 때문이 아니라 가문 중심적인 사고에서 보았을 때 딸에게 재산이 가는 것이 가문 유지에 전혀 도움이 되지 않는다는 판단이 깔려 있기 때문인 것이다. 따라서 위 자료는 17세기 여성의 변화하는 지위를 보여 준다.

의례란 일상을 통어하는 문화적 장치로 각 개인의 삶에서 구체적으로

---

42 김현영, 『고문서를 통해 본 조선 시대 사회사』(신서원, 2003), 39-40쪽에서 재인용.
43 위의 책, 52쪽.

부딪치는 문제다. 따라서 의례의 정착은 사회경제적인 변화를 수반한다. 이런 점에서 조선의 사대부 가문에서는 송대의 사회경제적 조건에서 나온 주자의 가례를 모범으로 삼되, 17세기 이후에도 다양한 방식으로 융통성 있게 운용되었던 것으로 보인다. 친영이 오래도록 자리를 잡지 못했다는 것은 영조가 대신과 호조 판서를 인견하는 자리에서 "지금 사대부들이 혼인하는 날에 납폐하고 또 친영을 하지 않으며, 관례도 또한 흔히 폐지하고 거행하지 아니하는 것은 무슨 까닭이냐?"고 물은 뒤에 다시 "비록 친영은 할 수 없다고 하더라도 기일 전에 납폐하는 것을 왜 꺼려하고 행하지 아니하느냐?"[44]고 묻는 것을 통해서도 알 수 있다. 여기서 주목할 것은 사대부들이 친영을 하지 않는다는 것을 지적한 대목뿐만 아니라 "비록 친영은 할 수 없다고 하더라도"라는 유보적 조항이다. 다시 말해 친영은 실제로 행하기 어려운 것임을 국왕도 인식하고 있었던 것이다.

이처럼 17세기 이후까지도 친영은 제대로 자리를 잡지 못했다. 17세기 사대부들은 원칙적으로 가례를 준수해야 한다는 원칙을 표명했지만, 실제로 행할 때는 다양한 변례를 적용했기 때문이다. 실제로 사대부들은 친영뿐만 아니라 주자가례를 그대로 행하는 것이 어렵다는 것을 인식하고 있었던 것으로 보인다. 의례란 당연히 생활 환경과 밀접한 관련을 맺고 있는 것으로 중국에서 행해지던 것이 조선의 현실에 그대로 적용되기 어려울 것임은 자명한 사실이다. 그럼에도 담론상으로는 거듭 주자의 가례가 적용되어야 한다고 강조하고, 행장이나 묘지명에서 주자가례대로 관혼상제를 실행했다고 언급하는 것은 결국, 주자라는 문화적 · 이념적 권위를 차용하여 가문의 권위를 확보하려는 의지에서 나온 것으로 보인다. 가문의 내부인에게나 외부인에게나 '주자가례대로 행하는 집안'이라

44 『영조실록』, 25년 9월 21일.

는 이미지, 그것을 심는 것이 중요했기 때문이다. 주자가 강력한 권위를 갖기 시작한 조선 사회에서 주자가례대로 행하는 집안은 예를 아는 집안인 것이고, 예를 아는 집안이라는 것은 곧 훌륭한 집안이라는 것을 의미한다. 이처럼 주자가례대로 행하는 집안이라는 이미지는 다른 집안과 구별되는 상징적 가치를 부여한다. 이러한 상징적 가치는 가문 의식이 형성되어 가던 17세기 조선의 양반 사회에 중요한 힘을 발휘했을 것으로 보인다.

17세기 이후에 창작된 소설에 이상적인 가문의 혼례를 주자가례식 혼례로 재현하고 있는 현상은 곧 이러한 담론의 연장선상에 있는 것으로 볼 수 있다. 그 예로 다음 절에서는 17세기에 창작된 『소현성록』과 『사씨남정기』를 살펴보고자 한다.

Ⅳ. 재현과 실제의 거리: 서사 문학 속의 혼례 양상

『소현성록』은 작가를 알 수 없는 국문 장편 소설이고, 『사씨남정기』는 16세기를 대표하는 예학가인 사계 김장생의 후손인 김만중(金萬重, 1637~1692)이 쓴 국문 소설이다. 이 두 작품은 중국을 배경으로 하고 있지만, 실제로는 조선의 상층 가문에서 일어날 수 있는 일을 다룬 것으로 17세기 사대부 가문의 문화를 이상적으로 재현한 작품들이라 할 수 있다.

이 두 작품에는 혼례가 중요하게 등장하는데, 모두 친영이 행해지고 신부가 시집으로 들어와서 살면서 시집 사람이 되어 가는 과정을 보여 준다. 먼저 이화여대 소장본 『소현성록』 본전을 대상으로 혼례의 양상을 보면, 친영과 속례가 혼재함을 볼 수 있다. 그러나 작가가 궁극적으로 보여 주고자 하는 것은 친영제의 실행이다. 세 번에 걸쳐 나오는 소현성의 혼례 장면은 모두 비슷한 양상을 보이는데 친영례를 행하는 과정을 보여준다. 그 중 한 예를 들어보면 다음과 같다.

> 마차 백 대로 신부를 맞아 집에 돌아와서[親迎] 자리에 앉았는데 보니 신랑의 깨끗하고 후덕한 용모와 버들 같은 풍채가 표연히 이태백보다 나았다. …… 혼례를 마친 후 신방에 나아가 합환주를 마실 때 직사가 잠깐 눈을 들어 신부를 보았다. …… 다음날 폐백을 받들고 사당에 올랐다[廟見] …… 그리고 사당에서 내려와 새 단장을 하고 부인께 예를 올리니[婦見舅姑] 부인이…… 그 자리의 손님들이 입이 마르도록 복 있다고 칭찬했는데……(권1)

소현성의 나머지 두 부인과의 혼례에도 마찬가지로 친영례가 행해지며, 부인들은 혼인 이후 시집에서 생활하게 된다. 실제로는 친영이 그대로 실행되기가 어려웠음에도 『소현성록』에는 『주자가례』식 혼례가 실행되는 것으로 재현되는 것이다. 『주자가례』에서 규범화한 대로 사당에 절하고, 시부모에게 인사하는 예를 행하고 있다. 그뿐만 아니라 둘째 부인 석씨의 경우 열세 살에 소현성에게 시집을 오니 소현성이 "어리고 약한 여자"를 바삐 혼인시키려 한 장인을 이상하게 여기며 "장성하기를 기다려야지 어린 여자와 더불어 즐기는 것은 옳지 않다"고 생각하고 가까이 하지 않는다. 그리고 열네 살이 된 뒤에야 비로소 가까이한다. 이 역시 주자가례에서 여자가 혼인하는 나이를 14세에서 20세로 정한 것을 의식한 설정인 것으로 볼 수 있다.

『소현성록』 본전은 이 세 부인이 들어온 뒤 계속 소현성의 집에 머물며 부인의 도를 지키며 시집 사람으로 길들여지는 과정을 그리고 있다. 물론 석부인의 경우 몇 달간 친정에 머물다 오기도 하지만 대체로 세 부인들의 생활은 소현성의 집을 중심으로 이루어지고 있다. 시어머니 양부인은 엄격하고 공평하며, 남편인 소현성 역시 공평한데다 여색에는 전혀 관심이 없는 인물로 그려지고 있다. 소현성은 세 부인을 맞은 뒤에 한 달 중 10일은 서당에 있고, 8일은 화씨에게 있고, 6일은 석씨 · 화씨에게 머무는 것을 정해서 실천할 정도로 공평한 인물이다. 이는 부인들 간의 투기가 일어나지 않게 해서 가문을 평화롭게 유지하려는 의도에서 비롯된 것으로 정작 혼례에서 중요한 섹슈얼리티의 문제는 완전히 제거하고 있는 것이다.

그런데 『소현성록』에 나타난 혼례의 양상을 보면 아들과 딸이 다르게 나타난다. 소현성의 두 누이의 혼례는 주인공인 소현성의 혼례 장면에 비해 간략하게 서술되어 있으며, 혼례 뒤에도 주로 친정에 머물며 친정의 일에 직접 관여하는 것으로 재현된다.

> 1년 중 8개월을 친정으로 돌아오니 한생도 따라와 부인과 함께 지내었다. 이러므로 늘 자운산에 있으니 양부인의 사랑함과 시랑의 기뻐함이 비길 데가 없었다.(권2)

> 소부인, 윤부인 등이 출가했지만 늘 자운산에서 함께 즐기니 당시의 사람들이 부러워했다.(권4)

『소현성록』이 양 부인과 소현성을 중심으로 한 소씨 가문의 일을 서술하고 있기 때문에 딸들의 일이 전면화되지 않는 것은 당연한 현상일지도 모른다. 그러나 결혼한 딸들이 친정에서 사는 데 대해서는 아무런 문제의식 없이 그려진다. 그뿐만 아니라 결혼한 딸들이 친정에 함께 살면서 즐기니 당시 사람들이 부러워했다고까지 했다. 이는 앞 장에서 보았듯이

17세기 당시 출가한 딸들이 여전히 친정 일에 관여했으며, 출가한 뒤에도 친정 근처에 살고 싶어서 가까이에 집을 짓고 살기도 했던[45] 관습과 관련이 있는 것으로 보인다. 그리고 이를 부러워했다는 것은 17세기 당대인들의 욕망이 투영되어 있는 것으로 보인다. 이러한 양상은 『사씨남정기』에도 나타나는데 시집간 고모가 계속 친정에 머물며, 유연수의 아버지가 죽은 뒤 실제로 집안 어른의 역할을 하고 있는 것이다.[46] 그럼에도 소현성이 중심이 되는 소씨 집안은 철저히 종법 중심의 유교 가부장적 가정 모델을 보여 주는 작품으로 이를 혼례나 혼례 이후 시집에 살면서 세 부인이 투기하지 않고 가문을 유지해 나가는 양상을 통해 보여 준다. 『사씨남정기』 역시 사씨는 집안의 중요한 일이 있을 때마다 시부모의 묘에 가 있으며, 중요한 일이 있을 때는 사당에 고함으로써 집안의 중심이 사당에 있음을 분명하게 보여 준다. 그뿐만 아니라 혼례가 자손 생산에 있음을 명백하게 보여 주고 있다.

그러나 『소현성록』이나 『사씨남정기』에 재현되고 있는 『주자가례』식 혼인, 즉 친영은 앞서도 살펴보았지만, 17세기에도 제대로 정착되지 못했던 것이다. 그렇다면 이런 방식의 재현이 이루어지는 것은 무엇을 의미하는가? 이 작품들에서 인물을 재현하고 있는 방식은 17세기 행장이나 묘지명에서 전형적으로 이상화된 여성 인물들을 재현하는 방식에 가까운데, 이처럼 예를 구현하는 인물을 허구 속에서나마 재생산해 냄으로

45 송시열이 쓴 「유명우의 아내 김씨 묘표」에는 집을 짓게 되었을 때 친정 부모 집 가까이에 지어 끝까지 효도하려 했던 기록이 나온다. 『17세기 여성생활사자료집』 1, 224쪽. 이외 김창협의 사촌누이 김씨(1663~1683)는 유명건에게 시집갔는데, 갓 시집갔을 때 부모를 그리는 마음에 차마 멀리 가지 못하고 친정 근처에 집을 짓고 살았다고 한다. 김창협, 「유씨에게 시집간 사촌누이의 묘지명」, 『17세기 여성생활사자료집』 3, 297쪽.

46 17세기에 창작된 『숙향전』에도 일찍이 과부가 된 이선의 고모가 이선을 자식처럼 키우고 이선과 숙향의 혼인을 돕는 역할을 하는데 이 역시 『사씨남정기』의 유연수의 고모 역할과 비슷한 측면이 있다.

써 이를 하나의 이상적인 이미지로 구성하는 것이 중요했기 때문이다. 그러나 이러한 이미지를 구성하려고 했다는 것은 혼례에 대한 당대의 가치 기준이 주자가례대로 행하는 데 있었다는 것을 드러낸다는 점에서 중요한 의미를 갖는다.

Ⅴ. 맺음말

본고는 17세기 문집 자료에 나타난 의례에 관한 글 및 개인의 일생을 정리한 행장, 제문, 묘지명 및 당시의 일상 생활을 반영하고 있는 17세기 서사 문학 작품을 대상으로 17세기 혼례의 양상을 살펴본 것이다. 지금까지의 연구가 주로 실록을 중심으로 하면서 일부 문집 자료를 활용해서 국가의 정책과 관련해 전반적인 흐름을 보여 주었다면, 이 연구는 좀 더 미시적이고 구체적인 자료를 통해 각 가문에서 실제로 행해진 혼례의 실상을 드러낼 뿐만 아니라, 서사 문학 작품에 재현된 혼례의 양상까지 고려함으로써 주자가례식 혼례에 대한 당대인의 의식을 보여 줄 수 있으리라 기대했기 때문이다.

그 결과 17세기 사대부들의 혼인에는 여전히 친영이 제대로 자리잡지 못했음을 알 수 있었다. 심지어는 예학자의 집안에서도 친영을 행하는 것이 실제로는 어려운 일이었으며, 혼인의 상대가 누구인가에 따라 같은 집안에서도 다른 형식의 예를 치른 경우를 보았다. 이는 17세기 사대부들의 혼인 양상을 통계적으로 본 것이 아니라 다양한 실례를 근거로 해서 나온 결론이어서 이 글에서 다룬 예가 당대에 어느 정도의 보편성을 갖는 것인지, 쉽사리 일반화할 수 있는지에 대해서는 여전히 조심스러운 측면이 있다. 그러나 앞서의 내용들을 통해 적어도 세 가지 사실은 분명하게 알 수 있다. 첫째, 담론상으로는 친영을 행해야 한다는 것이 주도적이었으나, 17세기에도 여전히 친영이 제대로 자리를 잡지 못했다는 것이다. 17세기 당시의 사대부들은 속례나 변례를 융통성 있게 운용하고 있고, 그럴 수밖에 없는 이유를 권시의 경우처럼 중국 역사에서 근거를 가지고 와서 설명하고 있기도 하다. 물론 이 모두는 친영이 계속 강조되는 것을 의식한 데서 나온 것이라 할 수 있다. 실록을 통해 볼 때 조정에서는 친영론이 잠잠해졌지만 사대부 문인들 사이에서는 비록 실행하기는 어렵지만, 친영이 이상적인 혼례 형태로 지속적으로 담론화되고 있었던 것이다. 둘째, 주자가례대로 행하는 집안이라는 이미지가 훌륭한 가문을 나타내 주는 상징적 가치로 작용했다는 것이다. 셋째, 친영의 본질이 남자가 여자보다 우선한다는 것에 있음을 인식하고 있었던 것으로 보인다. 따라서 주자가례의 정착이 궁극적으로는 남성 중심적인 종법 체제의 강화에 기여했던 것을 확인할 수 있다.

그렇다면 누가 이렇게 친영을 이상적인 혼례의 형태, 예를 지키는 혼례 형태로 담론화하며, 또 이런 담론은 궁극적으로 무엇을 위한 것이었는가? 친영의 실행은 여자가 철저하게 남편의 가문에 속하는 것을 의미하며, 이는 결국 부계 가문을 강화하는 것이 된다. 따라서 이를 지속적으로 담론화하는 것도 바로 사대부 남성 문인들이다. 소설 속에 재현된 혼례의 양상도 주자가례식 혼례를 이상적인 것으로 재현하고 있으며, 철저히 남성 가부장 중심적이다. 따라서 친영이 담론화되는 이면에 여성의 경제력, 지위, 역할 등 여성의 존재 조건이 달라지고 있었던 것이다.

17세기에는 이처럼 불안정하게 자리를 잡았던 친영이 18세기를 지나면서 자리를 잡아갔던 것으로 보인다. 그 한 예로 서울 출신인 풍양 조씨의 『자기록』이나 해남 윤씨가의 종부 이씨가 쓴 기록으로 해남이 배경인 『규한록』에는 시집간 뒤 바로 시집살이가 시작되기 때문이다. 그리고 시집살이를 노래한 가사들이 18세기 후반, 19세기에 집중되어 나온다는 사실도 이러한 사실을 뒷받침해 준다. 오늘날 조선 시대 혼례의 전통으로 알고 있는 시집살이는 아마도 18세기 후반, 19세기에 본격화된 것으로 짐작된다. 이는 곧 18세기 이후 결혼한 여성의 남편에 대한 종속이 본격화되었음을 의미한다. 조선 후기 열녀전에서 열녀들이 효(孝)보다는 남편에 대한 열(烈)을 선택하게 되는 것도 이러한 과정과 연관이 있을 것으로 짐작된다. 이러한 짐작들과 관련해서는 18세기 자료를 대상으로 좀더 실증적인 논의가 이루어져야 할 것이다. 또한 본고에서는 이처럼 친영의 실행을 담론화하는 배경에 자리하고 있는 사회경제적인 조건에 대해서는 다루지 못했다. 이에 대한 보완은 후고로 미룬다.

〈참고 문헌〉

■ **자료편**

권시, 『탄옹선생집』.

민유중, 『문정공유고』.

송시열, 『송자대전』.

송준길, 『동춘당집』.

오억령, 『만취문집』.

이단상, 『정관재선생집』.

이정구, 『상촌고』.

이현일, 『갈암선생문집』.

이후경, 『외재선생문집』.

이휘일, 『존재선생문집』.

조목, 『월천집』.

정형지 외, 『17세기 여성생활사자료집』 1-4, 보고사, 2006.

조선왕조실록 CD.

■ 논저편

김경미, 「『주자가례』의 정착과 『소현성록』에 나타난 혼례의 양상」, 『한국고전연구』 13, 2006, 한국고전연구학회.

김기주, 「조선 시대 중기 이후 반가(班家)의 공간 사용과 평면 형식에 미친 가례(家禮)의 영향」, 연세대학교 박사학위 논문, 1994.

김현영, 『고문서를 통해 본 조선 시대 사회사』, 신서원, 2003.

박연호, 「조선 전기 사대무례(士大夫禮)의 변화 양상」, 『清溪史學』 7, 한국정신문화연구원 청계사학회, 1994.

박혜인, 『한국의 전통혼례 연구 : 婿留婦家婚俗을 중심으로』, 고대민족문화연구소, 1988.

이상옥 역저, 『禮記』, 「郊特牲」, 2003, 새문사.

이숙인, 「동아시아 고대의 여성사상」 6장. 『동아시아의 혼인 사상』, 2005, 도서출판 여이연.

이순구, 「종법제의 보급과 가족 제도의 변화」, 『한국사』 31, 1998.

장병인, 『조선 전기 혼인제와 성차별』, 일지사, 1997.

장병인, 「조선 중기 혼인제의 실상」, 『역사와 현실』 58, 2005.

조혜란, 「17세기 조선의 규방 현실에 대한 보고」, 『한국고전연구』 9, 한국고전연구학회, 2003.

주희 지음, 임민혁 옮김, 『주자가례』, 예문서원, 2003.

『동양고전연구』 25집(2006년 12월)에 게재.

17세기 사대부의 주자가례에 대한 인식과 상 · 제례

-우암 송시열의 경우를 중심으로-

김남이

I. 머리말

17세기 예학에 대한 연구는 왕조례를 중심으로 하여 예학의 대가들이 '왕을 재판관으로 세운 소송'의 형태로 진행된 복제 논쟁에 대한 관심을 기울여 왔다. 이에 따라 예론으로서, 학파와 당파의 이념적 배경이나 정치적 논쟁으로서 갖는 함의와 철학적 기반에 대한 연구가 지속적으로 이루어졌고, 거대 담론으로서 17세기 예학의 성격과 의미에 대한 탐구는 일정한 기반 위에 올라와 있다.[1] 그러나 한편으로 여전히 남아 있는 궁금증도 있다. 학파와 당파, 그리고 왕조례를 논의하는 공적 담론의 장에서 주장된 예론과 예행은 사대부 개개의 일상에서도 여실하게 나타났을까? 일상에서의 예 실천은 어떠한 양상을 보였을까?

이에 본고는 17세기 사대부들이 일상에서 보여 준 예 실천은 어떠했는

1 이러한 기왕의 17세기 예학에 대한 연구 성과는 기존 연구에서도 충분히 정리되고 평가되어 있으므로 여기에서는 재론하지 않는다. 이영춘, 이봉규, 이원택, 배상현 등의 연구사 정리가 많은 도움이 된다.

가에 먼저 주목했다. 그리고 이는 기본적으로 주자가례에 대한 인식과도 관련되어 있으므로, 송시열(尤庵 宋時烈, 1607~1689)이 『주자가례(朱子家禮)』를 어떻게 이해했는가 하는 문제에도 관심을 가졌다. 특히 이 글은 17세기 예학 사상의 거목으로 일컬어지는 송시열에 초점을 두었다. 송시열이 17세기 예학에서 핵심적인 위상을 차지해 온 인물임은 재론의 여지가 없을 것이다. 다만 송시열의 예학은 국가의 의례(儀禮)를 중심으로 하여 연구되어 왔으며, 학파와 당파의 이해 관계 속에서 주로 파악되어 왔다. 그 결과로 17세기 예학을 상징하는 하나의 기호로서 송시열이라는 존재는 어느 정도 밝혀져 있다고 할 수 있다. 다만 그가 조정(朝廷)을 중심으로 하는 공적 담론의 장에서 발화했던 예에 관한 담론들이 일상에서 실제로 어떻게 실천되었는가 하는 의문은 여전히 해결되지 않은 것으로 보인다.

이에 본고는 송시열이 문인들과 주고받은 수많은 서신과 예에 관해 쓴 글, 그가 쓴 묘지명, 행장, 제문, 전(傳) 등을 대상으로 하여 송시열이 행한 의례의 구체적인 실태를 재구성해 보고자 한다. 각 지역에서 수십 명이 넘는 많은 인물들[2]이 다양한 실례와 가설을 근거로 송시열에게 의례와 관련된 질문을 편지로 보내왔다. 내용은 관혼례와 관련된 것들도 있으나 대개는 상·제례에 대한 질문이 많은데 『주자가례』에 있는 예식이 갖는 의미를 비롯해, 시속(時俗)과 『주자가례』의 차이, 그 차이를 어떻게 해결해야 하는가를 묻는 것들이 많다. 이렇듯 편지들은 주자가례를 비롯한 예경과 시속의 충돌, 현실적인 모순 등을 고해하고 있어 17세기

2 정안숙, 조계원, 신중연, 이태연, 이야수, 이운거, 이단하, 김기지, 민대수, 민지숙, 이유능, 박세채, 송도원, 이유태, 이택지, 김만중, 이동명, 김익렴, 한성보, 조복형, 이중경, 이석견, 고회, 권치도, 이여구, 이유, 곽시징, 이담, 정경유, 이교악, 윤채, 정천, 김간, 김재, 김직경, 곽여정, 오익승, 박경초, 박사원, 김여남, 박사술, 민원중, 민행중, 홍우주, 민문숙, 이수형, 변동규, 박상호, 조유원, 최유화, 김진규, 현이규, 박만선 등.

의 일상에서의 예 실천이 어떤 갈등을 안고 있었으며 그 갈등을 어떻게 해결해 나갔는지 확인할 수 있게 해 준다. 이 편지들을 통해 송시열 집안의 의례에 관한 정보를 얻을 수 있으며, 그가 불변의 원리로 지키고자 했던 주자(朱子)의 이념이 가변의 형식과 충돌하게 될 때 이를 어떻게 해소했는지도 파악할 수 있다.

본고는 이러한 문제 의식에 따라 송시열이 자신과 관련되어 있는 개인적이고 일상적인 차원에서 예를 어떻게 인식하고 실천했는지 가능한 자료들을 모아 그가 행한 상 · 제례 의식들을 재구성하고 검토하며, 이를 주자의 『주자가례』에 대한 인식과 함께 고찰해 나갈 것이다.

II. 송시열 '가(家)'의 상 · 제례(喪 · 祭禮)

송시열은 평생에 걸쳐 몇 번이나 가족의 상사(喪事)를 만났으며 그와 관련된 상 · 제례를 어떤 형식으로 치렀을까? 이 점을 살피는 것이 이 절의 목적이다. '송자(宋子)의 가례'는 어떤 내용과 형식을 담고 있는지 살펴보는 것이라고 할 수도 있겠다.

1. 송시열가의 상례: 시의와 인정의 예

『송자대전』에 있는 송시열의 연보와 묘지명 · 제문 등을 근거로 파악해 보면 1627년 큰형 송시희가 세상을 떠났고, 1628년에는 아버지 송갑조가 세상을 떠났으며, 1630년 아버지의 상기를 마쳤다. 1655년 어머니가 돌아가셨고, 1661년 4월에 며느리(송기태의 처)가 세상을 떠났으며,[3] 1662년에는 조카 송기억이 세상을 떠났다. 1666년 5월에는 서녀가 죽었고, 1667년에는 윤염에게 시집간 큰누나가 세상을 떠났다. 1672년에는 둘째형 송시묵의 상을 당해 1674년 7월 대상을 치렀다. 1677년 3월, 장기에 위리안치되어 있던 시기에 아내가 세상을 떠났다. 1678년 8월에는 큰딸이 세상을 떠났고,[4] 1685년 또 둘째딸이 청상으로 있다가 세상을 떠나니 1686년에는 둘째딸의 연제를 치렀다. 이 중에 상 · 제례의 절차와 관련된 내용을 어느 정도 드러낸 자료로는 송시열의 아내 이씨 · 큰누나 윤염의 처 · 외손녀 혜온 · 차온 자매의 초상, 그리고 송시열의 재종손 송이석이 치렀던 양상(兩喪)이 있다.[5]

아버지 송갑조의 상례는 1628년 송시열이 22세일 때 치렀다. 연보의 기록에 의하면 "여러 형제들과 함께 시묘(侍墓) 살며 법제대로 지켜, 조석의 밥짓는 것도 또한 남자 종을 시켜 하게 했고 3년 동안 부인을 보지 않았으며, 비록 채소라 하더라도 부인에게서 가져온 것이면 즉각 물리치고 먹지 않았다. 울며 슬퍼함을 사람들이 차마 볼 수 없었는데, 친구들이 아프게 됨을 민망히 여겨 조금 고치기를 청했으나 듣지 않았다"[6]고 했다. 그 해 9월에 아버지를 적등강 산소에 묻었으며, 삼년상이 끝나던 1630년 24세의 나이로 사계 김장생의 문하에 들어가게 된다. 연보의 기록에 의하면 이 시기는 『주자가례』를 비롯한 주자의 글을 본격적으로 읽고 탐구하기 전이다. 따라서 법제대로 엄격하게 상례를 치렀다는 말을 『주자가례』의 예식을 엄격하게 준수했다는 말로만 보기는 어렵겠다. 그러나

3 송자대전(152), 祭文 「며느리 이씨를 제사하는 글(祭子婦李氏文)」. 이상 『송자대전』의 내용은 한국문집총간(민족문화추진회 간, 1993)을 대본으로 했으며 인용하는 내용들은 민족문화추진회의 번역을 따랐다.

4 이 때에 송시열은 제문을 지어 딸의 죽음을 슬퍼했다. 『송자대전』(153), 「권씨에게 시집간 장녀를 제사하는 글(祭長女權氏婦文)」. 번역은 정형지 · 김경미(역), 『17세기 여성생활사 자료집 1(보고사, 2006), 67쪽 참조.

5 외손녀 자매의 경우에는 송시열이 쓴 제문이 있고, 다른 인물들은 서신과 연보 등에서 관련 내용이 간단하게 언급되어 있었다.

6 『송자대전』(부록 2), 연보 1 「숭정(崇禎) 원년(元年) 무진. 선생 22세」.

송시열이 부친을 잃은 지극한 슬픔을 엄격한 애도의 형식에 담아 표현하려 했다는 점을 확인할 수 있다.

1) 1667년 큰누나(윤염의 처)의 상례: 『주자가례』의 준수

송시열의 큰누나는 윤염과 혼인했다가 과부가 되었으며, 1667년 71세의 나이로 세상을 떠났다.[7] 송시열은 처음에 자식도 없이 과부가 된 채 장단에서 살고 있던 큰누나를 판교 자신의 집으로 모시고 와서 어머니처럼 섬겼다.[8] 그리고 누나가 세상을 떠나자 "『주자가례』의 법도대로" 상례를 치렀으며,[9] 『상례비요(喪禮備要)』의 내용을 따르지 않았음이 특기되어 있다. 예컨대 당시 송시열이 두건과 환질의 제도를 사용하지 않은 것도 『주자가례』에 없는 격식이기 때문이었다.[10] 이는 송시열이 『주자가례』에 없는 고례는 따르지 않아도 된다고 했던 평소의 입장과 상통하는 것이다.[11]

송시열은 누나가 세상을 떠나자 염습까지 예에 따라 치른 다음에 장단으로 반구했다. 장단은 처음에 큰누나가 살던 곳이니 시댁이 있거나 그와 관련이 있는 곳일 가능성이 크다. '반구'라는 용어 자체가 '객지에서 죽은 자를 고향이나 집으로 돌려보내는 것'을 뜻한다. 송시열이 쓴 매형 윤염의 묘표에도 "(누나를) 남편의 묘소로 귀부(歸祔)했다"[12]는 구절이

7 윤염은 1639년 47세의 나이로 세상을 떠났다. 『송자대전』(196), 묘표, 「군수윤공묘표음기」. "公字晦叔, 坡平人, 世系具在其高祖同成均倬大碑, 所謂忠世卽其考, 公武科至郡守, 居家與官, 以順善稱, 年四十七, 卯九月十三日卒 葬成均兆."

8 『송자대전』(부록 5), 연보 4 「숭정(崇禎) 40년 정미. 선생 61세」.

9 『송자대전』(부록 17), 어록 4 「최신(崔愼)의 기록: 상」.

10 『송자대전』(부록 18), 어록 5 「최신의 기록 하」.

11 한편 복제로 보면 큰누나는 '시집을 갔으며 자식과 남편이 없는 자매'이니 『주자가례』이 규정에 따르면 송시열은 재최부장기의 복을 입으면 된다(주희 지음, 임민혁 옮김, 『주자가례』, 「부장기」 [서울: 예문서원, 2003], 277쪽). 그런데 송시열은 이보다 한 등급 낮게 대공구월복을 입었던 것으로 나오는데 이 문제는 좀더 상세하게 살펴보아야 할 부분으로 보인다.

있다. 큰누나는 이미 30여 년 전에 남편을 잃고 시댁 가족과도 떨어져 살았다. 자식도 남편도 없어 시댁과의 인연이 끊어졌다 해도 과언이 아닌데다가 수십 년이 지난 뒤였다. 그러나 송시열은 누나에 대해 혼인하여 집안을 나간 자로서 본가에 귀속되도록 했으니 '하나의 근본—종(宗)—'을 중시하는 송시열의 근원적인 인식이 실천으로 드러난 것이라고 할 수 있다.

2) 1669년 두 외손녀의 상례: 법도 밖의 지극한 인정(人情)

송시열은 윤단에게 시집간 딸이 낳은 혜온과 차온 두 손녀가 있었다. 두 외손녀는 연달아 "시집갈 나이"에 죽으니 미혼으로서 19세에서 12세 사이의 장상(長殤)과 중상(中殤)에 해당했던 것으로 추정된다. 송시열은 이들을 위해 제문을 써[13] 곡진한 슬픔을 표현했다.

1669년 3월 22일자로 송시열이 쓴 혜온의 제문을 보면 외할아버지인 송시열이 외손녀 초상의 상주가 되어 장례를 치러 주었음이 드러난다. 『주자가례』에 따르자면 외손에 대한 복제는 시마삼월이다. 게다가 상사(殤死)에 해당한다면 강복을 하는 것이 『주자가례』의 법이니 시마삼월을 내려 입으면 복이 없을 수도 있다. 그럼에도 송시열은 외손녀 초상에 상주가 되어 빈소를 마련하고 조석으로 상식을 올렸다. 그럴 수밖에 없었던 사정은 제문의 내용에서도 확인된다. 혜온의 어머니와 동생이 초상을 다 치르지 않은 상태에서 서쪽으로 돌아가고 난 뒤에 혜온의 관을 지킬 사람이 없게 되었다. 그래서 송시열이 빈소를 자신의 집으로 옮기고

---

12 『송자대전』(196), 묘표, 「군수윤공묘표음기(郡守尹公墓表陰記)」. "崇禎丁未閏四月九日 沒于懷德贊成公墳菴而歸祔焉. 年七十一 無子, 以公再從兄掌令烇子季擧爲後, 亦無子."

13 『송자대전』(153), 「외손녀 윤낭을 제사하는 글(祭外孫女尹娘文)」; 정형지 · 김경미 옮김, 앞의 책, 60쪽 참조.

상식을 하며 초상을 치렀던 것이다.[14]

그리고 1년 뒤에 혜온의 동생 차온이 죽자 송시열은 불쌍한 외손녀 자매의 뒷날을 위해서 신주를 만들게 된다.[15] 처음에 언니 혜온이 죽었을 때에는 신주를 만들지 않았다가 동생인 차온까지 죽자 언니인 혜온의 신주를 만들어 동생의 신위를 겸했던 것 같다. 실상 신주를 만드는 것은 망자와 그에 대한 봉사를 받들 후계의 관계를 밝혀 명시하는 것이다. 그리고 무엇보다 사당에 부제되는 것을 전제로 한다.[16] 미혼으로 제사를 받들 자손이 없이 죽은 외손녀를 위해 외할아버지가 상례를 주관하고, 실제적인 쓰임이나 효용이 거의 없었을 것으로 보이는 신주를 만들었던 것은 그들에 대한 사랑에 기반한 인정(人情)이 『주자가례』는 물론이고 어떠한 예경의 법조문도 넘어섰기 때문으로 보인다.

3) 1677년 아내 이씨의 상례: 절충과 변례(變禮)

송시열의 부인 이씨는 1677년 3월 22일, 송시열이 장기에 위리안치되어 있을 때 세상을 떠났다. 송시열의 아들 기태는 아버지가 살아 계신 상황에서의 어머니 초상이었으므로 재최기년복[17]을 입었을 것이고 송시열은 재최장기복을 입었을 것이다. 같은 해 4월 13일 송시열은 계주 이단하에게 부음을 하며 아내의 상례 절차 문제를 거론했다.[18]

아내가 세상을 떠났으니 남편 송시열이 상주가 되고, 송시열의 집에서

14 『송자대전』(153), 앞의 글. "汝母汝弟, 皆己西歸, 汝柩獨留, 寂寞堂帷, 撫汝哭汝, 欲見何緣, 靚靜容顔, 空在眼邊, 無人守視, 汝寧不惕, 我不忍汝, 移殯我宅, 朝夕設食, 伸我深憐, 日月有時, 明將永遷, 汝宗在彼, 汝安歸之."

15 위의 글.

16 『주자가례』, 「혼백」 주에 보면 나무를 깎아 '중(重)'을 만들어 신령을 주장하거나 혹은 비단으로 혼백을 만든다는 내용에서 '중'과 '신주'를 구별하면서 "관이 있는데 중을 또 설치하는 것은 중히 여기는 까닭이다. 사당이 있으면 반드시 신주를 세우니 이것이 '주'가 된다"라고 했다.

17 아들이 어머니 상에 입는 정복은 재최 3년. 그러나 부재모상이기 때문에 기년복을 입었을 것이다.

18 『송자대전』(49), 書 「이계주(李季周)에게 보냄」.

이씨의 초상을 치르는 것이 예에 합당한 처사다. 그러나 송시열 자신도 이단하에게 체면을 무릅쓰고 물었듯이 그럴 수 없는 상황이었다. 장지는 수원으로 정했으니 문제가 없지만 장례 후 송시열이 있는 장기로 반혼(返魂, 返虞)을 하여 궤전(几奠)을 바치려면 가족과 인력이 모두 그곳으로 가야 하는 어려운 상황이 발생했다. 그렇다고 아들이 있는 회덕으로 반혼을 하면 소상과 대상의 제사에 남편인 자신이 참여할 수 없게 된다. 그래서 송시열은 "양쪽이 모두 편안하게 할 방도"로 장례를 치른 뒤에 우선은 회덕으로 반혼하여 아들이 회덕에 머물며 궤전을 받들고, 소상과 대상의 중한 제사에는 궤연(几筵)을 자신이 있는 장기로 옮기자는 안을 내놓고 있다.

송시열은 아내의 초상은 반드시 남편의 집에서 치러야 한다는 뜻을 밝힌 바 있다.[19] 이런 원칙에 따르자면 송시열의 아내 이씨의 초상은 송시열이 위리안치되어 있던 장기에서 치렀어야 했다. 그러나 그렇게 되면 다른 가족들이 모두 장기로 솔가해서 가야 하는 복잡한 상황이 벌어지게 되었다. 이러한 예외적인 상황에서 송시열은 예경대로의 완벽한 실천을 무리하게 주장하는 대신 가족이 마음과 몸으로 '편안할 방도'를 고민하여 제시했던 것이다.

4) 재종손 송이석이 당한 할머니와 아버지 양상(兩喪): 승중 · 종통의 계승

한꺼번에 두 사람의 초상이 난 경우에는 어떤 사람에 대한 복을 중하게 여기고 입어야 할까? 복제와 관련된 질문 중에 드물지 않게 제기되는 경우다. 실제로 송시열의 집안에서도 그런 경우가 있었으니 할머니의 상과 아버지의 상을 동시에 당하여 손자[아들]가 어떤 복을 입고 있어야

19 『송자대전』(117), 書「홍우주(洪友周)에게 답함」.

하는가가 문제가 되었다.

송시열의 사촌형인 시영(時瑩)의 손자 이석이 할머니와 아버지의 상을 동시에 당했다. 『주자가례』의 규정으로 보면 아들로서 아버지의 상에는 참최 삼년이고, 아버지를 이은 승중손으로서 할머니의 상에는 재최복을 입어야 한다. 상복 자체로 놓고 보면 아버지에 대한 참최가 무겁고, 할머니에 대한 재최는 가볍다. 그러나 의로 말하면 할머니에 대한 재최복은 아버지의 자리를 계승하여 입는 승중복이다. 따라서 자식으로서 아버지를 대신하는 것은 상복 자체는 가볍지만 종통을 잇는다는 면에서 그 의리가 결코 가볍지 않다. 많은 사람들이 이 문제를 의논했지만 승중복과 자식으로서 아버지에 대한 복 중에서 어떤 것이 더 중요한가에 대한 합의를 보지 못했던 것 같다. 그리고 결론적으로 이석은 항상 재최복을 입고 다닌 것으로 나오니 승중복을 입은 것이다.

송시열은 이 상황을 "변례(變禮)를 당한 것"이라고 규정하는 한편, 상례는 "의로써 단정하는 경우가 많다"는 말로 자신의 입장을 비쳤다.[20] 송시열은 이석이 무거운 참최복을 입지 않고 재최복을 입은 것이 "예에는 없는 것"이라고 했다. 그러나 아버지를 계승하는 승중의 의리를 선택한 것이라는 점에서 중도를 얻은 것으로 보았다. 다른 편지에서도 부재모상을 당하여 기년상을 치르던 적자(嫡子)가 죽자, 그 아들[손자]이 아버지에 대한 복과, 승중한 적손(嫡孫)으로서 아버지가 입던 어머니상[조모상] 중 어느 복을 우선하여 입어야 하는가 하는 문제가 제기된 적이 있었다. 이 때에도 송시열은 "승중이 중하므로 재최복을 입는 것이 옳다"

---

20 『송자대전』(113), 書 「박사원(朴士元)에게 답함」. "蓋以服則斬重而齊輕 以理則是齊也是爲父而代者也 且大傳曰自仁率親, 等而上之. 至于祖名曰輕, 自義率祖, 順而下之, 至于禰名曰重, 一輕一重, 其義然也. 夫喪禮多以義斷者矣. 又一人之說, 以爲禮記論並有喪之祭曰先重而後輕, 今此兩喪之祭, 以何爲重而先之乎. 以此兩端, 持疑不決而罷矣. 其後彝錫常持齊服, 若於其心, 有所未安, 而出於自然之天理, 則此乃無於禮而得其中者耶. 然終不敢決定其得失也."

고 대답했다.[21] 이는 두 초상을 한번에 당한 경우 항상 중한 복을 입고 있되, 절차에 따라 경한 복을 잠시 갈아입는다는 『주자가례』의 조항[22]과도 완벽하게 일치하는 것은 아니다. 그러나 승중을 중시하는 것은 종통에 대한 존중, 곧 『주자가례』를 저술한 주자의 근원적인 인식을 따른 것이기도 하다. 송시열은 『주자가례』를 관통하는 것이 '종법'이라고 했거니와[23] 하나의 종통을 세워야 한다는 종통의 논리 앞에서 복제는 변통이 가능한 외적인 부분이 될 수도 있는 것이었다.[24]

이상에서 살펴본 것처럼 송시열이 치른 몇몇의 상례는 『주자가례』를 엄격하게 준수한 경우와 지극한 인정에 기반하여 모든 법제를 초월한 경우, 그리고 상황과 인정에 따라 법제와 현실을 적절하게 절충해서 변례를 적용한 경우로 나타난다. 송시열은 『주자가례』를 비롯한 예경의 중요성과 필요성을 인식하고 실천하기 위해 노력한 한편으로, 현실과 상황에 따른 변통의 논리 또한 중시하고 있다. 그러나 한 가지 유념할 것은 큰누나의 초상이나 재종손 송이석이 당한 양상의 경우에서 확인되듯이 '일본(一本)의 종통'을 예 인식과 실천의 잣대로 삼고 있다는 점이다. 송시열이 『주자가례』를 '종법' 중심으로 이해했음은 앞에서도 언급했거니와 예의 형식은 상황에 따라 가변적일 수 있으나 종통의 논리는 불변의 이념으로 생각했던 것이다.

21 『송자대전』(부록 15), 어록 2 「김간(金榦)의 기록」.
22 주희, 앞의 책, 293쪽.
23 『송자대전』(99), 書 「이자우(李子雨)에게 답함」.
24 이는 주희의 경우도 마찬가지였고, 송시열도 그러했다. 세속의 상복 제도와 불교식 화장 문제를 둘러싼 대화에서 주희는 상복은 외적인 것이므로 세속의 제도대로 해도 되지만 화장은 안 된다고 했고, 송시열도 이러한 주자의 설을 따르겠다고 했다. 『송자대전』(48), 書 「이계주(李季周) 단하(端夏)에게 보냄」.

2. 송시열가의 제례: '우리 집[吾家]'의 예

제사 문제에서 논란이 많이 되었던 것으로는 제수(유밀과, 어육의 생숙 여부), 단제(單祭)와 병제(竝祭), 생신제 등을 들 수 있다. 이에 대한 송시열의 답변에서 주목되는 것은 송시열이 『주자가례』의 내용을 인지하고 중시하면서도 항상 '우리 집안'을 주체로 하여 선대의 전통에 따르는 제사의 풍속을 내세우고 있다는 점이다.

제수로 쓰는 어육(魚肉)의 생숙(生熟) 여부는 질문이 많이 나오는 문제다. 송시열은 이이의 『격몽요결』에 생어육을 제수로 사용한다는 구절이 있음을 인정하는 한편, 『주자가례』에 생어 · 생육이라는 말이 없으니 『주자가례』를 따르는 것이 옳겠다고 했다.[25] 실제로 당시에 박세채의 집안을 비롯해 생어육을 제수로 쓰는 경우가 있었다.[26] 반면 송시열의 집안에서는 제사 때 어육을 익혀서 사용하고 있었다. 송시열은 익힌 어육을 사용하는 근거를 『예기』, 「예기편(禮器篇)」[27]에서 제시하는데 가장 높은 신에게 드리는 큰 규모의 제사일수록 피나 생것을 쓰고, 사람의 영혼을 대상으로 하는 일반의 제사에서는 사람이 먹기에 좋은 익힌 고기로 생시에 봉양한다는 것이다. 이로써 보면 익힌 어육을 제수로 쓰는 것은 선대부터의 전통이면서 또 먹기에 편한 고기로 생시에 봉양하던 정성을 사후의 봉양에서도 지속하는 봉제사의 정신을 잘 구현한 것이다. 이는 인정에 맞으면서 예문으로서의 근거를 모두 충족한다. 송시열은 『주자가

25 『송자대전』(118), 書 「박시증(朴是曾)에게 답함」.

26 『송자대전』(부록 17), 어록 4 「최신(崔愼)의 기록: 상」. 이 문제는 박세채와의 대화에서도 흥미롭게 드러난다. 박세채는 자신의 집에서 제사에 생어육을 쓰고 있었기 때문에 송시열로부터 그에 대한 예의 전거를 듣고 싶어한 듯하다. 그리고 이이가 『격몽요결』에서 생어육을 쓴다고 한 것이 『주자가례』와 같은 것인지 확인하고 싶어했다. 그러나 송시열은 『주자가례』에 나와 있지 않아 상고할 수 없으며 그에 따라 같고 다른지도 확인할 수 없다고 했다.

27 『송자대전』(부록 18), 어록 5 「최신의 기록: 하」.

례』의 구절 대신 『예기』의 근거와 정신에 힘입어서 "선대부터 해 오던 익힌 어육의 습속을 감히 고칠 수 없다"는 입장을 표명하고 있다. 송시열은 제찬에 관해서는 『주자가례』를 "옳게 보고" 그대로 따라야 한다고 했지만, 한편으로는 『예기』에 근거를 두고 선대부터의 전통을 유지할 뜻을 보이고 있다.

한편 이른바 "예 아닌 예[非禮之禮]"라는 이름으로 수용되던 내용들이 있었으니 속절(俗節)의 제사와 생신제, 기제 전에 하는 재계삼일의 절차, 신위의 병제 문제가 있다.

속절의 제사는 예에는 특별한 규정이 없지만 시속에서 행해지는 것들이었다. 그런데 이를 재삼 『주자가례』를 기준으로 하자니 중국 남송의 속절과 17세기 조선의 속절은 범주도 달랐다. 송시열은 속절의 제사를 『주자가례』를 비롯한 예서의 규범에 맞추기보다는 지금까지의 풍속과 시속에 맡겨 놓고 있다. 예컨대 납일의 제사에 대해서 "납일은 큰 속절인데, 어찌 천향(薦享)을 그만둘 수 있겠는가. 나의 집에서는 시행하고 있네"[28]라고 명확하게 입장을 밝혔다. 또 세시 명절마다 조상의 묘에 가서 묘제를 지냈으니[29] 이는 『주자가례』에서 묘제를 일 년 중 3월에 한 번만 시행하는 것으로 했던 것과는 다른 것이다.

송시열 집안에서는 생신제도 전통과 시속을 따르고 있다. 물론 삼년상기 내에서라고 제한하기는 했으나, 음식을 약간 구비해 생신제를 따로 드리고 있었던 것이다. 생신제와 관련된 문의 편지를 보내온 사람도 돌아가신 분의 생일을 "차마 그냥 넘기지 못할" 인정을 들고 나왔으며, 송시열도 그러한 인정과 전통에 따라 "마땅히" 생신제를 지내야 한다고 했

---

28 『송자대전』(78), 書「한여석(韓汝碩)에게 답함」. "臘日 是大俗節 何可不行薦享乎. 鄙家則行之矣."
29 『송자대전』(151), 「며느리 이씨에게 고하는 글(告子婦李氏墓文)」.

다.[30] 송시열은 '상 · 제례는 조상의 예문을 따라해야 한다'고 하는 당시의 풍속을 긍정적으로만 보지는 않았다. 그러나 새로운 법도를 따르겠다며 전통과 시속의 예를 무턱대고 폐지할 수도 없다고 했다.[31] 한편 생신제가 문제가 되었던 사정에는 단제, 병제 여부가 함께 관련되어 있기 때문이기도 하다. 송시열은 이황이 풍속을 많이 따랐으면서도 생신제를 인정하지 않았던 것은 그 때에 단제로 지낼 것인지 병제로 지낼 것인지 여부를 정하기가 어려웠기 때문일 것이라고 추정하고 있다.

실제로 제사에서 단제와 병제의 여부도 『주자가례』와 시속의 규정이 달랐다. 기제사에서 부부의 신위를 함께 지내는 병제는 회재(晦齋) 이언적(李彦迪, 1491~1553)의 『기제의(忌祭儀)』에 근거한다. 즉 이언적이 "정주가 아버지와 어머니를 함께 제사지냈다"는 구절을 근거로 병제를 제시했던 것이다.[32] 반면 『주자가례』에는 한 위만을 제사지내는 단제로 규정되어 있다. 당시에는 회재 이언적의 『기제의』에 따라 병제를 하는 사람도 있고 『주자가례』에 의거해 단제를 지내는 사람도 있었다.[33] 그렇다면 송시열의 집안은 어떠했을까? 송시열은 이 문제를 물어 온 이백첨(李伯瞻)에게 보내는 답신에서는 『주자가례』를 따라 단제를 하는 것이 옳다고 답했다.[34] 그러나 정작 자신의 집 제사에서는 병제를 지내고 있었다. "부당한 줄 알지만 오래도록 시행해 오던 것을 고칠 수가 없다"는 것이 그 이유였다.

기제 전에 행하는 재계도 마찬가지다. 『주자가례』에서는 하루만 재계를 하라고 규정되어 있었지만 당시에는 이틀 전부터 소복을 하고 육식을

---

30 『송자대전』(107), 書 「오순지(吳順之)에게 답함」.
31 『송자대전』(78), 書 「한여석(韓汝碩)에게 답함」.
32 『송자대전』(74), 書 「김중숙(金重叔)에게 답함」.
33 『송자대전』(102), 書 「이백첨(李伯瞻)에게 답함」.
34 『송자대전』(부록 17), 어록 4 「최신(崔愼)의 기록: 상」.

하지 않는 등 『주자가례』의 규정보다 과람하게 재계를 지켰다. 송시열은 이것을 "예 아닌 예"이지만 "시행한 지가 오래되어" 자신의 집안에서도 "제사 이틀 전부터 소식을 행한다"고 했다.[35]

송시열가의 제례는 선대로부터의 전통과 시속의 것을 대부분 시행하면서 '우리 집안의 예'를 형성한 것이었다. 실제로 당시의 사람들이 상·제례에서 가장 중요하게 고려했던 것은 '선대의 예문(禮文)'이었다. 송시열은 "지금 세상 사람들이 상·제례는 조상의 예문을 따라야 한다고 말하는데 이것은 자못 미안한 일이다"[36]라고 말한 바 있다. 이러한 언급은 당시 상·제례의 중요한 기준이 조상 대대로의 전통이었다는 점을 역으로 보여 준다. 그리고 『주자가례』에 대한 인식이 높아지면서 『주자가례』와 선대의 예문 사이에 발생하는 간극을 자못 불편한 것으로 인식하게 되었다. 송시열은 그렇다고 해서 『주자가례』만을 온전하게 준수해야 한다고 말하지도 않았고, 그렇게 행하지도 않았다. "선대에 시행하던 의절을 갑자기 폐할 수는 없다"는 송시열의 말은 『주자가례』의 절차들을 준수하려고 노력하되, 한편으로 각 집안의 전통 또한 중요한 기준과 법도로 고려되고 있었다는 점을 잘 보여 준다.

송시열의 예 실천은 일견 『주자가례』에 위반하는 내용들을 담고 있다. 그렇다면 이런 현상은 어떻게 이해해야 할 것인가? 이는 송시열이 『주자가례』를 어떻게 이해했는지, 그것의 핵심을 무엇이라고 이해했는지 하는 문제와 관련지어 고찰해 보면 그 실마리를 발견할 수 있다.

---

35 앞의 글.

36 『송자대전』(78), 書 「한여석(韓汝碩)에게 답함」.

III. 송시열의 『주자가례』에 대한 인식

1. 주자와 주자의 '가례': 『주자가례』의 탄력적 적용과 실천

송시열은 언제부터 『주자가례』를 비롯한 주자의 글을 읽고 탐구했을까? 그의 연보를 보면 12세 때에 『격몽요결』을 배웠다는 기록이 가장 먼저 나온다.[37] 이어 24세인 1632년 김장생의 문하에 나가면서 『근사록』, 『심경』과 더불어 『주자가례』를 비로소 배웠다. 그리고 1633년 김장생이 세상을 떠나자 그를 위해 기년복을 입으며 김집(金集, 1574~1656)과 종유(從遊)하면서 "전적으로 주자의 글을 읽고 행동과 규식(規式)을 한결같이 그의 법대로 준행"하려고 했다.[38] 이런 송시열의 지향은 그의 삶을 통해서 확고하게 표출되었다. 그는 유가의 규범이 다른 것으로 대치될 수 있는 유일한 경우로 주자에게서 증거와 전거를 발견하지 못하는 상황을 들었다.[39] 예의 실천에서 문제가 발생할 때 일반적으로 '후한 예로 행한다'고 하는 일종의 관습도 의견이 통일되지 않았을 경우에 해당하는 것이지 주자의 설이 확고할 때에는 주자의 설을 따르면 후회가 없을 것이라는 신념을 보였다.[40] 이렇듯 주자에 대한 확고한 신념은 그의 저술인 『주자가례』에 대한 존중으로도 나타난다.

송시열은 『가례집람』의 후서에서 "『주자가례』는 초본이었고 다시 수정하지 못한 것이기 때문에 후세에 감히 이 글을 논하게 되었고, 심지어는 주부자가 편저한 것이 아니라고까지 하니, 그 그릇됨이 더욱 심하

37 『송자대전』(부록 2), 연보 1 「만력 46년 무오. 선생 12세」.
38 『송자대전』(부록 2), 연보 1 「숭정 4년 신미. 선생 25세」.
39 『송자대전』(57), 書 「민공서(閔公瑞)에게 답함」. "大抵儒家儀範, 不得徵於朱子, 然後遷就他說, 似乎寡過也."
40 『송자대전』(125), 書 「아들에게 답함」.

다"[41]라고 한 바 있다. 수정을 하지 못한 초본에 주자 초기의 저작이기 때문에 하나의 예서로서 갖는 한계를 인정한 것이다. 그러나 한편으로 주자의 정신을 담은 저술로서 갖는 권위가 침해되고 있음을 안타깝게 기술하고 있다. 『주자가례』의 권위를 인정하는 태도는 『주자가례』에 실리지 않은 고례를 철저하게 지킬 필요는 없다는 언급에서도 잘 드러난다. 예컨대 김집의 『상례비요』에는 환질(環絰)[42]과 효건(孝巾)을 착용한다는 제도가 있었는데, 송시열은 자신의 집안 상례에서는 쓰지 않았다. 송시열은 환질과 효건이 고례로서 가치가 있지만 너무 번잡하고 어렵기 때문에 주자가 사용하지 않았던 것으로 이해했다. 앞서 송시열가의 상 · 제례에 관한 논의에서도 확인할 수 있었듯이 송시열은 자신의 집안의 상 · 제례에서 시속과 전통, 현실의 맥락을 중시하는 입장을 명확히 보였다. 그럼에도 『주자가례』를 기준으로 삼아야 한다는 자세는 송시열의 예 실천에서 하나의 이념적 당위의 맥락에서 견지되고 있었는데 이것은 주자에 대한 송시열의 강한 신념에 기반한 것이다.

송시열은 『주자가례』 내에서 주자의 원 저술과 후학들이 붙인 주석이나 그림을 분명하게 구별했고 제자들에게도 그렇게 가르쳤다.

> 선생께서 제자들에게 『주자가례』를 가르칠 때는 반드시 먼저 주자(朱子)가 직접 저술한 원문과 본래의 주석을 완전히 가르친 다음에 부주(附註)를 가르쳐 주면서 말씀하셨다. "부주는 주자의 저술이 아니고 후세 사

41 『송자대전』(139), 序 「가례십람 후서」. "蓋以此書卽是草本, 而未及再修者, 故後世之議論敢到, 而至或以爲非夫子之所編, 則其謬益甚矣."

42 『주자가례』와 『국조오례의』에는 이 조항이 없다. 효종도 상례 때에 환질을 썼으나 『오례의』에 환질이 없는 것을 발견하고 이유를 질문한 바 있다. "환질은 한 가닥의 삼[麻]을 사용해 만들어서 착용했다가 성복(成服) 때에 벗는데, 단지 참최를 입는 자에게만 있고 재최 이하는 문(免)할 뿐이다." 『효종실록』, 즉위년 7월 14일(신미) 참조.

람이 편집한 것으로 원문과는 많이 다르고 또 위아래가 서로 바뀌고 섞인 곳이 많으므로, 먼저 원문을 익힌 뒤에 부주를 읽어야만 한 곳에 엉기거나 서로 혼잡될 걱정에서 벗어날 수 있다."[43]

이는 송시열이 『주자가례』에 수록된 내용을 모두 주자의 기술로 받아들이지 않았음을 의미한다. 예컨대 『주자가례』에 수록된 도식은 후대의 사람들이 덧붙인 것이므로 주자의 생각과는 별개의 것으로 이해했던 것이다. 기해년의 복제 논쟁에서도 송시열은 『주자가례』의 도식을 근거로 논의를 전개하는 남인들에게 그것이 주자의 말이 아니라 원대의 후학들이 덧붙인 것을 주자의 말로 잘못 알고 근거로 삼았다는 요지의 말을 한 바 있다. 이렇듯 송시열은 『주자가례』가 혼합된 텍스트라는 점을 이해하고 있었다.

송시열은 『주자가례』에 있는 상례 절차 중에 후대에 현실적으로 시행되기 어려운 부분이 있다는 점, 내용이 미비하거나 누락되고, 기술상의 혼란이 있다는 점을 인정하고 지적했다.

예컨대 『주자가례』에 수록된 상례 절차 중의 하나로 '조조(朝祖)'[44]가 있다. 『주자가례』에 수록되어 있기 때문에 이를 의식하지 않을 수 없었겠지만 사당이 먼 곳에 있는 경우에는 이후의 상례 절차 자체가 연기될 수도 있다. 이것이 문제가 되어 문인이 질문을 해 오자 송시열은 사당이 너무 멀면 조조하는 예를 폐해도 된다고 간단하게 정리했다.[45] 「성복」

43 『송자대전』(부록 17), 어록 4 「최신(崔愼)의 기록: 상」. "先生敎人家禮, 必先敎朱子所親著原文及本註畢, 然後敎其附註曰, 附註非朱子所著, 而後人之所集, 多與原文不同, 亦多上下互換相雜處, 先熟原文, 然後讀附註, 方可脫於膠擾紛雜之患也."

44 주희, 앞의 책, 345-347쪽 참조. 발인 하루 전의 절차로서 조조는 발인하기 전날 관을 사당에 옮겨 조상을 뵙는 예다. 평소에 외출하려면 어른에게 반드시 말씀드리던 것을 본뜬 것이다.

45 『송자대전』(115), 書 「장성(長城) 김여남(金汝南)에게 답함」.

조의 요질 항목에서 요질을 늘어뜨린다고만 했지 '꼰다'는 말이 없음을 박세채가 지적하자 송시열은 "잘못해서 빠뜨린 것 같다"[46]며 기록의 미비를 지적했다. 「소상장」에 나오는 '삭망의 회곡(會哭)'도 마찬가지다.[47] 이것은 부음을 듣는 시기가 다르고 이로 인해 소상을 지내는 시기가 다를 경우에 문제가 발생하게 된다.[48] 특히 장자가 외지에서 부음을 받고 늦게 도착한 경우에는 어떻게 상례의 절차를 치러 나가야 할까? 송시열은 장자가 멀리 외지에 있다가 부고를 받아 늦게 도착해 그 때부터 복상을 시작하면 집에 있던 형제들은 장자가 상기를 마칠 때까지 기다려야 한다고 했다.[49] 좀더 극단적인 경우로 3년의 상기가 끝난 다음에 장자가 오게 되어 그 때부터 장자의 삼년상이 시작된다면 형제들도 형의 탈상 때까지 7년을 기다려야 한다. 7년 여의 세월 동안 영좌를 걷지 않고 복상(服喪)해야 하는 것이니 이는 현실적으로 상당히 곤란한 상황이다. 송시열은 이런 경우는 예서에 수록되지 않은 것이라며 뚜렷한 입장을 보이기를 꺼려했지만 그가 최후에 내린 조심스러운 결론은 "후대에서 시행하기는 어렵겠다"는 것이었다.[50]

'수복(受服)'[51]은 『주자가례』에 하나의 조항으로 명시되어 있지 않으면서도 기술된 절차상으로는 진행 과정이 나타나고 있어 다소 혼란을 일

---

46 『송자대전』(부록 18), 어록 5 「최신(崔愼)의 기록: 하」.

47 『송자대전』(117권), 書 「민문숙(閔文叔)에게 답함」.

48 주희, 앞의 책, 404쪽. 소상 때에 '조하루와 보름에 복을 벗지 못한 자들이 모여서 곡한다'는 내용. 이는 개인의 복상 시기를 초상이 난 날부터가 아니라 각자 부음을 들은 시기부터 시작하는 것으로 간주한다는 뜻이다. 『주자가례』에 따르자면 부음을 듣고 출발해서 도착하고 4일 뒤에 성복을 한다 했으니, 개인에 따라 성복의 시기가 다를 수는 있겠다. 또 『주자가례』에서 소상은 초상부터 윤달을 계산하시 않고 13개월에 지낸다고 원칙을 세웠고, 이보다는 간편하게 첫 기일로 지내는 것으로 해 놓았다.

49 『송자대전』(부록 17), 어록 4 「최신의 기록: 상」.

50 『송자대전』(117), 書 「민문숙에게 답함」.

51 수복은 초상이 났을 때 입는 참최복의 '최(상복 앞가슴에 붙인 마포 조각)'를 이어받아서 입는, 연포(練布)로 지은 소상복을 말한다. 상복을 변제해 가는 절차다.

으키는 부분으로 지적된다. 김장생은 『주자가례』에 '수복' 조항이 없는 것을 '간편하게 하려는 뜻'이라 보고 상복을 고쳐서 갖추지 못할 형편이라면 그대로 입고 있어도 좋다는 의견을 피력한 바 있다. 그러나 간편하게 한다는 뜻에서 수복을 제대로 하지 않으면 상복을 시기에 맞게 변제해 가는 과정이 잘 드러나지 않게 된다. 그래서 문인 민원중(閔元重)은 관과 띠만이라도 연포(練布)로 고쳐 입어야 하는 것이 아닌가 하는 의견을 제시했다. 송시열은 실상 이 질문에 확실한 대답을 하지 못했다. 송시열은 『주자가례』대로 예를 실천해야 한다는 전제를 확인하면서도 수복 항목을 누락한 「소상장」의 기술이 이해하기 어렵다는 점을 인정했다. 게다가 「소상」 항목에서 수복이라는 말은 드러나지는 않았지만 "연복(練服)을 진열해 놓는다"는 말 자체가 이미 수복을 했다는 의미를 담고 있다. 송시열은 이런 기술상의 혼란을 지적했다.[52]

이와 함께 중요한 부분은 송시열이 『주자가례』의 예식이 12세기 남송 당시, 시왕(時王)의 제도를 존중했음을 인지하고 강조하고 있다는 점이다. 고례에 부합하지 않거나 불합리해 보이는 『주자가례』의 예문들은 시왕의 제도에 대한 존중이라는 측면에서 독해되기도 한다. 예의 형식은 결국 현재의 인정과 제도에 가장 깊이 영향을 받을 수밖에 없는 것임을 인정했던 것이다.

한 예로 송시열은 사당에 부자(父子)의 신주를 병렬하는 것은 주자가 옳게 여기지 않았으나 시왕의 제도였으므로 따르지 않을 수 없었던 것으로 이해한다. 송시열은 부자가 동석하지 않는 것이 예의 대경(大經)이고, 주자도 잘못된 것으로 여겨 고치고 싶어했음을 명확히 했다.[53] 또 『주자가례』에 아버지가 살아 계신데 어머니가 돌아가셨을 경우 아들이

52 『송자대전』(117), 書 「민원중(閔元重)에게 답함」.

기년복을 입는다는 내용이 없는 것 또한 당시 송나라의 제도가 어머니에 대해 삼년복을 입었기 때문이라고 했다. 그러나 송시열은 주자가 기년복을 입는 것을 옳다고 생각했음을 다른 서적을 통해 증명한다. 또 상기(喪期)와 관련하여 '윤달을 계산하지 않는' 『주자가례』의 방식은 시왕의 제도를 따르다 보니 그렇게 된 것일 뿐 실제로는 윤달을 계산해야 하는 경우가 있음도 지적했다.[54] 당시에 연제(練祭)와 담제(禫祭)의 날짜를 정하는 방식은 통일되어 있지 않아서 윤달을 포함하기도 하고 하지 않기도 했다. 송시열은 『주자가례』의 지침[55]과 달리 대상을 치른 달에 담제를 지내는 것이 예라고 못박았다. 주자가 27개월에 담제를 지낸다고 했던 것 또한 시왕의 제도를 따른 것이었을 뿐이며 주자 자신도 부당하다고도 여겼음을 환기했다.

이런 측면에서 『주자가례』는 송시열에게 일종의 혼합된 텍스트이자 미완의 텍스트로 인식되었다고 볼 수 있다. 물론 이것은 미비와 불완전성으로만 재단되기보다는 그것이 한 시대, 한 집안의 의례 편람이었다는 점에서 나온 기본적인 속성으로 이해해야 할 것이다. 송시열은 『주자가례』를 "주자가 고례와 금례를 절충해서 만든 중제(中制)"[56]라고 했다. 당대의 관점에서 시의에 맞게, 고례와 금례를 적절하게 조화하여 합리적이고 간편하게 만든 예서로 본 것이다. 그리고 시의성과 고례, 금례는 시간의 흐름에 따라 그 기준이 변화할 수밖에 없다. 그런 면에서 『주자가례』는 시간적 · 공간적으로 메워 가야 할 여백이 많은 텍스트였다.

---

53 『송자대전』(60), 書 「민대수(閔大受)에게 보냄」. "夫家禮之父子並列, 豈朱子之所得已哉. 時王之制, 不敢不從也."

54 『송자대전』(부록 17), 어록 4 「최신(崔愼)의 기록: 상」.

55 주희, 앞의 책, 417쪽. 대상 후 한 달을 사이에 두고 담제를 지낸다고 했다. 대상은 초상으로부터 25개월째에 지내니 한 달을 사이에 두면 27개월째에 담제를 지내게 된다.

56 『송자대전』(125), 書 「아들에게 답함」. "李亞所詢, 此間亦多來問者矣. 君喪古禮則嚴於親喪, 朱子折衷古今, 以爲中制."

송시열은 『주자가례』가 17세기 조선의 현실과 개개의 사례에 적용하기에는 미비한 점이 있다는 것을 알고, 내용의 실수나 누락을 지적하기도 했으며, 융통성을 발휘해 실행이 어려워 보이는 절차는 폐지해도 된다는 입장을 보였다. 엄밀하게 말하면 송시열이 주자에 대한 강한 믿음을 가졌던 것과 『주자가례』를 축자적으로 지켰을 것이라는 기대는 별개의 것으로 보이는 면이 있다. 주자가 친모 축씨의 초상을 당해 만든 『주자가례』는 12세기 남송의 시속과 고례를 절충하며 번다함을 줄이고 간편함을 지향한 것이다. 그런 면에서 『주자가례』를 만든 주자의 정신은 시의성과 변통성, 합리성과 정(情)을 기반으로 한 것이다. 송시열은 그렇게 주자가 『주자가례』를 만들며 보여 주었던 정신과 현실의 맥락을 중요하게 여기고 적용하고자 했던 것으로 보인다. 바로 이러한 조절과 융통이야말로 『주자가례』의 정신이라고 할 수 있다. 송시열이 한편으로 『주자가례』를 한결같이 따를 것을 주장하면서도, 한편으로 변례를 발휘하고 시속과 개인의 선택을 중시했던 것은 시의성과 융통성에 기반하여 예법을 만들었던 바로 그러한 주자의 정신에 대한 추숭이 자리잡고 있다 할 수 있다.

2. 완전한 전례(典禮): 종법의 이념과 예의 형식

송시열이 불변의 정신으로 여기고 절대적으로 지키려 했던 주자 정신의 내용은 무엇일까? 그가 『주자가례』의 핵심이라고 이해했던 것은 무엇일까? 송시열은 『주자가례』가 오로지 종법을 중시하는 것이라고 규정한 바 있다.[57] 송시열에게 종통의 의리는 모든 것에 우선하는 가치였고,

57 『송자대전』(99), 書 「이자우(李子雨)에게 답함」. "而家禮一書, 專主於宗法, 何可違也."

『주자가례』 내의 예식의 의미 또한 그러한 맥락에서 이해되고 지켜야 할 것으로 강조되었다. 이는 『주자가례』의 복제 규정에 대한 질문과 대답에서 확인할 수 있다.

『주자가례』「부장기」 조항에는 "조부모를 위해서는 시집간 여자라도 강복하지 않는다"는 구절이 있다. 송시열의 문인 최유화(崔有華)는 시집간 여자가 오복을 모두 강복하는데 조부모와 증 · 고조에게는 강복하지 않는 의미를 물은 바 있다.[58] 송시열은 시집간 여자가 이미 남편을 위해 참최를 입었으므로, 친정의 부모를 위해 복을 내려 입지 않고 참최로 입으면 정통이 둘이 되니 '불이참(不二斬)'의 원리에 위배된다고 했다.[59] 주자가 하나의 정통을 중시했고, 이것을 분명하게 드러내기 위해서였다는 것이다.

입후한 사람의 복제에 대한 논의에서도 마찬가지인데 특히 입후로 나간 자식에 대한 본생 부모의 '강복'을 주자가 거듭 강조한 것은 종통의 중요성을 보이기 위한 것이라고 해석했다.[60] 가계를 이을 장자 외의 다른 자식들을 위해 부모가 부장기복을 입는 것은 현상적으로 동일하다. 그런데 입후로 나간 자식의 초상에 '강복한다'는 말을 굳이 다시 넣어 혼동을 주고 있다는 것이니 이러한 김간의 지적은 일면 타당성이 있다. 그런데 송시열은 부장기복이라는 복제는 동일한 현상이나 그에 작동하는 원리가 다르다는 점을 강조했다. 주자가 종통을 중시하고, 입후의 도리를 명시하기 위해 '강복'이라는 말로 입후되어 나간 자식과 다른 자식들을 구분했다는 것이다.

실제로 당시에는 입후를 해도 관아에 보고한다거나 친생 부모와의 관

58 『송자대전』(118), 書「최유화(崔有華)에게 답함」.

59 위의 글. "女子出嫁者 於正統則不降 而降其父母者 旣爲其夫服斬 故統不可貳故也."

60 『송자대전』(부록 15), 어록 2「김간(金榦)의 기록」.

계를 명확히 한계짓는 규식(規式)이 없었다. 송시열은 당시의 사람들이 본생 부모의 초상을 친상을 만난 것으로 쓰고, 출계한 사람에 대해서 다른 사람들이 글을 쓸 때에도 본생 부모의 초상을 친상을 만난 것으로 표현하는 것을 비판하는데 이는 역으로 당시의 입후가 어떤 모습이었는지 짐작케 한다. 송시열은 그러한 당시의 행태가 '일본(一本)의 의리에 어두운 것'이기 때문이라고 비판적으로 보았다. 송시열은 정자와 주자가 출계한 사람이 본생의 부모를 '백부라 하고 숙부라 해야 한다'고 강력하게 주장했던 것을 상기하며 후학들이 이를 어겨서는 안 된다는 입장을 표명했다.[61]

이처럼 송시열에게 종통과 복제(服制)는 이원적으로 전개되는 측면이 있다. 송시열은 딸이나 외손이 상례의 주관자가 되는 경우를 '부득이한' '속례(俗禮)'로 규정하며 예의 정도는 아니라고 했지만 필요에 따라 수긍하고 있다.[62] 외손이 상례를 주관하는 것 또한 "예에 상사(喪事)는 자식이 없는 일은 있어도 상주(喪主)가 없는 일은 없다"는 선에서 수용된다.[63] 이는 '외손'을 상 · 제례를 주관하고 가계를 계승할 수 있는 친속의 범위로 인정해서가 아니라 '초상에는 상주가 반드시 있어야 한다'는 원칙에 입각한 것이다.[64] 그러나 상기를 마친 뒤에도 외손이나 딸이 궤연을 거두지 않는 경우 지속적으로 제사권을 행사하며 봉사권을 갖고 가계를 계승하는 것을 의미한다.[65] 이것은 종통의 일관된 계승을 위협하는 요소가 될 수 있으니 용인될 수 없는 것이었다. 그래서 송시열은 시종일관 위

---

61 『송자대전』(35), 書 「정안숙(鄭晏叔)에게 답함」.

62 『송자대전』(117), 書 「홍우주(洪友周)에게 답함」.

63 위의 글.

64 『예기』, 「잡기」에 "고모 · 누나 · 여동생의 남편이 죽었는데 그 남편의 집안에 형제가 없으면 남편의 족인이 상을 주관하게 한다. 처의 집안은 친척일지라도 주관하지 않는다. 남편이 만약 족인이 없으면 앞뒷집이나 동서쪽 집에서 한다. 없으면 이장이 이를 주관한다"라고 했다.

65 문옥자, 『조선 시대 재산 상속과 가족』(경인문화사, 2004) 참조.

사례를 질문한 사람에게 '양자를 빨리 얻어' 가계를 온전히 계승할 것을 촉구했다.

외손이나 딸이 여건에 따라서는 상례를 맡아 주관하는 것은 종통의 계승과 직결되지 않는다. 반면 지속적인 봉제사는 종통의 계승과 직결된다. 외손이나 딸이 상례를 맡을 수 있다고 한 복제에서의 승인과, 종통과 직결되는 봉제사의 주체 문제는 별개의 문제로 다루어지고 있는 것이다.[66] 이는 송시열이 복제와 종통을 이원적으로 생각했음을 보여 주는 부분이다. 송시열이 '민신의 대복'[67]에서 비록 광증에 걸렸으나 살아 있는 아버지를 두고 손자가 상주가 되는 것을 당장의 상례를 치르는 문제로 국한하고, 제사의 주체를 결정짓는 가계의 계승 문제와는 별도의 문제로 두려고 했던 것도 같은 맥락이다.

이러한 송시열의 입장은 개인의 차원뿐만 아니라 국가 전례에서도 동일하게 적용되었던 것으로 보인다. 기해년의 복제 논쟁에서 문제의 핵심은 결국 아들로서 효종의 위치를 어떻게 볼 것인가 하는 점이다. 송시열은 소현세자가 장자로서 갖는 위치는 불변하며, 마찬가지로 효종이 차적(次嫡)으로서 왕위를 이었으나 차자라는 그의 위상 또한 불변한다고 보았다. 그러나 송시열은 효종에 대해서 자의대비가 장자가 아닌 서자(庶子)로 대우해 복을 입는다 해도 효종이 종통을 계승했다는 사실을 침해하는 것은 없다고 했다. 송시열은 "종통과 복제가 일관된 것이 있으니 적

---

66 『송자대전』(83), 書「고여근(高汝根)에게 답함」.

67 이 문제에서도 송시열은 초상에 상주가 없으면 안 되므로 정신병에 걸려 상주 노릇을 할 수 없는 아버지 대신 손자가 승중복을 입었던 것이다. 그런데 이 때에도 송시열은 향후의 제사의 주체를 결정하게 되는 신주(神主)와 방제(旁題) 문제는 함부로 결단할 수 없으므로 국가의 조정을 받으라고 신중한 태도를 보였다. 민신 대복 건은 『송자대전』을 비롯해 『연려실기술』, 「현종조고사본말」, 『조선왕조실록』 등에 그 경위와 당시의 논란이 자세하게 수록되어 있다. 민신의 대복은 사가의 복제 문제였으나 조정 대신들이 대거 참여하여 정치적인 논쟁으로 번지면서 일대의 '사건'으로 비화되었다.

장(嫡長)의 장자로서 장차 승중할 자라면 그 아버지가 참최복을 입는다는 것이 이것이요, 종통과 복제가 각각 하나의 의(義)가 되는 것이 있으니 한나라 문제가 여후(呂后)의 세대에 죽었다면 여후는 반드시 삼년복을 입지 않았을 것이 바로 이것이네. 그러나 삼년복을 입지 않았다고 하여 한 나라 종통이 문제에게 돌아가지 않았겠는가?"[68]라고 말한 바 있다. 이처럼 송시열에게 복제와 종통은 각각 하나의 의를 이루는 것이되, 복제 문제는 종통의 권위와 위엄을 침해할 수 없는 것으로 이해되고 있다.

종통은 복제가 기능하고 작동하는 근원적인 원리이자 불변의 이념이다. 그리고 복제는 종통의 이념을 시대와 형식과 상황에 맞게 구현하는 가변의 형식이다. 송시열은 주자가 제기했던 종통의 이념을 불변의 것으로 추숭하면서, 종통의 근본 이념을 손상시키지 않는 범주에서 예의 가변적 형식을 최대한 수용하고 예 실천에서 융통성 있게 적용했다. 송시열에게 극단적인 무형식, '무례(無禮)'가 최고의 의리를 구현하는 형식일 수 있는 경우도 바로 이런 맥락에서 이해가 가능하다. 다음에서 살필 「김삭주형제복수전」이 그러한 송시열의 생각을 잘 보여 준다.

종법의 중추-군부에 대한 의리와 상례: 「김삭주형제복수전」

「김삭주형제복수전」은 송시열 당대의 김성일(金成一, 1593~1658)·성구(成九) 형제를 주인공으로 한 전(傳)이다. 이들 형제는 억울하게 살해당한 아버지 김준민의 원수를 갚으려고 주도면밀하게 복수 계획을 세워 가해자를 죽인 뒤에 관아에 자수했고, 효행을 인정받아 특별사면이 되었다. 송시열은 김성일의 손자인 김정하(金鼎夏)의 부탁을 받고 이 전

68 『송자대전』(64), 書 「이유능(李幼能)에게 답함」. "宗統與服制, 有爲一貫者, 嫡長將傳重, 則其父服斬是也. 宗統與服制, 有各爲一義者, 漢文崩於呂后之世, 則呂后必不服三年, 然豈以不服三年之故, 而漢統不歸於文帝乎.……是服制與宗統, 自爲一義也."

을 썼는데[69] 형제의 이야기가 '세교(世敎)에 도움이 되기에' 입전한다고 했다. 그런데 김성일은 무관으로서 병자호란에 참전은 했으나 뛰어난 무공보다는 죽음을 비껴가게 한 신비한 감응에 중점이 두어져 있다. 이런 점에서 입전 대상에 대한 송시열의 관심은 「삼학사전」을 비롯한 다른 17편의 전들과는 달라 보인다.[70] 특히 주목되는 것은 송시열이 춘추의 복수 의리와 상례의 문제를 함께 거론하고 있다는 점이다.

「김삭주형제복수전」의 전반부 내용은 대략 다음과 같다. 김준민의 종 금이가 준민의 동생인 세민의 아내 예합과 간통을 했다. 김준민이 이 사실을 알고 두 사람을 죽이려 했는데 이 사실을 미리 안 금이의 아비와 동생이 1629년 10월 30일 밤에 준민을 무참하게 살해했다. 이에 성일 형제는 아버지의 원수를 갚기 위해 치밀하게 복수 계획을 세워 금이와 그 부모를 죽이고 자신들은 살해죄의 대가를 치르기 위해 관아에 자수했는데, 9개월 뒤에 인조의 특별한 명으로 사면되었다.[71]

형제는 원수의 간을 내어 '가인(家人)을 시켜서' 아버지의 빈소 앞에 매달았다. 송시열은 김성일 형제가 아버지의 원수를 갚은 12월 15일을 김준민 살해 사건이 난 1629년 10월 30일 밤부터 시작해 '초상날로부터 45일째'라고 정확히 밝혔다. 그리고 아버지의 죽음이 있던 9개월 뒤에 마을의 사람들이 김준민의 시신이 수습되지 못한 것을 안타깝게 여겨 힘을 합쳐 장사를 지내 주었다는 사실도 명시했다.

송시열은 이들 형제의 행동을 예경과 『춘추』에서 강조되고 주자에 이르러 발휘된 복수의 의리를 구현한 것으로 보고 "위대하다"고 칭송했다.

---

69 김정하는 김수태의 아들로 김진경(金振慶)이 후사로 들인 아들이다. 그리고 김수태의 생부가 바로 김성일이니 그가 태어나 돌도 되기 전에 변이 일어나자 아이의 생명이 위태로울 것을 걱정한 어머니가 재종형인 김진경에게 주어 그가 자기의 자식으로 기른 것이었다.

70 김성룡, 「송시열 산문의 권위적 성격에 대한 연구」, 『한국한문학연구』 21집(1998), 258쪽.

71 『송자대전』(214), 傳 「김삭주형제복수전(金朔州兄弟復讐傳)」.

특히 송시열은 이들이 장례를 미루어 둔 채 아버지의 복수를 위해 나섰던 것을 더욱이 주자의 설에 부합하는 것으로 부각했다.

> 그 아버지의 장례를 뒤로 미루었던 것은 더욱이 주자의 설과 부합된 점이 있다. 주자가 일찍이 "『춘추』의 법에 임금이 시해되었을 때 임금을 시해한 적을 토벌하지 못했으면 '장(葬)'이라고 쓰지 않은 것은 바로 복수의 대의(大義)를 중히 여기고 장사 치르는 상례(常禮)를 가볍게 여겨, 만세의 신하에게 반드시 적을 토벌해서 원수를 갚은 다음에야 그 군친(君親)을 장사 지낼 수 있음을 보이기 위함이다. 그런데 그렇지 못하면 비록 관곽(棺槨)과 의금(衣衾)이 더없이 융성하고 후하다 할지라도 실상은 시체를 구학(丘壑)에 버려서 여우와 너구리가 뜯어먹고 파리와 모기가 빨아먹도록 내버려두는 것과 같은 것이다" 했으니 그 의리가 아주 적절하다 하겠다.[72]

사실 김성일 형제는 아들로서 아버지의 상례에 아무것도 하지 못했다. 시신을 수습하지 못했고 빈소에 직접 가 보지도 않았으며 나중에 장례를 지내는 일마저도 다른 사람들의 손에 맡겼다. 초상 "45일째", "9개월째"라고 명시한 것은 "법도대로" 진행되지 않고 있는 상 · 장례의 경과를 강조한 것이다. 김삭주 형제는 아버지의 상 · 장례를 치르는 아들의 자세라는 면에서 본다면 극단적인 방기의 태도를 보였다. 그럼에도 송시열은 이들의 행동을 군부(君父)에 대한 복수의 대의라는 전제 하에서 오히려 주자의 뜻을 잘 따른 것으로 칭송하고 있다. 그는 평(評)에서 군-부를 일

72 앞의 글. "其以營葬爲後, 尤有符於朱子之說. 朱子蓋嘗曰, 春秋之法, 君弑賊不討, 則不書葬者, 正以復讎之大義爲重, 而掩葬之常禮爲輕, 以示萬世臣子必能討賊復讎. 然後爲有以葬其君親者, 不則雖棺槨衣衾極於隆厚, 實與委之壑, 爲狐貍所食, 蠅蚋所嘬, 無異其義, 可謂深切矣. 今成一兄弟所行, 與之暗合, 蓋義理之心得於天者如此, 嗚呼奇矣."

치시켜 시해된 임금과 살해된 아버지를 동일한 선에 놓고 보고 있다. 임금을 시해한 적을 잡지 못했을 때에는 장사를 지내도 '장(葬)'이라고 쓰지 않는다고 했다. '장(葬)'은 곧 『예기』에서 '장(藏)'이라 했으니 이는 시신을 땅에 묻는 것이 아니라 잘 거두어 숨겨 간직하고 편안하게 한다는 뜻을 담은 말이다.[73] 김삭주 형제가 취한 극단의 무례는 살해당한 아버지의 시신을, 현실에서는 비록 방기하여 남의 손에 거두게 한 지극한 무례이지만, 의리의 차원에서는 원수를 갚아 편안하게 받들고 자식으로서 도리를 다하는 대의를 구현한 것으로 칭송되고 있는 것이다.

「김삭주형제복수전」은 송시열의 예 인식과 실천이 지향하는 극단적인 종결점을 보여 준다. '살해'된 군부(君父)의 원수 갚기라는 극단적인 상황에서 무례(無禮)에 가까웠던 예 형식은 오히려 군부를 추숭하는 대의를 구현한 것으로 인정되고 있다. 이는 송시열이 『주자가례』를 이해하고 실천했던 맥락과도 상통한다. 즉 『주자가례』에 수록된 예식은 주자가 실천했던 예라는 점에서 하나의 법도와 기준으로 인식되었다. 그러나 근본적으로 이 예식들은 시의성과 간편성, 현실성에 준하는 가변적인 형식들이었다. 그리고 이의 문식(文飾)과 도수(度數)를 결정짓는 원리로서, 그에 우선하는 불변의 이념은 일본(一本)의 종통을 확고하게 한다는 것이었다. 이러한 불변의 이념을 시대와 현실에 맞게 조절하고 융통하는 것이 『주자가례』의 핵심이었으며, 송시열의 『주자가례』에 대한 인식과 실천도 그런 맥락에서 이해될 수 있는 것이다.

73 송시열은 일찍이 자손과 조상은 기맥을 같이하기 때문에 조상을 좋은 묘에 편히 모시는 것은 자손을 위해서도 좋은 일이고 필요한 일임을 인정한 바 있다. 『송자대전』(부록 17), 어록 4 「최신(崔愼)의 기록: 상」 참조.

Ⅳ. 맺음말

예는 이론이면서도 일상에서의 실천이며 생활이다. 『주자가례』는 주자 시대, 주자 가문의 예식이었다. 그것을 경험한 조선의 사대부들은 그 텍스트를 읽고 해석하여, 조선 당대의 현실에서 그것을 실천하기 위해 노력했다. 그러한 탐구는 일면 주자식 가례에 대한 교조적인 추수(追隨)를 낳기도 했지만, 또 한편으로는 인정(人情)과 형편을 고려한 합리적이고 시의성 있는 조선의 예 이론과 실천을 낳는 데에도 기여했다. 실제 자료의 면면으로도 확인되듯 예학의 계보에서 사승(師承) 관계로 이어지는 인물들도 일상의 예 실천에서는 '스승과 다를 수밖에 없는' 현실을 "그런 예가 타당한지 알 수 없다", "좀더 고찰해 보자"는 유보적인 언급으로 표현하고 있다. 또 송시열은 무수한 예에 대한 질문들에 대해 "모르겠다", "예문에 없는 것이라 어떻게 해야 할지 알 수 없다"며 개인의 선택과 가문(혹은 집안) 내에서의 결정을 유도하는 발언을 빈번하게 하고 있다. 이것은 당대 최고의 유명 인사로서 예에 관한 자신의 의견이 빈번하게 당쟁과 정쟁의 빌미가 되곤 했던 그의 사회적 위상과도 관련되어 있다. 질문자들은 그렇기에 더욱 명확한 대답을 기대했겠지만 오히려 송시열은 자신의 견해를 밝히고도 개인의 선택으로 몫을 돌려 놓고 있으니 일상에서의 예 실천이 상황에 따른 변화와 적용의 속성을 갖고 있다는 점을 인식한 결과이기도 하다.

그렇기 때문에 송시열은 『주자가례』의 준수를 주장하면서도 예의 일상적이고 구체적인 수행에서는 자신의 가문이 지켜 온 선대의 예와 전통을 쉽게 고치지 않았고 또 차마 고치지 못하기도 했다. 일견 모순적으로 보일 이러한 예 실천을 통해 조선적인 『주자가례』를 만들어 나가는 것이 가능했다고 볼 수도 있다. 『주자가례』 대로만의 준수를, 조선의 시속과 인정에 어긋남에도 주장했다면 그것은 결국 『주자가례』의 조선판을 찍어내는 것에 그쳤을 뿐 조선의 가례를 만들어 나가는 데 크게 기여하지는 못했을 것이다.

이 문제는 송시열이 『주자가례』라는 텍스트를 어떻게 이해했는가 하는 문제와 관련되어 있다. 송시열은 『주자가례』가 종법을 중심으로 하는 일본(一本)의 정신에 기반한 것이라고 이해했다. 그리고 당대 그가 처했던 현실의 상황을 의식하면서 그 정신을 형식화해 나갔다. 송시열은 주자에 대한 대단한 신봉을 보였지만 주자가 당대의 시속과 고금의 예를 절충하며 『주자가례』를 만들어 냈던 그 정신을 본받으려 했던 것이다. 그가 일상의 예 실천에서 주자의 『주자가례』를 위반하는 예 실천을 보였던 것은 주자에 대한 거절이 아니라 시의성과 합리성을 추구했던 주자의 정신에 대한 절대적인 지향이라는 맥락에서 읽어야 할 부분이 분명 존재하는 것이다.

〈참고 문헌〉

■ 자료편

『송자대전』, 『한국문집총간』 권108~116, 민족문화추진회.

『예기』.

주희 지음, 임민혁 옮김, 『주자가례』, 서울: 예문서원, 2003.

CD롬 『현종개수실록』 및 『현종실록』.

■ 논저편

고영진, 『조선중기예학사상사』. 서울: 한길사, 1995.

곽신환, 「송시열의 예사상과 비판 정신」. 『사회과학논총』 1집, 숭전대학교, 1983.

김문준, 「우암 춘추대의 정신의 이론과 실천」, 『유학연구』 1집, 충남대학교 유학연구소, 1993.

김성룡, 「송시열 산문의 권위적 성격에 대한 연구」, 『한국한문학연구』 21집, 1998.

마르티나 도이힐러 지음, 이훈상 옮김, 『한국 사회의 유교적 변환』, 서울: 아카넷, 2003.

문숙자, 『조선 시대 재산 상속과 가족』, 서울: 경인문화사, 2004.

배상현, 「조선조 기호학파의 예학사상에 관한 연구: 송익필 · 김장생 · 송시열을 중심으로」, 고려대학교 박사학위 논문, 1991.

이원택, 「현종대의 服制論爭과 公私義理에 관한 연구」, 서울대학교 박사학위 논문, 2000.

이원택, 「17세기 민신의 대복 사건에 나타난 종법 인식: 박세채와 윤휴의 논쟁을 중심으로」, 『법사학연구』 29호, 2004.

정형지 · 김경미, 『17세기 여성생활사 자료집(1)』, 서울: 보고사, 2006.

한기범, 「17세기 호서예학파의 자기 문화 인식: 예문답서의 '속례' 분석을 중심으로」, 『조선사연구』 7집, 1998.

한기범, 「우암 예학사상과 현대 사회」, 『충청학연구』 2집, 2001.

『정신문화연구』 29권 2호, 통권 103호(2006년 6월)에 게재.

『주자가례』와 조선 중기의 제례 문화

-결속과 배제의 정치학-

이숙인

I. 머리말

조선의 의례 생활은 『주자가례』[1]를 통해 의미화되었다. 주자가례는 각 시기의 시대 정신과 결합하면서 도입 · 확대 · 정착의 과정을 거쳐 조선의 의례 전범으로 안착했다. 고려 말에 도입된 주자가례는 조선의 건국과 함께 불교식 의례를 대체할 새로운 생활 의례로 제시되었는데, 그 주체는 당시의 사상계를 장악한 관료 집단이었다. 따라서 조선 초기의 주자가례는 일상적 패러다임을 유교화하려는 정치적 목적과 결부되면서, 그에 대한 이론적 탐구보다 행용(行用)의 차원에서 주로 강조되었다. 조선 중기(16세기 후반에서 17세기까지)에 이르러 주자학의 이론이 심화되고 새로 등장한 사림이 정치적 영향력을 행사하기 시작하면서 사대부의 예(禮)인 주자가례가 다시 부상했다. 즉 조선 중기의 주자가례는 예

1 『주자가례』의 저자 문제와 성립에 대해서는 임민혁(『주자가례』, 예문서원, 1999)의 논의를 참고할 것. 『주자가례』는 주희가 지은 가례서지만 이로부터 확장된 가례 문화의 한 형태를 지칭하기도 한다는 점에서, 이 글은 『주자가례』와 주자가례, 두 가지 표기를 적절하게 구분해 사용하고자 한다.

론의 대두와 예학의 발달이라는 사상사적 맥락과 함께한다. 그리고 조선 후기의 주자가례는 사대부 및 서민들의 의례로 정착됨으로써 그것이 지향하는 사회가 형성되었다. 이상은 기존의 연구에서 밝혀낸 바,[2] 주자가례로 본 조선 사상사의 대체적인 흐름이다.

본고는 기존 연구를 토대로, 주자가례의 사상사적 의미를 조선 중기의 제례 문화를 통해 재구성하고자 한다. 조선 시대 사상사의 일반적인 흐름과 마찬가지로 제례 문화 역시 조선 중기는 초기에서 후기로 가는 과도기적 성격을 보인다. 이 시기의 특징은 퇴계와 율곡에 의해 주도된 성리학의 이론적 심화와 그것을 바탕으로 한 예론의 활성화, 그리고 예학의 발달로 요약될 수 있다. 그런데 조선 중기의 제례론은 단순히 학술적 차원에 한정되지 않고, 정치적으로 다양한 지점들이 복합적으로 얽히면서 형성된 것임을 알 필요가 있다. 예컨대, 주자가례와 국속(國俗)의 갈등이나 사례(四禮)와 오례(五禮)의 대립 등은 예의 이론이나 가치의 차이에 기인하기보다 정치적 입장의 다름에서 나온 것이라 할 수 있다. 또한 제례의 쟁점들은 절차나 형식 그 자체에 목적이 있기보다 재산 상속이나 신분 승계와 같은 사회적 권력을 분배하는 문제와 연결되어 있다는 것을 알 수 있다. 이를 통해 사회 변화의 방향과 성격을 파악할 수 있는데, 그것은 제례를 둘러싼 논쟁에서 잘 드러난다.

조선 중기의 제례론은 한국 사회에 일반화된 유교적 제사 문화의 형성 과정을 역동적으로 보여 주는 측면이 있다. 즉 이 시기 제례에 관한 논쟁들은 사회의 전반적인 경향과 연결되어 있으면서 그 안에는 작지만 경합하는 다양한 차이들이 존재했음을 보여 준다. 여기서 제례가 왜 조선의

2 이 부분에 대해서는 고영진, 임민혁, 정긍식, 이재룡, 마르티나 도이힐러, 마크 피터슨 등의 연구를 참조했다.

학자들에게 중요한 이슈가 되었으며, 제례를 통해 표출된 사회의 방향이 무엇인지, 그리고 각 학자들은 예의 이론과 구체적 현실의 관계를 어떤 방식으로 처리하는지 등의 문제를 볼 수 있다. 이러한 맥락에서 본고는 조선 중기의 제례론 혹은 제례학이 그 시대 인간 관계 및 사회 관계를 결속과 배제의 범주로 재편성하려는 역사적 요구와 분리될 수 없다는 점에 주목했다.

제사는 그 대상이 누구이든지 간에 참여하는 사람은 제사의 대상과 혈연적 · 사회적으로 깊은 연관을 맺고 있다. 제사는 사회 제도와 의식 · 문화의 수준에 따라 그 내용과 형식이 만들어지고 오랜 관습으로 행해지면서 의례화된다. 또한 제사는 형식을 통해 사회적 신분을 기호화하고, 정치적 · 경제적인 분배 문제를 해결하며, 성별 권력 관계를 관철시키기도 한다. 또한 제사는 제사 공동체의 결속과 연대를 강화시키며, 조상과의 친교를 통해 삶의 근본적 의미를 성찰하도록 한다. 제사가 갖는 이러한 의미들을 통해 조선 중기의 제례 문화에 접근하고자 한다.

II. 『주자가례』의 도입과 제례의 향방

1. 『주자가례』[3]로 본 제사의 구성 요소

제사는 모든 문화 모든 사회에서 발견되는 인간의 보편적 행위지만 그

3 『주자가례』는 家禮圖, 卷1(家禮序, 通禮), 卷2(冠禮), 卷3(婚禮), 卷4(喪禮1), 卷5(喪禮2), 卷6(喪禮3), 卷7(祭禮)로 구성되어 있다. 서두의 「가례도」는 「통례」 및 「관례」 · 「혼례」 · 「상례」 · 「제례」 편의 내용 중에서 특히 중요하다고 판단되는 사항을 선별해서 그 원리 및 구체적 실체를 도식화하여 보여준다. 그 중 가장 먼저 나오는 내용이 가묘지도(家廟之圖)이고 그 다음이 사당지도(祠堂之圖)다.

행위를 구성하는 의미와 형식, 사회적 기능의 측면에서는 차이가 있다. 주자가례에 의한 조선 중기의 제례 문화에 접근하기 위해서는 먼저 『주자가례』에 표현된 제사의 구성 요소를 살펴볼 필요가 있다. 제사의 구성 요소는 크게 세 가지 측면에서 접근할 수 있는데, 즉 제사를 지내려고 하는 내면적 동기와 제사를 지내는 외면적 형식, 그리고 제사가 갖는 사회적 기능이 그것이다. 『주자가례』는 『예기』와 『의례』 등의 고례(古禮)에 근거해서 송대 사회에 맞게 형식을 재구성한 것이다. 그러므로 제사의 기본 원리에서 『주자가례』는 고례의 입장을 계승한다고 볼 수 있다.

첫째, 『주자가례』에 의하면 제사는 "근본에 보답[報本反始]"하는 행위다. 그 방법은 "조상을 존숭하고 종자(宗子)를 공경[尊祖敬宗]"하는 것이다.[4] 여기서 근본[本]이란 조상임을 알 수 있다. 즉 제사의 대상은 초자연이나 초월적 존재가 아니라 산 자의 자리에서 죽은 자의 자리로 이동한 구체적 사람, 즉 조상이다. 조상 제사에서는 누구나 제사의 대상이 될 수 있다. 그 자신의 초월적 힘이나 비범함 때문이 아니라 후손과 생물학적인 연속성을 가진다는 그 사실만으로 조상의 의미는 구성되기 때문이다. 이것은 생전의 업적을 기준으로 제사를 제정하는 그런 차원과는 다르다. 『예기(禮記)』, 「제의(祭儀)」에 의하면 성왕(聖王)의 제사는 "인민들에게 유익한 일을 했는가, 죽음을 무릅쓰고 나라 일에 힘썼는가, 국난을 물리치고 나라를 안정시키는 데 최선을 다했는가" 등의 생전의 업적을 기준으로 제정되었다. 하지만 "조상 제사는 초월성이 아니라 연속성을 매개로 이루어지는 평생 의례(life cycle ceremony)적 성격을 지닌다."[5] "평생 의례는 인간의 육체적 변화와 사회적 지위의 변화에 대

4 주희 지음, 임민혁 옮김, 「通禮: 祠堂章」, 『주자가례』(예문서원, 1999).
5 이욱, 「제사의 종교적 의미에 대한 고찰」, 『유교사상연구』, 제16집(2002), 94쪽.

응하는 문화적 상징 행위로서, 생활의 주체가 되는 인간을 중심으로 한 의례"[6]다.

다시 말해 조상 제사는 조상이 무슨 일을 했는가와 상관없이 그의 존재 자체가 나의 근원적 질문과 만날 수 있다는 것이다. 자기 속에 깃든 조상의 실체를 확인하는 의식으로서의 제사는 사회적 가치나 공리주의적 평가보다 더 근원적인 삶의 의미를 성찰하려는 욕구에서 나왔다고 할 수 있다. 그렇기 때문에 제사는 정성과 공경을 무엇보다 중시한다.

둘째, 제사 의식(儀式)은 공간 · 시간 · 사람 · 물건의 상호 연관 속에서 이루어진다. 이 네 가지 요소가 어울리면서 외표적 형식을 구성하는 것인데, 한편 이 형식을 통해 의례가 추구하는 본질적 의미를 담아낸다.[7] 『주자가례』의 제사 공간으로는 집안의 정침(正寢) 동쪽에 위치한 가묘(혹은 사당)와 망자(亡者)의 묘지 등이 있다. 가묘(家廟)는 비일상적인 제사 공간이지만 집 안에 있으므로 일상의 생활 공간과 연결되어 있다. 가묘는 제사를 위한 곳만이 아니라 가족이 외출할 때나 집안에 대소사가 있을 때마다, 마치 살아 계신 부모님께 인사를 하듯이 고(告)하는 곳으로 삶의 중추를 이루는 공간이다. 즉 『주자가례』의 제사 공간은 일상과 비일상이 연결되어 있고, 신의 세계와 인간의 세계가 분리되지 않은 것이 특징이다.

시간 또한 아무 때나 할 수 있는 것이 아니라 일상적인 시간과 구분되는 특정한 시간에 행해진다. 제사의 시간은 그 의례가 갖는 상징성을 표현하는 것이기도 하지만 제사의 근본 정신을 확인해 주는 중요한 요소다. 『예기』는 말한다.

---

6 장철수, 『한국의 冠婚喪祭』(집문당, 1995), 81-82쪽.
7 유권종, 「제사의 종류와 그 의례적 특징」, 『제사와 제례문화』(국학진흥원, 2005), 62쪽.

> 어떤 제사든지 자주 지내지 않아야 한다. 자주 지내면 번잡해져 공경심이 없어진다. 하지만 제사는 너무 오랫동안 지내지 않아도 안 된다. 오랫동안 지내지 않으면 태만해져 잊어버리기 쉽다. 그러므로 군자는 천도에 맞추어 봄에는 체(禘)를 가을에는 상(嘗)을 지낸다"(『禮記』, 「祭儀」).

이로 볼 때, 제사는 시간을 정해 놓고 주기적으로 반복한다는 데 의미가 있다. 『주자가례』에 제시된 여섯 종류의 제사 시간을 보면 사시제(四時祭)는 사계절의 길일(吉日)에, 초조(初祖)는 동지에, 선조(先祖)는 입춘에, 녜(禰)는 계추(季秋)에, 기일은 돌아가신 날에, 묘제는 삼월 상순에 지내도록 정해 놓고 있다. 제사는 일정하게 반복되는 시간 질서에 의해 일상적 삶의 경건함을 주기적으로 회복하도록 하는 것이다. 즉 유교적 제사는 "유대교나 그리스도 교인들과 달리 자연적 시간 질서의 근원인 하늘, 즉 천체의 주기적 운행에 따라 반복적으로 거행된다"[8]는 데 그 시간적 특징이 있다.

제사는 또한 제사를 지내는 사람과 제사를 받는 사람으로 구성된다. 사실은 죽은 모든 조상이 제사의 대상이지만 『주자가례』는 제사의 종류에 따라 그 대상을 다르게 정해 놓았다. 사시제의 대상은 고조고비(高祖考妣)·증조고비(曾祖考妣)·조고비(祖考妣)·고비(考妣)의 4대다. 초조(初祖)는 시조를, 선조(先祖)는 시조 이하 고조 위까지, 녜는 아버지, 기제 역시 사시제와 같이 4대를 대상으로 한다. 제사를 주재하는 봉사자는 적장자인 종자(宗子)로 규정했다. '존조경종(尊祖敬宗)'으로 명시된 바 『주자가례』는 제사의 대상과 봉사자를 엄격히 규정해 놓은 것이다.

제사에 필요한 물건은 제찬, 제기, 신주, 지방, 의복 등이다. 명분을 중

---

8 박종천, 『제사와 제례문화』(국학진흥원, 2005), 115-116쪽.

시하는가 아니면 실용을 중시하는가에 따라 제찬의 내용은 달라질 수 있다. 또한 공경심을 중시하는가 아니면 친밀성을 중시하는가에 따라 제찬의 내용은 달라질 것이다. 다시 말해 돌아가신 분이 평소에 즐기던 음식을 올릴 것인지, 예가 규정한 바대로 올릴 것인지 하는 문제가 논쟁이 되었던 것은 제사에 부여하는 의미를 어디에 두는가에 따른 차이라 할 수 있다.

셋째, 제사의 기능은 사후 봉양(死後奉養)과 가계 계승(家系繼承)이라는 두 가지 관념을 통해 접근할 수 있다. 제사는 유교 윤리의 핵심인 효 관념을 사후에도 관철시키고자 한 기획이라 할 수 있다. 즉 효를 실현하는 방법으로서 제사는 사회의 질서와 조화를 돕는 기능을 하는 것이다. 생전과 마찬가지로 사후에도 봉양을 해야 한다는 것에는 '계세 사상(繼世思想)'이 흐르고 있다. 지금 없는 존재를 있는 듯이 봉양한다는 것은 공경의 내면적 태도를 키울 것과 유교 윤리를 내면화하도록 요구한다. 한편 가계 계승의 차원에서 볼 때 『주자가례』의 제사는 계보[統] 의식을 강화시키며 가족 질서와 사회 질서를 확립하는 데 중요한 역할을 한다. 제사는 재산 상속의 문제, 사회 신분의 승계 문제들과 밀착되어 있는데, 가족 내부에서는 입후(立後)의 문제로, 국가 차원에서는 예송(禮訟) 문제로 표출되기도 했다. 『주자가례』의 제례가 비록 "집안의 명분을 지키고 집안을 번창하게 하는 것"을 목적으로 하는 가례이지만, 조선에서의 전개는 그 씨족적 성격을 넘어서 국가와 사회의 질서 차원에서 중대한 의미를 가지는 것이다.

2. 제례로 본 『주자가례』 도입의 의미

『주자가례』의 제사 관련 항목은 「가례도」의 맨 앞에 나오는 가묘지도

(家廟之圖)·사당지도(祠堂之圖)와 「통례」의 서두에 나오는 사당(祠堂)장, 그리고 권7 「제례」 편이다. 「제례」 편에 제시된 제사의 종류는 사시제(四時祭), 초조(初祖), 선조(先祖), 녜제(禰祭), 기제(忌祭), 묘제(墓祭)의 여섯 가지다.[9] 「가례도」와 뒤따른 「통례」에서 제사 관련 항목을 맨 앞에 제시한 것은 제례가 사례(四禮) 중에서 가장 중요하다는 의미다. 「통례」는 사례의 구체적 실천을 위한 기본 바탕이자 그 전제를 말한 것인데, 즉 "날마다 행용(行用)하는 상례(常禮)"라는 것이다. 그러면 이 주자가례식의 제례가 도입됨으로써 의례 문화에 어떤 변화가 왔는지를 조선 초기를 중심으로 살필 필요가 있다. 도입 이전과 이후에 가장 부각되는 것은 가묘, 봉사 대수, 봉사자의 자격 등이다.

주지하다시피 조선은 건국 직후 유교 윤리를 통치 이념으로 확립하려는 의도로 주자가례를 관혼상제의 전범으로 제시했다. 가장 먼저 시도한 것이 '가묘'의 설치, 즉 제례의 시행이었다. 사대부에서 서인에 이르기까지 모두 가묘를 설치해 제사를 지내도록 했고, 위반자는 불효죄로 다스릴 것을 반포했다(태종 4년 8월). 가묘의 설치는 절에서 지내던 불교식 조상 제사를 금지하고(태종 5년, 태종 6년, 세종 2년) 유교식 제사로 전환해야 함을 뜻하는 것이다. 『예기』 등에서는 서인의 경우에는 사당(가묘)을 세우지 못하고 정침(正寢)에서 부모에게만 제사하도록 되어 있지만, 『주자가례』에는 사(士)·서인(庶人)의 구분 없이 일률적으로 4묘를 갖추도록 되어 있다. 가묘는 사대부 생활의 공간적 파악을 통해 『주자가례』의 세계관을 좀더 극명하고 상징적으로 관철시킬 수 있는 곳이다. 가묘의 설치는 주기적으로 반복되는 제사의 성격상 그리고 그것이 일상과 연결되어 있다는 점에서 생활의 유교화를 가속화시켰던 것으로

9 주희, 앞의 책, 「祭禮」.

보인다.

다음으로 신주 봉안과 제사의 대수(代數)와 관련하여 『주자가례』는 모든 계층에 차별 없이 4대 봉사를 규정했다. 이는 『예기』 등의 고례(古禮)에서 제후 5묘, 대부 3묘, 사(士) 1묘(혹은 2묘)로 신분에 따라 대수를 제한한 것과 비교된다. 그러나 봉사 대수에 신분적인 제한이 있었던 조선에서 『주자가례』의 탈신분적인 성격은 쉽게 수용될 수 없었다. 따라서 1485년(성종 16년)에 반포된 『경국대전(經國大典)』에서는 고례(古禮)에 의거해서 "6품 이상은 증조부모까지 3대, 7품 이하는 조부모까지 2대, 서인은 부모만을 봉사"(「禮典」 奉祀條)하도록 차등을 두었다. 이 시기 지배 계층은 『주자가례』의 탈신분적 성격을 우려했는데, 변계량(卞季良, 1369~1430)은 "천자와 서인이 봉사하는 조상의 대수가 다른 것은 천리(天理)"라고 했고, 세종은 획일적으로 규정하는 것이 고위 관리와 하위 관리의 경계를 흐릴까 우려했다(『세종실록』 10년 9월 14일). 『주자가례』의 4대 봉사는 조선 중기에 이르기까지 사대부가에서도 지켜지지 않다가 18세기에 이르면서 서민도 보편적으로 수용하는 상황이었다.

마지막으로 봉사자의 자격에서 『주자가례』는 남계 혈족에 의한 적계주의와 장자 우선주의를 표방했다. 즉 종자가 봉사자가 되고 종자가 없는 경우 동종의 지자(支子)를 입후했다. 반면에 조선의 풍속에는 사위나 딸, 외손, 그리고 종자의 동생이나 첩자에게도 봉사 자격이 주어졌고, 아들딸 돌아가며 제사를 모시는 윤회 봉사가 일반적이었다. 따라서 주자가례의 도입은 남계주의에 의해 딸의 봉사를 배제하는 것이고, '이성불양(異姓不養)'의 원칙에 의해 외손 봉사를 배제하는 것이다. 또 부계주의에 의해 '형망제급(兄亡弟及)'의 형제 상속이 부정되며, 적계주의에 의해 서자 봉사가 부정된다. 이러한 규정은 가묘라는 제사 공간을 통해 종

더 쉽게 관철될 수 있는데, 그것은 가묘를 소유한 종자가 제사를 독점하게 될 수밖에 없기 때문이다. 하지만 『경국대전』은 "적장자의 자손이 없으면 중자(衆子)가 봉사하고, 중자의 자손도 없으면 첩자(妾子)가 제사를 받든다"[10]고 하여 시속인 형망제급의 원칙을 따랐다. 이후 봉사자의 자격 논쟁은 『주자가례』와 『경국대전』 사이에서 원칙과 현실의 갈등으로 전개된다.

이상에서 확인한 바, 『주자가례』의 도입은 조선 시대의 제례 문화를 흔드는 혁명적인 사건이었다. 하지만 조선 초기는 고례에 근거한 국속(國俗)이 우세했다. 하지만 이후의 주자가례는 국속과의 갈등과 습관의 저항을 마주하면서 도도한 행진을 멈추지 않았다. 예의 중심을 오례(五禮)에 두었고, 가례(家禮)를 오례의 체제 속에 포함시켰던 조선 전기와는 달리 16세기 중반에 이르면 『주자가례』가 예의 중심으로 이동하기 시작했다. 하지만 16세기에도 여전히 『주자가례』의 규범들을 습속으로 바꾸는 데까지는 나아가지 못했다. 17세기를 거쳐 조선 후기에 이르러서야 4대 봉사나 봉사자를 동종 지자에서 구해 오는 등, 주자가례식의 제례 문화가 정착되었다. 『주자가례』의 제사는 시간의 주기적인 반복성과 사당이라는 장소의 제한성 그리고 종자 우선 원칙과 장자 우대 의식을 바탕으로 가문 중심 의식을 고취함으로써 당내의 결속을 유도했다. 이 제사야말로 한국 사회에서 부계적 양식을 부과하는 도구이자, 조선 전기 사회 변화를 추동시킨 중요한 동인[11]이었다.

10 "若嫡長子無後則衆子, 衆子無後則妾子奉祀." 주(註)에는 "良妾子無後, 則賤妾子承重, 凡妾子承重子, 祭其母於私室, 止其身"(『經國大典』, 「禮典」 奉祀條).

11 마르티나 도이힐러 지음, 이훈상 옮김, 『한국 사회의 유교적 변환』(아카넷, 2003), 187쪽.

III. 『주자가례』의 확대와 제례 연구의 활성화

1. 예론의 대두와 제례서의 등장

14 · 15세기의 주자학이 정치적으로 불교 이데올로기를 유교 이데올로기로 바꾸는 데 몰두했다면, 16세기에는 이기심성론의 이론 심화를 거쳐 17세기에는 구체적인 예학으로 전개되었다.[12] 즉 16세기에는 주자학의 외연이 사상적 · 철학적 측면에까지 넓혀졌고, 사림의 기반으로서 향약 · 서원 · 서당 등의 지방행정 조직이 발달하게 되었다. 이로써 중앙 관료 중심의 정치가 지방 세력이 참여하는 정치로 바뀌어 갔고, 유교적 문치주의의 극치인 예치주의가 강화된 것이다.[13] 이러한 현상을 현상윤은 "통경명사(通經明史)나 문장(文章)을 힘쓰던 시대에 비해 지치주의나 교화주의를 힘쓰던 실천 유학 시대나, 위기지학(爲己之學)을 힘쓰고 천리[踐]를 독신(篤信)하던 이학(理學) 시대가 더한층 예를 중시하고 예학을 숭상하게 된 것은 이론적으로는 필연적인 추세가 아닐 수 없으니 결코 우연한 일이 아니다"[14]라고 보았다.

16세기 중반이 되면 『주자가례』의 연구와 보급이 활성화되어 그 위상이 높아지기 시작하는데, 그것은 향촌 재지 세력인 사림의 정계 진출과 관련이 있다. 이 과정에서 사림이 주축이 된 이른바 '주자가례파'와 기존의 정치 세력인 '오례의파'가 첨예하게 대립하게 되었다. 사림들이 예의 보편성을 강조하며 '천하동례론(天下同禮論)'을 주장한 반면 기존

12 김문준, 「17세기 典禮問題에 대한 權諰의 예론과 그 의의」, 『한국사상과 문화』, 제28집(2005), 210쪽.

13 이성무, 「17세기의 禮論과 黨爭」, 『조선 후기 당쟁의 종합적 검토』(한국정신문화연구원, 1992), 10쪽.

14 현상윤, 『조선유학사』(솔, 2000), 172쪽.

세력은 왕조례의 특수성을 강조하며 '왕자례부동사서론(王者禮不同士庶論)'을 주장했다. 예에 관한 논쟁에서 사림들은 학문적인 범주에만 그치지 않고 국가 전례 문제에까지 관철시키려고 했다.[15] 중종대의 '오례의파'와 '고례파'의 전례 논쟁이나 명종대의 가례서의 대거 등장은 조선 전기에 왕례(王禮)에 포함되어 있던 사대부례(士大夫禮)가, 오례에 포함되었던 가례(家禮)가 독립해 가는 과정이었다.

이러한 과정에서 생활 규범서인 제례서가 출현하는데, 이전의 가훈(家訓) · 가령(家令) 등을 발전시킨 것으로, 관행적으로 시행되던 주자가례를 좀더 체계화한 것이다. 이 때 관혼상제의 사례(四禮) 중에서도 제례서가 먼저 등장한 것은 『주자가례』에서 제례를 강조하는 경향과 일치하며 조선 건국 이후 주자가례의 시행을 가묘 설립을 통한 제례에서 시작했던 경험과도 일치한다.[16] 그리고 제례가 더 강조된 것은 전문가에게 의뢰할 수 있는 상례와는 달리 제례는 수시로 지내야 하고 그 때마다 남의 도움을 받을 수가 없어 집안 내부에서 교육시킬 필요가 있었기 때문이다.[17] 제례서의 저술은 새로 성장한 사림들이 주자가례가 추구하는 종법과 효의 강조를 통해 자신들의 가문을 통합시키고 그 동질성을 확보하려는 욕구와도 관련된다. 이들 제례서는 집안마다 다른 제사 방식을 『주자가례』를 통해 통일시키려는 의도가 있었는데, 주자가례와 조선의 국속이 갈등하는 부분에서는 조선의 풍속을 따르는 경우가 많았다. 이 때의 제례서는 제사에 관한 매뉴얼로 학문적이기보다 실용적인 성격이 강했다.

16세기에 저술된 제례서 또는 제례에 관한 글로는 송기수(宋麒壽, 1507~1581)의 「행사의절(行祀儀節)」, 이현보(李賢輔, 1467~1555)

15 고영진, 앞의 책, 105쪽.

16 위의 책, 80쪽.

17 위의 책, 142-143쪽.

의 「제례(祭禮)」, 이언적(李彦迪, 1491~1553)의 『봉선잡의(奉先雜儀)』, 이이(李珥, 1536~1584)의 『제의초(祭儀鈔)』, 송익필(宋翼弼, 1534~1599)의 『가례주설』, 유운룡(柳雲龍, 1539~1601)의 『추원잡의(追遠雜儀)』 등이 있다.[18]

『상례비요(喪禮備要)』는 신의경(申義慶, 1557~1648)이 『주자가례』를 기본으로 하고 고금의 예설을 첨가하면서 시속의 제도를 덧붙인 것인데, 1583년에 김장생(金長生, 1548~1631)이 다시 상세히 교정하고 가감하여 책으로 만들었다. 이 책은 그 체제와 내용에서 본격적으로 『주자가례』를 경(經)으로 놓아 서술한 것으로 조선 중기 이후 가장 중요한 책으로 평가되었다. 그리고 18세기 이후 관혼상제의 지침서였던 이재(李縡, 1680~1746)의 『사례편람(四禮便覽)』은 『주자가례』를 거의 그대로 따랐다.[19] 이 중에서 이이의 『제의초』는 이후 예론에서 많이 인용되고 있다는 점에서, 이언적의 『봉선잡의』는 다음 세대의 사림들에게 전수되어 예학의 발달에 큰 영향을 끼쳤다는 점에서 특히 주목된다.

17세기는 16세기의 예론을 토대로 연구와 저술이 한층 심화됨으로써 이른바 "예학의 시대"로 일컬어진다. 조선 중기는, 주자가례의 보급 정도가 사대부를 중심으로 한 매우 낮은 단계였던 조선 초기와 주자가례가 일반 서민에게까지 확대되어 예의 전범으로 정착한 조선 후기를 잇는 교량으로서의 성격을 갖는다고 할 수 있다. 17세기의 예학의 발달은 임진왜란(1592, 선조 25년) 이후 예제 회복의 과제와 부합하는 것이었는데, 임진왜란은 사족 중심의 사회 체제에 큰 타격을 가했으며 신분 질서가 동요되는 현상을 불러왔다. 난리를 당하자 나라에서는 승려나 서얼, 공

---

18 고영진, 앞의 책, 69쪽.

19 한국정신문화연구원(편), 『朝鮮時代 冠婚喪祭(V): 祭禮篇』(한국정신문화연구원, 2000).

사천(公私賤)의 활약에 의지했고, 상(喪) 중의 무신들에게 '기복(起復)'을 허락하여 공적인 임무를 맡겼다. 즉 예제의 원칙이 전쟁의 상황에서 흔들리게 되었는데, 그 후유증을 해결하는 방법이 예에 대한 관심과 그 회복이었다.

예컨대 선조는 전란을 피해 있다가 1594년 환도하면서, 경성의 백성들 중에 적들에게 죽은 자가 매우 많을 것임에도 불구하고 상복 입은 자가 없는 것을 괴이하게 여기고 예법이 무너진 것으로 판단해서 전교를 하기에 이른다(『선조실록』 27년 2월 14일). 비변사에서는 변란 이후 예법이 모두 없어지고 상기(喪紀)가 문란해져 상주가 된 자들이 천인이나 지식 있는 사람이나 할 것 없이 술 마시고 고기 먹고 떠드는 것이 일상화되었다고 보고하면서, 예의 회복을 위한 특별 조처를 할 것을 왕에게 요구했다(『선조실록』 28년 2월 2일). 1595년 7월에는 사헌부에서 나라의 기반을 회복하기 위한 시무를 올렸는데, 그 내용 중에는 충신과 효자 및 열녀를 찾아내어 상을 줌으로써 인륜과 풍속을 후덕하게 하는 데 이용하자는 것이 있었다(『선조실록』 28년 7월 2일). 1606년에는 유교식 상·장례를 제대로 지내지 않은 데 영향을 미쳤던 불교를 대대적으로 탄압했다(『선조실록』 39년 6월 1일). 이처럼 국가나 사족들은 전란에 대한 극복 방향을 전쟁 이전의 체제로 재건하는 것이었고, 그것은 곧 성리학적 질서를 회복하는 것을 의미했다. 이러한 맥락에서 『주자가례』의 주석과 언해 작업이 이루어졌는데, 그것은 그대로 시행하는 단계를 벗어나 학문적으로 이해하고 연구하려는 노력에서 나온 것[20]이라 할 수 있다.

한편 17세기 예학이 발달하게 된 맥락에는 16세기의 축적된 논의와 정치적 상황이 혼재되어 있다. 반정(反正)을 통해 왕이 된 인조(仁祖,

---

20 고영진, 앞의 책, 96쪽.

1623~1649)는 명분론 및 정통론에 입각한 예론과 인정(人情)을 중시하는 예론의 논쟁을 촉발시킨 인물이 되었다. 이른바 예송(禮訟) 논쟁이 계속되는 상황에서 『주자가례』는 점차 예제의 보편적 전범으로 인식되었다. 『주자가례』의 중요한 부분은 사실 조선의 풍속과 충돌하는 것이 많았는데, 16세기에서는 이론적이고 규범적인 차원에서 주자가례가 강조되었다면 17세기에는 양반층의 생활 속에 깊숙이 들어왔다고 할 수 있다.

즉 17세기에 전개된 예학의 내용은 『의례』·『주례』·『예기』 등의 예경(禮經)이나 국가의 전장(典章) 제도보다는 사대부들이 일상적으로 행하는 가례에 관한 것이었다. 그것은 『주자가례』의 조목에 전거를 제시하거나 변례(變禮)들을 보완하는 성격이었다. 특히 1599년 김장생(金長生, 1548~1631)의 『가례집람(家禮輯覽)』을 전후로 가례 연구서가 대거 쏟아져 나오면서 가례의 정착을 통한 종법 질서가 확립되었다. 김장생의 『가례집람』은 『주자가례』를 중심으로 하는 예설의 흐름을 계승하여 당시까지의 『주자가례』에 대한 연구를 총정리한 성격의 것이었다. 임란 이후 17세기의 예학에 관한 대체적인 평가는 김장생과 그의 아들 김집(愼獨齋 金集, 1574~1656) 및 그 문하의 예학, 그리고 「오선생예설분류(五先生禮說分類)」(1603)를 쓴 정구(寒岡 鄭逑, 1543~1620)와 그 문하의 예학으로 크게 양분하여 두 계열로 발전했다.[21] 주자가례에 대한 수요는 17세기 이후 조선의 신분 체제가 동요되면서 양반 인구가 늘어난 것과도 관련이 있다. 19세기에는 자칭 양반이 전 인구의 80% 이상을 차지하게 되었다고 하는데, 이러한 양반 인구의 비약적 증가와 양반 의식의 확대는 자연히 『가례』의 수요를 증폭시키게 되었고, 『가례』적 예속이 조선의 보편적 의례로 자리잡을 수 있었다.[22]

---

21 김문준, 앞의 글, 210쪽.

2. 제례를 둘러싼 쟁점들

16세기 후반이 되면 조선 전기에 주목을 받았던 『주례』나 『예기』보다 주자가 강조했던 『의례』와 『주자가례』가 중시되었다. 하지만 조선 중기 이후의 제례가 비록 『주자가례』를 전범으로 삼고 있으나 구체적인 항목에서는 상이한 경우가 많았다. 여기서는 학자들의 제례설에서 쟁점이 되었던 봉사 대수의 문제, 봉사자의 자격 문제, 국속과 갈등을 처리하는 문제 등의 몇 가지를 살펴보고 그 의미를 논하고자 한다.

첫째, 봉사 대수를 들 수 있다. 몇 대조까지를 시제와 기제의 대상으로 삼을 것인가 하는 봉사 대수의 문제는 중대한 차이를 파생시킬 수 있는 것이다. 다시 말해 『주자가례』가 신분에 관계 없이 일률적으로 4대 봉사로 규정했다면, 고례에 근거한 조선의 관행과 그것을 반영한 『경국대전』은 봉사 대수에 신분적 차등을 두었다. 앞에서 소개한 바 사(士) · 서인(庶人) 할 것 없이 봉사 대수를 동일하게 적용하는 것은 신분 질서를 해치는 요소가 될 것이라고 조선 초기의 정치가들은 우려했다. 이로부터 1세기 이상이 지난 16세기 후반에는 이 문제가 어떻게 논의되고 있는가를 보자.

『주자가례』가 사당에 설치하는 신위를 4대조인 고조까지 규정한 데 비해 이언적의 『봉선잡의』는 3대조인 증조까지 설치했다. 이것의 이유로 이언적은 조선의 국법인 『경국대전』이 6품 이상은 3대까지만 제사지낼 수 있도록 한 규정을 무시할 수 없다는 것이다. 『봉선잡의』는 『주자가례』의 항목과 같을 뿐 아니라 그 설명 부분도 거의 같은데, 몇몇 용어만 조선의 풍속에 맞게 고치거나 가감했다.[23] 조선사상사의 중요한 인물

22 임민혁, 앞의 책, 23쪽 참조.

인 이이(李珥)의 제례론은 그가 1577년에 저술한 『격몽요결(擊蒙要訣)』에 실려 있다. 이 책의 7장인 「제례」와 부록으로 편성되어 있는 『제의초(祭儀鈔)』가 그것이다. 그는 『주자가례』를 제사의 전범으로 할 것을 확실히 했다. 즉 "제사는 마땅히 『주자가례』에 의해 반드시 사당을 세우고, 신주를 받들며 제전(祭典)을 두고 제기(祭器)를 갖추어 종자(宗子)가 주관해야 한다"[24]고 했다. 하지만 그 역시 조선의 국속을 반영, '사당지도(祠堂之圖)'와 '정침시제지도(正寢時祭之圖)'에서 신주를 증조고비(曾祖考妣) 3대까지만 그려 넣었다.[25]

『주자가례』의 4대 봉사의 원칙은 16세기에도 서민은 물론 사대부 계층에서도 행해지지 않았음을 알 수 있다. 4대 봉사가 제대로 시행되지 않았던 것은 조선 초기나 중기가 마찬가지지만 그 이유에서는 차이가 있다. 초기의 학자와 정치가들은 4대 봉사가 신분 질서에 혼란을 줄 것이라고 우려했다면, 사림이 주도하는 중기에서는 제사에 신분적 차등을 두는 것을 오히려 철폐하자는 쪽이었다. 그럼에도 불구하고 조선 중기에서 4대 봉사가 잘 지켜지지 않았던 것은 그것을 수행할 현실적인 상황이 미비했던 데에서 찾을 수 있다. 『주자가례』의 봉사 대수를 실천한다면 제사 횟수가 대종가일 경우 16회 이상이 되고, 고조를 잇는 소종가일 경우 14회 이상이 된다. 제사에 소요되는 각종 경비를 감안할 때 4대조 봉사는 조선의 현실에서 어려운 일일 수 있다. 경제적인 문제 이상으로 주자가례의 파급이 보편화되지 못했다는 점도 지적되어야 한다. 후기로 갈수록 4대 봉사는 서민에게도 제사의 전형으로 받아들여지는데, 조선 후기 사회에서 가산을 처분하는 가장 큰 이유가 상제례 때문이라는 것은 이미

---

23 고영진, 앞의 책, 79쪽.

24 "祭祀當依家禮, 必立祠堂以奉先主, 置祭田具祭器, 宗子主之."(『擊蒙要訣』 第七, 「祭禮章」).

25 이이 지음, 김성원 옮김, 『擊蒙要訣』(명문당, 1986).

알려진 사실이다.

둘째, 봉사자의 문제다. 봉사자는 가계 계승이라는 입후의 문제와 얽혀 있어 매우 복잡하고도 논쟁적인 주제였다. 앞에서도 소개한 바, 『주자가례』는 종법의 원리에 따라 적장자에게 봉사권을 주었지만 조선의 풍속에서는 다양한 방식으로 봉사자가 정해졌다. 아들딸이 돌아가면서 지내는 윤회 봉사, 딸의 자손이 지내는 외손 봉사, 죽은 장자의 부인이 지내는 총부 봉사가 있었고, 종자의 첩자가 지내는 봉사 등이 있었다. 봉사자를 정하는 문제는 조선 중기까지도 『주자가례』보다 조선의 관행이 우세했던 것으로 보인다. 즉 부계주의, 적계주의, 남성주의에 기초해 있는 『주자가례』에서의 봉사 자격이 조선 중기까지는 관철되지 못했다. 이이의 『제의초』를 통해서도 16세기에는 윤회 봉사가 일반적이었음을 알 수 있다.

> 묘제(墓祭)와 기제(忌祭)를 세속에서는 돌려가며 지내니 이는 예가 아니다. 묘제는 윤행을 한다 해도 대개 묘 앞에서 지내는 것이니 안 될 것은 없다. 기제를 윤행하면 신주에 지내지 않고 지방을 써붙이고 지내게 되는 것이니, 이는 매우 미안한 일이다. 만일 꼭 윤행을 해야 하는 상황이라면 모름지기 제찬을 갖추어 가묘에 가서 행하는 것이 그래도 괜찮을 듯싶다.[26]

율곡의 입장은 윤회 봉사가 여전히 관행으로 행해지고 있는 상황이지만 『주자가례』에 의거해 볼 때 비례(非禮)라는 것이다. 하지만 그는 현실을 감안하여 타협안을 내놓았는데, 윤회 봉사를 하더라도 가묘에 와서 지내라는 것이다. 이 안(案)이 관행으로 정착될 경우 가묘가 설치된 집

26 "墓祭忌祭, 世俗輪行, 非禮也. 墓祭則雖輪行, 皆祭于墓上, 猶之可也. 忌祭不祭于神主, 而乃祭于紙榜, 此甚未安. 雖不免輪行, 須具祭粲, 行于家廟, 庶乎可矣."(『擊蒙要訣』 第七,「祭禮章」).

에 살고 있는 장자의 단독 봉사로 가게 될 것임은 뻔한 이치다. 다시 말해 예학자들은 풍속을 『주자가례』와 절충해서 제시하지만 궁극적으로는 주자가례식의 제사를 주장하는 것이다. 16세기 후반부터 봉사 재산은 통상 상속 문서의 봉사조(奉祀條)에 따로 언급하게 되었는데, 이것은 봉사자의 경제적 지위를 강화함으로써 제사의 윤행 봉공을 종식시키기 위한 것으로 보기도 한다.

제례에서 논쟁이 되었던 또 하나의 중요한 문제는 외손 봉사다. 사위나 외손이 지내는 제사 관행은 16세기까지도 지속되었다. 이 또한 성리학자들의 비판 대상이 되었다. 이황(1501~1570)도 그 중의 한 사람인데, 그가 외손 봉사를 반대하는 논리는 정통론 내지 계통론에 근거하고 있다.

> 하늘이 천지를 창조할 때 하나의 뿌리만을 주었고, 하나의 사당에 서로 다른 두 출계 집단이 제사를 지내는 것은 자연 법칙에도 어긋나며 그같이 부정확한 제물은 조상의 영도 좋아하지 않으리라.[27]

퇴계와 유사한 논리로 명종대의 예학자들은 비부계친에 의한 봉사를 거부했다.[28] 이는 『주자가례』를 전범으로 종법이 강화되면서 외손 봉사 관행이 부적절한 것으로 인식되었기 때문이다. 하지만 조선의 관행과 『주자가례』의 원칙 사이에서 학자들의 주장이 일치된 견해를 보인 것은

---

27 이유철, 『禮疑類輯』, 마르티나 도이힐러, 앞의 책, 228쪽에서 재인용.

28 『명종실록』(11년 1월 10일), "신(神)은 겨레붙이가 아니면 흠향하지 않으므로 모든 제사를 받드는 데에는 마땅히 동성(同姓)의 친속으로 주재하게 해야 합니다. 세속에서 적실과 첩실에 모두 자식이 없을 때 외손을 양자(養子)로 하여 한 집안의 사정(私政)을 삼는 자가 혹 있기는 합니다. 그러나 그 역시 예법에는 합당하지 않습니다. 더구나 해조(該曹)에서 법을 세워 봉사(奉祀)하도록 허용한다면 윤리에 어긋남이 있을 것이니 선례를 열어서는 안 될 듯합니다."

아니었다. 1637년에 쓴 것으로 추정되는 김육(金堉, 1580~1658)의 다음의 말은 외손 봉사 금지의 논리를 이해할 수 없다는 입장이다.

> 사람이 태어날 때는 혼자 몸이지만 점차 번성하여 (그 자손들은) 수천에 달하게 되었다. 그들의 근본은 모두 같은 뿌리에서 나왔다. 따라서 아들의 아들은 동성의 손자가 되고 같은 성을 가진 딸의 아들은 성이 다르더라도 이들 역시 손자다. 딸의 아들에 대한 사랑이 아들의 아들에 대한 사랑과 어찌 다르겠는가?[29]

반면에 박세당(朴世堂, 1629~1703)은 1638년에 쓴 「반남 박씨 족보」 서문에서 성이 다른 후손을 분리시키기 위해 외손을 더 이상 친계의 가족 사항에 포함시켜서는 안 된다고 주장했다. 그리고 1669년에 작성된 한 양반 가문의 「화회성문(和會成文)」에는 아들딸 구별 없이 행하는 윤회 봉사가 관행이지만, 자신의 집안에서는 딸의 봉사를 금하고 아들만 윤회 봉사하도록 하겠다는 내용이 들어 있다.

> 우리나라의 종가 봉사의 법은 무너진 지 이미 오래되었으며, 여러 자식들이 번갈아 제사를 지내는 것이 모든 사대부 집안의 관례로 되었다. 그러니 지금 이를 바꾸는 것은 불가능하게 되었다.……요즘 사대부 집안에서 제사를 사위의 집에까지 돌아가며 행하는 경우가 빈번한데, 사위 및 외손 등이 하는 것을 보면 서로 책임을 전가하여 제사를 빼먹는 경우가 많나.……우리 집안에서는 단연코 사위나 외손의 집에서는 제사를 행하지 못하게 하기로 결정했다.……(딸이 제사를 안 지내는 대신) 딸에게는 (기존

29 마르티나 도이힐러, 앞의 책, 222쪽.

상속분의) 1/3만 주어도 무방하다.[30]

주자가례를 따른다면 아들들도 윤회 봉사를 할 수가 없지만 이 집안은 우선 딸들의 윤회 봉사만을 금지하고 있다. 이것은 종법의 남계 혈통주의와 관행적인 윤회 봉사를 절충한 것이라 할 수 있다. 외손들에 대한 규제는 부계 출계 집단을 강화하려는 노력에서 나온 것이라 할 수 있는데, 즉 조선 중기 이후가 되면 봉사자를 정하는 문제와 가계 계승자를 정하는 문제가 얽히면서 서자의 제사 봉사도 제한을 받게 되었다.

봉사자의 자격 논쟁에서 서자(또는 첩자) 또한 중요한 쟁점이 되었다. 『주자가례』에는 서자에 대한 언급은 없으며, 적장자만이 제사권과 관련해서 독점적인 지위와 권한을 가진다. 즉 "적장자가 아니면 감히 아버지의 제사를 지낼 수 없으며,"[31] "장자가 없으면 장손이 승중하여 제사를 받든다"[32]는 것이다. 『주자가례』는 서자에 대해 언급하지 않았지만 조선의 예서들은 서자를 법적인 면이나 의례적인 면에서 봉사자로서 받아들일 수 있음을 인정했다. 즉 적장자의 자손이 없으면 중자(衆子)가 지내고, 중자의 자손이 없을 경우 서자가 지내는 것이 조선의 법이었다.

『봉선잡의』를 쓴 이언적은 적자는 없고 서자만 있었는데, 사촌의 아들을 자신의 계후자로 삼았다. 즉 16세기 중반 이후, 입후 자격은 점차 봉사의 차원에서 해석되었으며 출계 집단 전체를 포괄하는 의미로 확대되면서 후사가 없다고 해서 남성의 계통 그 자체가 위협받지는 않았다.[33] 즉 동생의 아들이 없으면 같은 세대에 속한 사촌의 아들을 선택하는 방

30 「扶安金氏愚皤古文書」, 마크 피터슨 지음, 김혜정 옮김, 『儒教社會의 創出』(일지각, 2000), 52-53쪽에서 재인용.

31 『朱子家禮』 권1, 「通禮」. "非嫡長子, 則不敢祭其父."

32 『朱子家禮』 권4, 「喪禮」. "凡主人謂長子, 無則長孫承重, 以奉饋奠."

33 마르티나 도이힐러, 앞의 책, 217쪽.

식들은 출계 집단의 범위를 확대시키는 맥락에 있으며 이는 서자들을 불리하게 하는 것이다. 이런 가운데 서자를 배제하고 촌수가 더 먼 동종의 지자(支子)를 봉사자로 삼는 것이 명종대에는 쟁점이 되었다. 그 결론은 『경국대전』의 원칙에 의거해서 "서자가 있는 적장자는 동생의 아들을 제외하고는 어느 누구도 후사로 삼는 것을 허용할 수 없다"(『명종실록』 11년 8월 2일)는 것이었다. 즉 『경국대전』의 입후조(立後條)는 정실과 첩에서 모두 아들이 없는 뒤라야 후사를 세울 것을 허락했다는 것이다. 법적인 면에서 서자의 자리가 인정되었다고 하지만 주자가례의 확대와 여러 사회적 요구에 의해 서자는 점점 배제되어 가는 방향이었다.

16세기 제례 논쟁에서 또 하나의 봉사자로 총부(冢婦)의 존재가 거론되고 있다. 조선 유학사의 거봉인 이황은 총부에게 상(喪)을 주관하게 하는 근거가 예문(禮文)에 없다고 주장했다.[34] 중종대에 총부의 봉사권에 도전하는 사례들이 속출하자 국가는 "장자(長子)가 후사(後嗣) 없이 죽었어도 총부가 있으면 그가 당연히 제사를 주관해야 된다"(『중종실록』 35년 3월 4일)는 원칙을 재확인했다. 명종대에는 전통적으로 내려오던 총부를 봉사자에서 제외시키자는 논의가 조정 회의에서 대두되었다. 이에 대해 사헌부는 총부의 폐출이 옳지 않음을 주장했다.

> 우리나라는 중국과 달라 장자(長子)의 아내로서 지아비가 죽고 아들이 없는 사람도 봉사(奉祀)할 집에 들어가서 살며 그 선대의 제사를 주관해 온 지가 오래이기 때문에 그의 직분이 또한 정해져 있는 것입니다. 조종조 이래로 성군(聖君)과 현상(賢相)이 적지 않았지만 총부가 제사를 주관하는 것에 일찍이 이의(異議)가 없었습니다(『명종실록』 9년 9월 27일).

34 『退溪喪祭禮答問』 一册, 「答李仲久湛 甲子」. "又禮無婦人主喪之文, 則冢婦主喪之說又不可行也."

다시 사헌부는 총부에 대한 재정의가 필요함을 역설했다. 즉 "세속의 소위 총부(冢婦)는 두 가지가 있다"고 하고, 하나는 승중자인 장자의 아내를 말하고, 다른 하나는 승중자가 되기 전에 죽은 장자의 아내를 말한다고 했다. 총부 폐지의 주장이 거세지고 있으니 처음부터 제사를 주관하던 주부는 그대로 총부라고 부르고, 제사를 주관하지 않았던 장자의 아내는 총부라고 부르지 말자는 절충안을 내놓았다(『명종실록』 9년 10월 21일). 총부에 대한 논의는 2년이 지난 후에도 여전히 결론을 내지 못했음을 알 수 있다. 왕이 정원(正院)에 전교하기를, "총부(冢婦)에 관한 일은 조정의 의논이 같지 않은데, 계속 법을 고치는 것도 부당한 일이니, 조종조의 구례(舊例)와 『대전』에 의해서 해야 한다"고 했다(『명종실록』 11년 8월 2일).

명조대에 총부 폐출의 논리 중에는 봉사권을 받은 총부가 자신에게 위탁된 봉사 재산을 마음대로 처분하여 낭비하거나 남편의 입후자를 선정하는 문제에서 전횡을 휘두른다는 것이었다. 이에 대한 반대의 논리는 봉사 재물을 잘 관리하여 후손에게 물려 줄 수 있도록 법으로 규제한다면 총부의 전횡을 막을 수 있는데, 그것이 곧 총부제를 폐지해야 하는 이유가 될 수 없다고 했다. 총부 폐지론을 통해 볼 때, 총부를 둘러싼 '작은' 논쟁이 사실은 더 큰 역사의 흐름 속에서 전개되고 있음을 알 수 있다. 즉 총부법은 자녀 균분 상속, 솔서혼 등 장자를 강조하지 않았던 가족 제도와 맥을 같이한다. 한편 총부법은 『경국대전』에 규정된 형망제급(兄亡弟及)의 원칙을 제한하면서 입후법과 결합, 이후의 의리론에 입각한 양자제의 성립에 기여하기도 했던 것으로 평가[35]되기도 한다. 형망제급은 종자에게 자식이 없어 종자의 동생에게 봉사권이 넘어가는 것을 말

---

35 김윤정, 「朝鮮中期 祭祀承繼와 兄亡弟及의 변화」, 『朝鮮時代史學報』, 20호(2002).

하고, 총부는 종자의 부인으로서 봉사권을 물려받은 것인데, 이 둘은 동시에 일어날 수 없는 것이다. 따라서 종자의 동생들과 총부는 봉사권을 놓고 갈등하는 경우들이 많았다. 조선의 특수한 관행이었던 총부 봉사는 종자의 계후자를 정해서 봉사를 맡길 때까지의 일시적인 것에 불과하다. 이러한 총부법은 형망제급을 제한하는 역할을 하게 되었지만 한편 입후법이 강화되는 데는 기여한 셈이다. 참고로 입후법은 봉사 대상과 봉사자의 혈연 관계를 중시하기보다 명분론이나 형식론과 맥을 함께한다. 명종대 총부 폐지의 논의는 남성 중심주의의 종법이 강화되는 시대적 추이 속에서 여성인 총부 그 자체의 존재도 변화의 대상이 되었음을 의미한다.

셋째, 『주자가례』가 중시한 제사가 시제(時祭)인 반면에 조선의 국속에서는 기제(忌祭)와 묘제(墓祭)가 더 중시되었다. 『주자가례』는 묘제를 1년에 한 번 3월의 길일을 택해 지낸다고 했다. 반면에 조선 중기까지 묘제는 네 명절, 즉 정월 초하루 · 한식 · 단오 · 추석의 네 차례 행해지고 있었다. 이 점에 대해 이이는 묘제를 사시에 다 지내면 가묘에서 지내는 사시제와 별 구별이 없게 된다고 하고, 풍속을 좇아 후한 것을 따르는 게 좋겠지만 절충하여 한식과 추석 두 절후에 음식을 좀더 후하게 차려서 할 것을 제시했다.[36]

조선 중기에 나온 대부분의 제례서는 사시제를 중요하게 여기지 않는 일반인의 제사 문화가 제례의 정통에서 벗어나는 것으로 이해했다. 그것은 16세기의 이이(李珥, 1536~1584)는 물론 18세기의 이재(李縡, 1680~1746)도 마찬가지다. 이는 주자가례가 정착되었다고 하는 조선 후기에도 여전히 시제의 중요성은 실생활에 관철되지 못했다는 뜻이다. 하지만 예학자들은 예의 전범에 의거 현실을 비판하고 있다. 예컨대, 이

36 이이, 「祭儀鈔」, 『擊蒙要訣』.

이는『주자가례』가 규정한 바 시제를 중요하게 여겨야 한다고 하고, 기제의 제찬을 시제보다 간소하게 할 것을 제안했다. 즉 시제의 제찬을 과일과 탕 모두 다섯 가지를 제시했다면 기제는 모두 세 가지 정도만으로 족하다고 한 것이다.[37] 기존의 예서를 종합해 정리한 18세기의 이재가 쓴『사례편람(四禮便覽)』에서도 "시제(時祭)는 정통 제사이므로 제사 중에서도 가장 중요하다. 그러나 사람들이 그렇게 여기지 않으니 진실로 한심한 일"[38]이라고 했다.

반면에 16세기 신의경의『상례비요』를 비롯해 많은 제례서는 초조(初祖)와 선조(先祖) 제사를 넣지 않는 등『주자가례』를 경(經)으로 삼지만 부분적으로 조선의 국속에 맞추어 가감했다. 또『주자가례』에 없는 조선에서만 행하는 제사가 있었다. 조상의 생일에 지내는 제사와 부모가 돌아가신 뒤 3년 동안 무덤을 지키며 올리는 여묘제(廬墓祭) 등이 그것이다. 퇴계 선생에게 한 제자가 대부분이 조상 생일에 전(奠)을 드리고 있어 자신의 집에서도 남들처럼 생신제를 지내지 않을 수 없다고 하며 선생의 의견을 물었다. 퇴계는 "근세에 와서 생긴 풍속인데, 우리 집처럼 가난한 가문에서는 거행할 수가 없네. 다들 지낸다니 내 마음이 쓰리고 아프구나. 자네 질문에 감히 뭐라고 할 수가 없네"[39]라고 한 데서 생일제가 일반화되고 있음을 알 수 있다. 또 부모 무덤에서 삼년상을 행하는 여묘제는 고제가 아니었지만 조선의 후한 풍속으로 간주되어 주자가례와 결합하여 행해졌다(『명종실록』 9년 9월 을축). 묘제나 기제, 생일제 등은 사후 봉사의 의미가 강하게 투영된 것으로 제사를 받는 조상과 제사를 드리는 후손의 구체적 관계가 반영된 것이라고 할 수 있다. 기제

37 이이, 앞의 책.
38 한국정신문화연구원(편), 위의 책. "按時祭乃正祭, 祭莫重於時祭. 而近世行之者甚歎, 誠可寒心."
39 권오봉, 「變禮에 관한 퇴계선생의 禮講」, 『퇴계학보』, 제61집(1989).

나 생일제는 돌아가신 당사자를 기억할 만한 구체적이면서 의미 있는 날이 되는 것이다. 반면에 『주자가례』에서 가장 중요하게 생각하는 시제는 조상을 향한 보편적인 의식이지 각 조상들과의 구체적인 관계나 친밀감을 고려한 것은 아니다.

그런 점에서 조선 중기의 제례 논쟁은 『주자가례』의 명분론(名分論)과 현실 관계에서 나온 인정론(人情論)이 대립하는 구도에서 전개되고 있음을 알 수 있다. 유학자들의 대체적인 경향은 『주자가례』에 의거하지 않은, 인정에 치우친 제사를 경계했다.[40] 인조대의 전례 논쟁에서 조상우(趙相愚, 1640~1718)는 "오직 부자 사이의 개인적 은혜만을 중하게 여긴다"고 인조를 공격한 바 있다(『인조실록』 3년 12월 3일). 김장생 역시 종통을 중시하는 맥락에서 인조와 그의 아버지 대원군과의 관계를 설정할 것을 주장했다. 즉 "어떤 사람의 후사가 되면 그의 아들이 되는 법이니 인조가 일단 선왕을 아버지로 삼았으므로 대원군을 아버지라 부를 수 없다"는 주장을 펼친 것이다(『인조실록』 2년 10월 23일). 즉 김장생과 그의 학맥을 이은 송시열(宋時烈, 1607~1689)은 혈통으로 인조와 효종의 왕위 계승을 정당화하기보다 왕도 실천 여부를 중요한 원칙으로 생각했다.

16 · 17세기에 걸친 조선 중기는 주자가례와 국속이 부분적으로 갈등하지만, 『주자가례』를 제례의 전범으로 삼았다. 그것은 1685년에 송시열이 쓴 박시증(朴是曾)과의 제례 문답에서도 확인할 수 있는데,[41] 그는 『주자가례』에 없는 것은 '없다'는 논리로 조선 후기의 예학을 주도했다.

---

40 퇴계의 경우 기제(忌祭)의 한 위(位)만 모시는 『가례』를 고구하지 않고, 정에 치우쳐 함부로 양위합제(兩位合祭)를 하고 있다고 하고, 한강 정구와의 대화에서 자신은 단설(單設) 기제를 하고 싶다고 했다.

41 「송시열이 박시증(朴是曾)에게 답함」, 『宋子大全』 제118권. "『가례』에는 탕(湯)이 없는데 『요결』에는 탕이 있으니 무슨 까닭입니까?……『요결』이 우리나라 풍속을 따른 것 같으니 마땅히 『가례』를

Ⅳ. 조선 중기 제례 문화의 두 측면

조선 중기의 제례는 『주자가례』에 의거하여 명분과 원칙을 강조하지만 구체적 관계의 인정(人情)을 폐기하지 않는, 혼재한 형태를 보인다. 그것은 또한 정통적인 부계성을 강조하면서 비정통적인 관행이 유지되는 방식으로 행해졌다. 이 가운데서도 지식인들은 『주자가례』에 명분과 의리를 부여하고 그것을 제례에 적용하고 실천하려는 방향이었다. 즉 억정종례(抑情從禮)의 경향을 보인다.

사대부의 예인 주자가례의 확대와 정착은 곧 그들이 구상하는 세계가 현실화되는 것을 뜻한다. 다시 말해 주자가례의 확대는 종법으로 사회관계와 인간 관계가 재편되는 것을 의미하는데, 모든 관계는 부계주의·적계주의·장자주의·남성주의에 포섭되었다. 부계친·적자·장자·남성이 강조되면서 모계친·서자(庶子)·중자(衆子)·여성은 배제된다. 종법은 '통(統)' 의식의 수직적 관계를 강조하는 대신에 '연(緣)' 의식의 수평적 관계를 약화시키는 특징이 있다. 조선 중기 『주자가례』 수용의 제례적 의미는 특정한 범주에 대한 결속을 강화하면서 다른 범주를 배제시키는, 결속과 배제의 재편성 과정이라는 점에서 찾아진다.

1. 결속의 정치학

『주자가례』의 제례는 4대 봉사로 동고조(同高祖) 당내 결속을 확보하

맞는 것으로 보아야 하네." "기름에 튀긴 과자를 쓰지 않는다는 설이 『의례문해(疑禮問解)』에 있긴 하지만 『가례』에는 없습니다. 어떻게 해야 합니까?……『가례』에는 그런 내용이 없네. 대체로 『가례』와 고례가 다른 경우는 헤아릴 수 없이 많네." "제사의 어육(魚肉)은 생어육(生魚肉)인지 모르겠습니다. 생어·생육이란 글이 『요결』에 나와 있지만 『가례』에는 없으니 마땅히 『가례』를 옳게 보아야 할 듯하네."

도록 한다. 동고조의 후손들은 일정한 시공간을 공유하며 일정한 의식에 참여함으로써 하나의 제사 공동체를 이룬다. 제사 공동체에 속한 사람들은 제물 준비에서 제사 의식(儀式)에 이르기까지 모든 과정에 참여함으로써 공감대를 형성하게 된다. 즉 "제물 준비는 큰집이 주관하지만 작은집들에서도 일부의 제물을 정성껏 마련해 큰집으로 모인다. 큰집에서 제사를 지내지만 작은집 사람들을 포함해 남자든 여자든 모두 제물을 장만하고 제사 음식을 만들고 제사를 지내는 데 동참하는 형식을 취한다. 이 과정에서 동일 조상의 후손이라는 혈연적 동질성을 바탕으로 하여 하나의 혈연 공동체가 인식되고 확인된다."[42] 누구를 제향하느냐에 따라 제사로 인한 결속의 범주는 다양하다. 기제와 시제에 의한 당내의 결속, 시조 묘제를 중심으로 모이는 전국 대문중, 입향조 묘제로 결속되는 지역 대문중, 불천위 제사로 결속되는 파문중, 재촌조 향사로 결속을 다지는 동성마을 등 후손들은 조상 제사를 통해 자신들의 혈연적 · 사회적 정체성을 확립하기도 하고, 이런저런 형태의 제사 집단을 하나로 결속하고 이를 유지 지탱하는 역할을 한다.

또 신주를 모셔오고 술잔을 올리고 음식을 올리며 축문을 읽는 등의 제사 집전의 과정을 통해 후손은 조상과의 감응을 경험한다. 조상과의 감응을 위해 종자 및 제사에 참여할 후손들은 며칠 전부터 몸과 마음을 관리하는, 이른바 재계(齋戒)에 들어간다. 『주자가례』에 의하면 시제는 사흘 전부터 재계하고 기제는 하루 전부터 재계한다고 했다. 제사 전에 재계하는 것의 의미에 대해 『예기』는 이렇게 말한다.

> 재계(齋戒)에는 산재(散齋)와 치재(致齋)가 있다. 치재는 마음으로 하

42 배영동, 「제사와 공동체」, 『제사와 제례문화』(한국국학진흥원, 2005), 70-71쪽.

고 산재는 밖에서 한다. 재계하는 동안에는 항상 고인이 생전에 기거하던 모습이나 담소하던 모습, 좋아하던 것이나 취미를 기억해 내는데, 그 3일째가 되면 마침내 고인의 모습이 나타나게 된다. 제삿날에 입실하면 고인이 그 자리에 있는 것처럼 여겨지며 제사가 끝나 문을 나서면 그 음성이 들리는 듯하다(『예기』, 「제의」).

이이(李珥)는 시제를 지낼 때는 4일 동안 산재하고 3일 동안 치재하며, 기제를 지낼 때는 3일 동안 산재하고 1일 동안 치재한다고 했다. 이는 『주자가례』보다 재계 시간을 1~2일씩 더 둔 것으로 더 깊은 정성과 공경을 요구하는 것이다. 또 후손은 축문을 통해 조상과의 대화를 시도하고 그것으로 조상과 후손의 결속을 다짐한다. 선조대의 예학자 정경세(鄭經世, 1563~1633)는 임란 당시 왕에게 올린 「옥당청자강소(玉堂請自强疏)」라는 글에서 이렇게 말한다. "사람이 죽어서 흩어진 혼기(魂氣)는 그 스스로 다시 모일 수는 없더라도 자손이 재계하여 자신의 정신을 하나로 모으면 그것이 돌아가신 조상의 정신과 일기(一氣)가 되어 서로 감응하게 되는 것이고, 그것이 바로 제향을 올릴 때 돌아가신 조상의 정신이 강림하게 되는 이치다."[43] 이상과 같이 제사는 공동의 조상을 만나는 일정한 의식을 통해 당내 혈통 가족의 결속을 확보하도록 한다.

한편 제사의 원칙과 의식(儀式)을 『주자가례』에 의거한다는 것은 당내 결속뿐 아니라 사회 통합의 수단이 되기도 했다. 다양한 방식을 허용하는 것이 아니라 하나의 전범을 세울 때, 그 전범에 의해 사회와 국가는 하나의 구심점을 가지게 될 것이다. 주자가례는 불교 및 민간 신앙적인 생활 관습을 배척하는 도구로서, 사회적 위기에 대처하는 방법으로서 곧

43 유권종, 「유교의 종교적 역할」, 『철학탐구』, 제12집(2000), 125쪽.

잘 이용되었다. 즉 조선 초기의 주자가례가 사대부 계층의 동질성을 확보하는 데 사용되었다면 조선 중기 이후에는 사림들이 자신들 각각의 가문의 동질성을 확보하고 통합하는 데 사용했다.[44] 다시 말해 조선 중기 사회에서 주자가례의 시행 주체는 국가나 관(官)보다는 문중이나 개인으로 넘어가게 되었다.

특히 신분에 구애 없이 누구나 4대 봉사를 행할 수 있다는 주자가례의 제례는 보편성과 평등성을 가진 것으로 이해되기도 한다.[45] 이러한 신분 초월적인 성격으로 인해 여러 계층, 특히 서민으로 확산될 수 있었다는 것이다. 고전 예학의 신분 차별적 관념이나 『경국대전』의 신분별 차등 봉사는 16세기 사림의 대두와 평민들의 의식적 성장으로 위협을 받게 된 것이다. 하지만 『주자가례』의 탈신분적 성격은 사대부와 서민, 모두를 결속시킬 수 있는 충분 조건이라기보다 원론적 차원에 불과한 것임을 다음 항에서 확인할 수 있다. 특히 조선 중기는 주자가례와 시속의 차이가 쟁론화됨과 동시에 결속의 범주를 주자가례가 추구하는 방향으로 재편성되는 과정이었다.

2. 배제의 정치학

주자가례에 의해 당내 결속이 강조될수록 당외의 관계들은 배제될 수밖에 없다. 또한 부계친이 공감대를 형성하는 동안 모계친이나 여계친의 가족들은 배제된다. 한쪽의 결속은 다른 한쪽의 배제를 통해 강화될 수 있기 때문이다. 부계주의에 의해 가통(家統)이 강조될수록 형제, 서자

44 고영진, 앞의 책, 79쪽.
45 정일균, 「『주자가례』와 '禮의 情神'」, 『韓國學報』, 104집(2001), 184쪽.

등의 혈통은 배제되고, 종자가 승중권을 독점함으로써 비종자들은 배제된다. 즉 '존조경종(尊祖敬宗)'의 강조는 종자와 비종자, 장자와 중자 간에 엄격한 구별 위에서 가능한 것이다. 주자가례의 제사는 그 취지를 당내 결속에 두지만 적장자라고 하는 종자를 설정함으로써 스스로 내부의 타자를 만들어 낸 셈이다. 즉 주자가례의 제사에서 종자는 사실상 '의제적 군주'에 해당한다.

종자의 권한은 의례의 시행과 관련된 일반적 예우의 측면과 고묘권(告廟權), 제사권(祭祀權) 등을 통해 확보된다. 즉 사당을 오르내림에 오직 종자인 주인(主人)만이 동쪽 계단을 사용할 수 있다는 점과 사당에서의 의식에 사용되는 축판(祝板)에 오직 종자만이 자신을 '효(孝)'라고 호칭할 수 있는 점이다. 고묘권과 관련해서 종자인 주인과 종자의 부인 주부가 집을 '출입하면서 반드시 사당에 아뢰는 의식[出入必告]'의 거행을 사실상 대표하고 있는 점과 집안에 '일이 있을 때 사당에 아뢰는 의식[有事則告]'을 배타적으로 관할하고 있는 점이 그것이다. 또 종자는 특히 제사권과 관련해서 독점적 지위와 권한을 가지는데, 예컨대 적장자가 아니면 감히 아버지의 제사를 지내지 못하며, 장자가 없으면 장손이 승중하여 제사를 받든다는 점이다. 시조를 계승하는 종자는 초조(初祖 : 시조) 이하의 제사를, 고조를 계승하는 종자는 선조(先祖 : 초조 이하 고조 이상의 조상)의 제사를, 아버지를 계승하는 종자는 녜(禰) 제사를 지낼 수 있는 배타적 권리를 가지는 점이 그것이다. 그리고 제사 예식에서도 내부는 차별화된다. 제사를 지낼 때나 음복을 할 때는 한 집안의 위계가 의례적으로 확인되고 실천되는 것이다. 적장자는 초헌을, 그 부인은 아헌을, 집안의 남자 중에서 종헌을 맡는다. 모든 예식은 연령과 항렬[年高行高]에 따르는데, 부복도 음복도 그렇다. 서열적 지위가 높은 사람에게 먼저 술잔과 음식을 올린 후에 순차적으로 음복하는 방식이다.

조선 중기 이후에는 주자가례를 근거로 적자와 서자, 장자와 중자(衆子), 친손과 외손, 처와 첩, 아들과 딸 등을 치밀하게 구별해 내는 배제의 메커니즘이 발달하게 되었다. 조선 중기에 오면 "종법에 대한 의식이 강화되면서 종족의 윤곽이 뚜렷해졌으며 결과적으로 장자도 종래에 비해 그 지위가 높아졌다. 이러한 발전이 서자와 여성에게는 부정적인 것이었다."[46] 이와 함께 계모를 어떻게 대우할 것인가를 논쟁했고, 서모는 조상의 계보에서 사라졌다. 반면에 처는 제한적이나마 총부나 주부의 명칭으로 제사 의례에서 역할을 했고, 죽은 뒤에도 사당의 남편 곁에 봉안되어 인정받을 수 있었다. 하지만 이 총부나 주부의 명칭 혹은 역할도 조선 후기에는 사라졌다. 총부의 의례와 경제상의 특권에 대한 반대 움직임이 일어난 16세기 중반은 조상 중심의 계보 의식이 점차 부계친으로 한정되고 있던 때였다. 그 종착점은 1746년에 출간된 『속대전(續大典)』이 총부의 소멸을 확정[47]한 것이다. 여성이 조상으로서 또는 봉사자로서의 자리에서 제한되거나 배제되어 가는 추세는 조선 중기 이후 제사 문화의 뚜렷한 현상이다. 다음의 예들을 통해 확인할 수 있다.

조선 중기의 제례론을 주도한 이이(李珥)는 자신의 집안 제사에서 적서(嫡庶) 윤리보다 모자(母子) 윤리를 더 중시하여 서모를 주부 앞에 세웠다. 이에 대해 송익필은 명분에 어긋난 행위라고 비판하며 "예는 제례보다 더 중요한 것이 없으며 제례에서 서 있는 위치의 차례에는 서모의 자리가 없다"[48]고 했다. 이현보가 1547년에 저술한 『제례』에는 "번거로운 항목을 없애고 행할 수 있는 조목을 뽑아 주례의 뒤에 첨부했는데, 그

46 마르티나 도이힐러, 앞의 책, 213쪽.

47 위의 책, 226쪽.

48 「與浩原論叔獻待庶母禮」, 『龜峯集』 권6. "凡禮守名分別嫌疑爲重, 故自古禮家未許庶母位次者.…… 禮莫重於祭, 而祭禮序立之次, 未有庶母之位, 其餘衆大小之禮, 具未見庶母之序.……"

가운데는 '부인조제(婦人助祭)'의 일은 시속에서는 행하기 어려워 생략했다"고 하고, "주부의 권한이었던 아헌(亞獻) 항목에서 주부(主婦)의 내용을 뺐다"[49]고 했다. 첩은 살아 있는 동안 제사에 참여할 수 없었다. 죽은 뒤에도 조상으로 인정받지 못했으므로 사당에 봉안되지도 못했다.[50] 계모 또는 후처는 살아 있는 동안은 첫부인의 특권을 누렸다. 죽은 후 후처의 위패를 첫부인의 위패 옆에 나란히 안치할 수 있는가, 그리고 적장자는 계모에 대해 얼마 동안이나 상복을 입어야 하는가 등의 문제들이 논의되었다[51]는 것은 '정통'에 대한 개념이 강조되는 시대 상황을 반영하는 것이다.

조선 중기 이후 주자가례에 의한 제사 문화는 제사 공동체의 결속을 추구하면서 동시에 공동체 내부의 타자를 배제시켜 가는 방향으로 전개되었다. 종통·가통 등의 정통에 대한 추구는 많은 비정통을 만들어 내었다. 유정동은 조선 중기 "전례 문제에 대한 논란은 예에서 가장 중시되는 '통(統)'을 지키려는 데 그 취지가 있었다. 따라서 어떻게 하는 것이 통(統)을 수호하는 가장 좋은 방법인가가 판단의 기준이 되어야 한다"[52]고 보았다. 그런데 정통과 전범에 대한 추구는 제사 공동체 내부의 타자를 만드는 데 국한되지 않고 공동체 외부, 즉 사회적 차원의 타자를 만들어 갔다. 어느 집안이 더 정통에 가까운가, 혹은 어느 가문이 예의 전범을 재현해 내는가 하는 방식으로 가문과 개인을 구별하고 배제해 나갔다.

『주자가례』에 나타난 예의 규범은 보편화의 원리에 따른 탈계급적 혹

---

49 고영진, 앞의 책, 73쪽.

50 마르티나 도이힐러, 앞의 책, 219쪽.

51 17세기에는 인조의 계비이자 효종의 계모가 되는 자의대비(慈懿大妃)를 둘러싼 복상 문제가 활발하게 논의되었다.

52 유정동, 「예송의 제 학파와 그 논쟁」, 『한국철학사연구』(동명사, 1978), 339-358쪽.

은 탈신분적 특징을 지닌 것으로 이해될 수도 있다. 『주자가례』를 언문으로 번역하고 보급하려 했던 것은 가례를 단순히 사대부의 규범이 아닌 사회의 보편적 규범으로 자리잡게 하려는 의도를 엿보게 한다. 그러나 유교의 예를 특정한 유학자의 규범이 아닌 사회의 규범으로 일반화하려는 의도 속에 평민들이나 천민들과는 구분되는 자신들만의 독특한 지위를 지켜내려는 의도는 없었던가? 만약 그런 의도가 성공적으로 실행될 수만 있다면 유교의 예를 자신들만의 것으로 한정하는 것보다 훨씬 큰 권력의 효과를 확보할 수도 있을 것이다. 이처럼 유교적 예의 보편화 속에 특정한 집단의 위치를 특별한 것으로 만드는 차별화의 전략을 확인할 수 있다.[53] 즉 예법의 실천을 통한 '구별짓기'가 가능하기 위해서는 예법의 코드를 이해하고 실천하는 인구의 저변을 더욱 확대할 필요가 있었을 것이다.[54]

제사는 계급과 신분에 따라 제사의 대상, 제기와 제물의 종류 등이 철저하게 규제되었다. 이 때 자신의 명분에 넘치는 제사는 음사(淫祀)라고 하여 엄격하게 금지되었다. 이 점이 유교적 제사의 특징 가운데 하나다.[55] 한편 『주자가례』가 구상하는 제사의 첫째 조건은 제사 공간, 즉 사당을 마련하는 것이다. 그러나 사당은 일반 서민이나 천민들로서는 세울 수 없다. 봉사 재산을 따로 떼어 두는 제전(祭田)이나 제기와 의복을 구비하는 것 역시 일부 양반을 제외하면 실현되기 어렵다. 실제로 "사당은 종족의 세력을 외형적으로 과시하기 위한 목적에서 건립되는 경우가 많았다"[56]고 한다. "가례는 예의 이념적 인식보다는 관혼상제에 국한된 고

53 김동노, 「유교의 예와 미시적 권력 관계」, 『유교의 현대적 해석과 미래적 전망』(청계, 2004), 78쪽.
54 문옥표, 「『예서』에 나타난 유교식 관혼상제례의 의미 분석」, 『한국인류학의 성과와 전망』(집문당, 1998), 207쪽.
55 박종천, 앞의 글, 111쪽.

도의 형식성을 지향하고 강한 신분적 계층성을 표방했다."[57] 그렇다면 이러한 형식을 요구하는 제사는 계급과 빈부를 더 극명하게 차별화할 수 있는 기제라 해도 과언이 아니다.

V. 맺음말

조선 중기 이후에 전개된 제례의 특징은 『주자가례』를 경(經)으로 삼아 시속을 변화시키려는 노력으로 나타난다. 『주자가례』와 갈등하는 시속에 대해 예학자들은 『주자가례』를 예(禮)로 여기고 시속을 비례(非禮)로 여기는 경향이었다. 한편 『주자가례』에 나와 있지 않는 제사의 종류에 대해서는 후한 쪽을 택한다는 원칙을 세워 시속을 따랐다. 그런 연유로 조선 중 · 후기에 이르면 생일제나 여묘제와 같은 『주자가례』보다 오히려 더 많은 제사가 행해졌음을 알 수 있다. 이러한 분위기라면 사람들의 일상 생활은 제사를 통해 영위되었을 것이라고 보아도 무방하다.

사실 『주자가례』는 고례에 근거하여 송대 사대부 생활에 적합하게 만들어진 가변적인 형식 체계에 불과하다. 그런데 그 자체로 하나의 본질주의적 전범이 됨으로써 예의 가변적 적용을 시도하는 다른 움직임을 방해하고 통제하는 힘으로 작용할 수 있다. 조선 시대 예에 관련된 일련의 논쟁에서 『주자가례』는 흔히 고례에 근거하여 예를 가변적으로 적용하려던 움직임에 맞서 예의 보편성과 항상성을 주장하는 근거로 제시되었다.[58] 다음의 예를 보자.

---

56 유권종, 앞의 글, 127쪽.

57 이재룡, 『조선, 예의 사상에서 법의 통치까지』(예문서원, 1995), 216쪽.

박세당(朴世堂, 1629~1703)이 죽자 그 아들 박태한은 망부를 위해 3년 상식(上食)을 하지 않았다는 이유로 구금되었다. 박태한은 공초(供招)에서 망부가 3년 동안 상식하는 것이 고례에 적합하지 못하다 하여 자신의 것은 폐지하도록 유언을 남겼다고 했다(『숙종실록』 36년 6월 12일). 그 전에 대사간 정호(鄭澔)는 박세당이 주자가례를 제대로 지키지 않았다는 점과 제사를 폐지한 것을 이유로 박세당의 아들과 제사 폐지를 실천한 문도를 적발해 귀양을 보내자고 왕에게 요청했다. 정호는 『가례』와 『오례의』에 모두 3년 제사 항목이 있다는 것을 근거로 제시했다(『숙종실록』 36년 4월 20일). 1710년의 일이다. 정호는 예학의 종주 송시열의 제자이며 박세당은 주자학에 대해 비판적 입장을 견지해 이단(異端)으로 규정된 바 있다. 그보다 6년 전인 1704년에 이미 "3년의 아침저녁 제사는 곧 통행하는 예이니 폐지할 수 없다고 하고 3년의 상식을 설행하지 않는 자는 불효로 논하고 율을 정하여 시행하라"(『숙종실록』 30년 7월 20일)는 교시가 있었다. 이것을 확대 해석하면 제사를 매개로 부모와 자식이 그들 내부의 관계를 만들어 가는 것이 아니라 법과 규칙의 지배를 받아야 한다는 것이다.

어떤 권력 관계이건 그 관계는 필연적으로 저항의 의미를 내포하게 된다. 명분론과 의리론의 득세는 그에 맞서는 현실론과 인정론을 나오게 했다. 예컨대 모든 명분을 『주자가례』에서 찾음으로써 국속이 배제되자 이에 국속을 강조하는 상황론과 현실론이 강한 어조로 맞섰다.

> 우리나라는 멀리 처해 있고 땅도 달라 풍기(風氣)가 같지 않기 때문에, 삼강 오상은 비록 중국과 다름이 없지만 그 사이의 제도와 문물은 중국과

---

58 김동노, 앞의 글, 61쪽.

다르지 않을 수 없는 것이 있습니다. 이러므로 사족 제도는 중국에는 없는데 우리나라에는 있고, 노비에 관한 법도 중국에는 없지만 우리나라에는 있습니다. 그렇다면 사족을 폐할 수 있고 노비를 없앨 수 있겠습니까? 지어미가 지아비의 집으로 가는 것이 순례(順禮)인데 우리나라에서는 지아비가 지어미의 집으로 갑니다. 무덤을 지키며 여묘(廬墓) 사는 것은 옛적부터 하던 것이 아닌데 우리나라에서는 3년을 여묘 삽니다. 그렇다면 친영(親迎)을 복구할 수 있고 여묘를 폐할 수 있겠습니까? 이 같은 일들이 한 가지뿐만이 아닌데 어떻게 한결같이 중국의 제도를 따를 수 있겠습니까?(『명종실록』 9년 9월 27일)

또한 적서의 엄격한 분리를 주장하는 명분론은 그 저항의 논리와 맞서야 했다. 1553년(명종 7년)에 "계후자(繼後子)는 실자(實子)가 태어나면 차자(次子)의 지위로 내려간다"는 칙령이 반포된 바 있다. 즉 가통보다 혈통의 개념이 우선시된 것으로 종법제에 혈통론을 도입한 절충적인 형태라 할 수 있다. 그러나 4년 뒤인 1557년(명종 11년)에는 봉사자의 자격에 획일적인 법을 정하라는 왕의 전교가 있었는데, 이에 대신들은 법의 의미를 근본에서 다시 살펴보자는 주장을 했다. "성인이 끊어진 후사를 잇게 하는 법을 만든 것은 대개 후사가 없는 사람을 위해 베풀어진 것입니다.……만약 가깝고 먼 것을 헤아리지 아니하고 반드시 적파(嫡派)로써 대를 잇는 정통으로 삼는다면, 첩자는 모두 자기의 아비를 아비라 할 수 없게 되고 첩자를 둔 사람은 후사가 없는 사람과 같을 것이니, 이래도 되겠습니까?" (『명종실록』 11년 8월 2일). 이는 분명 적자 중심주의에 대한 저항 담론의 성격이 짙다.

이러한 저항에도 불구하고 역사의 방향은 명분론으로 흘렀다. 17세기의 최명길(崔鳴吉, 1586~1647)은 계후자를 세운 후에 아들을 낳자, 계후자를 그대로 장자로 삼기를 원했고, 인조(1623~1649)의 재가를 얻었다. 이 사건이 계기가 되어 1663년(현종 4년)에는 "입후한 후 아들이 태어날 경우 그 태어난 아들은 차자가 된다"고 규정함으로써 입후자에게 조상 봉사를 계속하도록 했다. 입후자가 친생자보다 우선시된 이러한 현상은 의리명분상의 정통론에 입각한 종법제의 승리다. 이는 곧 제사가 친밀감과 교감의 의례이기보다 규범과 형식을 중시하는 쪽으로 전개될 것임을 말해 주는 것이다.

〈참고 문헌〉

■ 자료편

『擊蒙要訣』.

『禮記』.

『朱子家禮』.

『경국대전』.

『국역조선왕조실록』(http : //sillok.history.go.kr)

『한국문집총간』.

■ 논저편

고영진, 『조선 중기 예학사상사』, 서울 : 한길사, 1995.

권오봉, 「變禮에 관한 퇴계 선생의 禮講」, 『퇴계학보』 61집, 1989.

김경숙, 「16세기 사대부 집안의 제사 설행과 그 성격」, 『한국학보』 26권 1호, 2000.

김동노, 「유교의 예와 미시적 권력 관계」, 『유교의 현대적 해석과 미래적 전망』, 서울: 청계, 2004.

김문준, 「17세기 典禮問題에 대한 權諰의 예론과 그 의의」, 『한국사상과 문화』 제28집, 2005.

김미영, 「조상 제사의 실질적 주체」. 『제사와 제례 문화』, 안동: 한국국학진흥원, 2005.

김윤정, 「朝鮮中期 祭祀承繼와 兄亡弟及의 변화」, 『朝鮮時代史學報』 20호, 2002.

도민재, 「사회 변화에 따른 제례의 제 문제」, 『유교사상연구』 16집, 2002.

두경자, 「가사노동과 가계경제를 중심으로 본 조선조 제례 연구」, 『사회과학연구』 12집, 상명대학교 사회과학연구소, 1999.

마르티나 도이힐러 지음, 이훈상 옮김, 『한국 사회의 유교적 변환』, 서울: 아카넷, 2003.

마크 피터슨 지음, 김혜정 옮김, 『儒教社會의 創出』, 서울: 일지각, 2000.

문옥표, 「『禮書』에 나타난 유교식 관혼상제례의 의미분석」, 『한국 인류학의 성과와 전망』, 서울: 집문당, 1998.

박미해, 「17세기 양자의 제사 상속과 재산 상속」, 『한국사회학』 33집, 한국사회학회, 1999.

박연호, 「조선 전기 士大夫禮의 변화 양상: 『가례』와 宗子法을 중심으로」, 『청계사학』 7집, 1990.

배상현, 「조선조 기호학파의 예학사상 연구: 송익필 · 김장생 · 송시열을 중심으로」. 고려대 박사학위 논문, 1991.

배영동, 「제사와 공동체」, 『제사와 제례문화』, 안동: 한국국학진흥원, 2005.

유권종, 「제사의 종류와 그 의례적 특징」, 『제사와 제례문화』, 안동: 한국국학진흥원, 2005.

유권종, 「유교의 종교적 역할」, 『철학탐구』 12집, 중앙대 철학연구소, 2000.

유정동, 「예송의 제 학파와 그 논쟁」, 『한국철학사연구』, 서울: 동명사, 1978.
이성무, 「17세기의 禮論과 黨爭」, 『조선 후기 당쟁의 종합적 검토』, 성남: 한국정신문화연구원, 1992.
이욱, 「제사의 종교적 의미에 대한 고찰」, 『유교사상연구』 16집, 2002.
이재룡, 『조선 예의 사상에서 법의 통치까지』, 서울: 예문서원, 1995.
임민혁, 「『朱子家禮』를 통해 본 朝鮮의 禮治」, 『정신문화연구』 23권 제3호, 2000.
장철수, 『한국의 冠婚喪祭』, 서울: 집문당, 1995.
정긍식, 「조선 전기 朱子家禮의 수용과 祭祀繼承 관념」, 『역사민속학』 12호, 한국역사민속학회, 2001.
정긍식, 「16세기 財産相續과 祭祀繼承의 실태」, 『고문서연구』 24호, 2004.
정일균, 「『주자가례』와 '禮의 情神'」. 『韓國學報』 104집, 2001.
주희 지음, 임민혁 옮김, 『주자가례』, 서울: 예문서원, 1999.
한국국학진흥원 교육연수실(편), 『제사와 제례문화』, 안동: 한국국학진흥원, 2005.
한국정신문화연구원(편), 『朝鮮時代 冠婚喪祭(V)』, 성남: 한국정신문화연구원, 2000.
현상윤, 『조선유학사』, 서울: 솔출판사, 2001.

『정신문화연구』 29권 2호, 통권 103호(2006년 6월)에 게재.

찾아보기